중국의 불교와 유교 도교

支那に於ける佛教と儒教道教

Buddhism, Confucianism and Taoism in China

【중】

중국의 불교와 유교 도교支那に於ける佛教と儒教道教【중】
Buddhism, Confucianism and Taoism in China

1판 1쇄 인쇄   2021년 8월   6일
1판 1쇄 발행   2021년 8월 13일
—

저   자 ｜ 도키와 다이조常盤大定
역주자 ｜ 강규여
발행인 ｜ 이방원
발행처 ｜ 세창출판사
　　　　신고번호 · 제1990-000013호
　　　　주소 · 서울시 서대문구 경기대로 58 경기빌딩 602호
　　　　전화 · 02-723-8660   팩스 · 02-720-4579
　　　　http://www.sechangpub.co.kr ｜ e-mail: edit@sechangpub.co.kr
—

ISBN 979-11-6684-037-1 94150
　　　 979-11-6684-035-7 (세트)

이 역주서는 2018년 대한민국 교육부와 한국연구재단의 지원을 받아 수행된 연구임.
(NRF-2018S1A5A7034616)
—

이 책은 한국연구재단의 지원으로 세창출판사가 출판, 유통합니다.
잘못 만들어진 책은 구입하신 서점에서 바꾸어 드립니다.

중국의 불교와 유교 도교

支那に於ける佛教と儒教道教

Buddhism, Confucianism and Taoism in China

【중】

도키와 다이조常盤大定 저

강 규 여 역주

세창출판사

중국의 불교와 유교 도교
支那に於ける佛教と儒教道教

【중】

6

상
권
차
례

하
권
차
례

일러두기

Ⅲ. 후편: 도불道佛 이교二敎 교섭사

상: 도교 대관大觀

제1장 도가道家와 도교道敎

하: 도교사道教史 대관大觀

제1장 개교開教시대

제2장 교회教會 독립시대(남북조南北朝)

제3장 교리教理 연구시대(수당隋唐)

일러두기 ———————————————————————

· 이 번역은 常盤大定, 『支那に於ける佛教と儒教道教』, 東京: 東洋文庫, 1966
  (재판. 초판은 1930년)을 우리말로 완역한 것이다.

· 이 책은 무수히 많은 한문식 표현과 한문 원전을 인용하고 있다. 그래서 그 내
  용을 정확하게 전달하기 위해 이 번역에서는 '한글[한자]' 및 '한글 번역문[한문 원
  문]'의 번역 형식을 빈번하게 사용하였다. 이로 인해 가독성이 좀 부족할 수 있
  지만, 가독성보다는 정확성이 더 중요하다고 판단했다.

· 원문의 형식과 내용을 최대한 가감 없이 있는 그대로 전달하기 위해 역자주
  등 번역자의 간섭은 최소화하였다.

· 원문에서 인용하는 한문 원전의 내용들에 대해 번역자는 원전을 찾아서 확인
  했지만 특별히 보완해야 할 만큼의 문제를 발견하지 못했을 뿐 아니라 설사
  오류가 있다 하더라도 그 문제 또한 이 책 자체이기 때문에 있는 그대로 번역
  해야 한다고 생각하여 원문의 내용대로 번역했다. 인용문 뒤 소괄호 출처 표
  기는 원문의 것을 그대로 따랐으며 혼동의 염려가 있을 경우에만 일부 보충하
  였다.

· 중국 지명과 인명은 우리 한자음으로 읽었다.

· 내용 이해에 도움이 되기를 바라며 일반적으로 인정되는 〈중국 역대 왕조표〉
  를 다음 쪽에 게재한다.

〈중국 역대 왕조표〉

상商 B.C.E. 1766~B.C.E. 1125

주周 B.C.E. 1122~B.C.E. 256

진秦 B.C.E. 221~B.C.E. 206

한漢 B.C.E. 206~220

오吳 222~280	위魏 220~265	촉蜀 221~263

서진西晉 265~316

동진東晉 317~420	후조後趙 328~352
	전량全凉 313~376
	전진前秦 351~394
	후진後秦 384~417
	북량北凉 397~439
유송劉宋 420~479	북위北魏 386~534
제齊 479~502	
양梁 502~557	북제北齊 550~577
진陳 557~589	북주北周 557~581

수隋 581~618

당唐 618~907

오대五代 907~960

북송北宋 960~1127

남송南宋 1127~1279	요遼 907~1124
원元 1280~1368	금金 1115~1234

명明 1368~1644

청淸 1644~1912

중화민국中華民國 1912~

Ⅱ. 전편

유불儒佛 이교二教
교섭사

중

송유宋儒와
불교

제5장

이정자二程子와 불교

제1절[1]

서설序說

　이정자는 친형제로서 함께 주렴계에게 배우고, 함께 장횡거와 교유했지만, 성격과 사상의 차이가 묘妙하게 매우 대조적이다. 아마 현저

1　[역주] 저본 263쪽에서는 제5절로 표기하고 있다. 차례에서는 제1절로 표기하고 있으며, 차례의 표기에 따라 번역했다.

히 대조적인 두 정程씨를 충분히 고찰한다면 대체적으로 앞의 주周와 장張에도, 뒤의 주朱와 육陸에도 들어맞기 때문에 유불 교섭의 일반을 여기서 살펴볼 수 있을 것이다. 이정과 불교의 교섭이 얼마나 밀접했는가를 예증例證하는 일은 아마 주의와 흥미를 환기하는 데 유효할 것이다. 그것은 또 불교자로서 아무래도 불교에 경도되었다는 비평을 피하고, 학자로서 공평한 태도라는 양해를 얻는 방법일 수도 있을 것이다.

1. 양구산楊龜山과 아말라식[菴摩羅識]

정문사자程門四子 즉 정程씨 문하를 대표하는 네 명의 인물 중에서 제1의 위치인 양구산의 『전서全書』 제13권 중에 다음과 같은 한 구절이 있다.

상총 스승[總老]의 말을 통틀어 보면 경전 중에서는 10식識을 말한다. 제8 아말라식[菴摩羅識]은 당唐나라에서는 백정무구白淨無垢라고 했다. 제9 알라야식[阿賴耶識]은 당나라에서는 선악善惡의 종자種子라고 했다. 백정무구는 곧 맹자가 말한 성선性善이다. 성선이란 말은 그 근본을 찌른 것이라고 할 수 있다. 선악이 섞여 있다는 말은 선善에서 이미 싹이 터 있는 악惡을 본 것이다. 형공荊公(왕안석)은 아마 이것을 모른다.

언뜻 보아도 불교의 교리가 맹자의 성선설性善說의 근거로 활용된다는 것을 알 수 있다. 그런데 이 기록은 불교 교리에 능통하지 못한 사람의 손을 거친 탓에 중요한 점에서 오류를 범했으므로 우선 이것을 정정해야 할 것 같다. 처음의 "상총 스승의 말을 통틀어 보면[通總老言]"은 반드시 '상총 스승이 통틀어 말하기를[總老通言]'이 되어야만 한다. '통틀다[通]'는 한 글자의 위치에 따라서 주객이 정반대로 전도된다. 이 글대로라면 상총 스승에 대해서 구산이 능통한 것이 된다. 그것은 사실에 맞지 않으며, 구산에 대해서 상총 스승이 능통한 것이다. "10식識"은 '9식'의 오류다. 10식을 말하는 교의敎義도 있지만 여기서의 교의에 맞지 않다. 여기는 9식설識說의 불교에 기반한다. "제8 아말라식[菴摩羅識]"은 '제9 아말라식'의 오류다. "제9 알라야식[阿賴耶識]"은 '제8 알라야식'을 잘못 표기한 오류다. 네 가지 오류는 어느 것이든 중요하며 근본적인 것이므로 우선 이를 정정하지 않으면 거듭해서 오류를 초래할 수 있다.

양구산의 벗이기도 한 상총은 원우元祐 6년(1091) 67세로 입적하며, 그때 구산은 46세[2]였다. 또 주렴계가 57세로 희녕熙寧 6년(1073)에 서거할 때 상총은 45세[3]였다. 한 사람의 상총이 조부뻘인 주자와 도손道孫인 양자와 벗이었다는 사실은 연대상 아무런 모순이 없다. 그리고 이 상총은 황룡종黃龍宗의 조祖인 혜남의 법자法子인 조심과 법法의 형제다. 원풍元豐 2년(1079) 칙명에 의해 진晉나라 혜원 이래 명찰名刹이던 동림율사東林律寺를 새롭게 선사禪寺로 만들려고 할 때 남창南昌 지역을 수비하던 학사學士 왕소王韶(1030~1081)는 이름 있는 선사禪師를

2 　역주　39세의 잘못인 것 같다. 현재 일반적으로 알려진 양구산(楊龜山)의 생몰년은 1053~1135년이며 따라서 이때 그의 나이는 39세였다.

3 　역주　49세의 잘못인 것 같다. 현재 일반적으로 알려진 상총(常總)의 생몰년은 1025~1091년이며 따라서 이때 그의 나이는 49세였다.

물색하다가 조심을 알게 되어 그에게 동림선사東林禪寺를 맡기려고 한다. 조심은 이를 사양하며 도우道友인 상총을 추천하여 자기를 대신하도록 하려는데 상총은 이 사실을 듣고 밤중에 달아나 버린다. 왕소는 기필코 그에게 맡기려고 대대적인 수색을 힘써 펼쳤으며 그러자 상총은 어쩔 수 없이 명령에 따라 동림사로 가서 머물며 12년을 지낸다. 혜원의 묘탑墓塔 옆에 있는 지궁地宮 안의 상총이 지은 보통의 탑비[常總撰普通塔碑]에 의해서 절에 부임한 지 6년 후 다 쓰러져 가던 동림東林을 다시 일으켜 세우고 금칠한 벽으로 된 큰 건물에 구름이 연기처럼 서리며 밝게 빛나자 풍문을 듣고 발 디딜 틈 없이 많은 사람들이 모여들었으며 총림叢林이 왕성해졌는데 근래에 볼 수 없었던 상황이었다는 것을 알게 된다. 소동파의 투기게投機偈 즉 어떤 뜻이 맞아서 지은 게송인 "시냇물 소리는 장광설이요[溪聲便是廣長舌], 산빛은 청정신이 아니겠는가[山色豈非淸淨身], 밤에 찾아온 팔만사천의 게송을[夜來八萬四千偈], 다른 날 어찌해야 사람들에게 보여 줄까[他日如何擧示人]"는 실로 상총선사에게 바친 것이다. 이와 같이 상총을 중심으로 유교철학자로는 주렴계와 양구산이 있고, 문학자로는 소동파가 있으며, 또 정치가인 구양수가 있다. 이로써 상총이 해행解行을 겸하고 특히 수선修禪에 빼어났다는 것을 짐작할 수 있고, 이 선사에 의해 이러한 학자나 문사文士 및 정객政客이 얼마나 계발되었는지를 추측해 볼 수 있다.

『불법금탕편佛法金湯編』에서 『서산독서기西山讀書記』를 인용하면서 구산과 상총 사이에서 이뤄진 다음과 같은 문답을 싣고 있다.

구산이 질문한다. "맹자의 성선性善은 옳습니까?" 선사[師]가 답한다. "그렇습니다." 구산은 다시 묻는다. "무엇을 선善이라 합니까?" 선사는 "본연本然의 성性으로서 악惡과 상대되는 것이 아닙니다"라고 답한다.

구산의 선善은 악惡에 상대되는 것이고, 상총의 선은 선악을 초월한 선이다. 선악 상대란 알라야식[阿賴耶識] 이후이며 선악 이상의 본연의 성性은 아말라식[菴摩羅識]이다. 이는 상총이 본연성本然性에 입각해 맹자의 성선性善을 살려 내 해석한 것으로서 아마 구산의 이 질문은 왕안석의 『원성原性』에 근거한 것으로 보인다. 이 문답은 지극히 간단하지만 불교철학이 유교의 사상을 단련하는 데 얼마나 힘썼는가를 보여주는 것이다. 나중에 주자朱子는 이 문답을 비평하며 "상총 스승[總老]의 이 말은 도리어 옳다"라고 한다. 주자의 불교에 대한 비난은 현저하게 두드러진다. 사상계를 풍미하고 있는 불교의 틈바구니에서 유교의 위치를 확립시키기 위해 정서에 반하든지 말든지 상관없이 우선 불교를 가능한 한 타파해야만 하는 사정이 있었다고는 해도 주자의 배불排佛 언론은 사상 그 자체보다도 비난을 위한 비난으로 보이는 점이 있다. 그러한 주자조차도 도리어 옳다고 하면서 상총의 편에 서서 자가自家 즉 유교의 선조인 구산에게 불만의 뜻을 나타내고 있으므로 상총의 성에 대한 견지가 높다는 것을 알 수 있다. 앞서 인용한 『구산전서龜山全書』 제13권의 일절一節은 이때의 상총의 설명인 것이다. 성선에 대한 해석은 부절符節을 합친 것처럼 잘 맞는다. 결과적으로 상총이 구산에게 설명한 것이라면 물론 '상총 스승이 통틀어 말하기를[總老通言]'이 되어야만 한다. 구산이 상총에 대해 능통했다는 것은 주객이 전도된 것이며 전혀 의미가 맞지 않다. 상총은 『능엄경楞嚴經』에 기반해서 본연지성本然之性을 성선의 근거로 삼는다. 장횡거의 천지성天地性은 바로 이 본연성이며『서산독서기西山讀書記』의 기사記事는 매우 간단하면서도 유불 교섭을 보여 주는 귀중한 자료다.

2. 아말라식[菴摩羅識]과 성선설性善說

이러한 준비를 하고서 다음으로 그 일절一節을 보도록 하자. 9식識이란 안眼, 이耳, 비鼻, 설舌, 신身의 전오식前五識(감각感覺)에 제6 의식意識(마노비즈냐나Mano-vijñāna)과 제7 말나식末那識(마나스Manas)과 제8 알라야식(아뢰야식阿賴耶識: 알라야비즈냐나Ālaya-vijñāna)과 제9 아말라식(암마라식菴摩羅識: 아말라비즈냐나Amala-vijñāna)을 추가한 것으로서 유식唯識불교의 일파一派가 설명한 것이다. 유식불교라고 해서 설명이 여러 가지로 아주 달라지는 것은 아니다. 혹은 알라야식을 끝으로 삼는 것이 있다. 혹은 그 이상에 별도로 아말라식이 있다고 하거나, 여래장如來藏을 말하기도 한다. 나아가 아말라식을 알라야식의 별명別名으로 보고 단지 그것이 정화淨化된 것에 지나지 않는다고도 한다. 그러면 제6 의식이란 경험적 의식으로서 감각을 통일하는 기관機關에도 있고, 추리작용[比量]을 하는 중추에도 있으며, 아我와 법法 둘에 대한 집착[業]을 일으키는 작용으로서 상당히 강한 작용을 하며 사람의 사활死活을 좌우하는 것이지만 오증悟證을 요구하는 불교에서는 이것을 정신의 주체로 삼지 않고 그 근저에 말나식과 알라야식을 설정한다. 그러니까 의식의 작용이 없을 때에도 사람이 정화되지 않는 것을 보면 의식 이상에 무언가가 없을 리가 없다는 점에서 아집我執의 근저로서의 자아의식自我意識을 식의 영역 위에 설정한다. 이것을 말나식이라고 한다. 자아의식은 자아가 아닌 것을 예상함으로써 말나식과는 대립되는 관념이 생기게 하는 기점이다. 이것은 선천적으로 사람을 다그쳐서 대립의 세계에서 방황하게 하는 것으로서 유식불교는 이것을 미집迷執 즉 미혹한 집착의 출발점으로 삼는다. 이어서 말나식이 자아로 인정하는 것이 무엇이냐고 한다면 더 나아가 그 깊이 존재하는 영원한 주관인 알라야식이다. 이것은 영원한 주관으로서 결코 객관화되어야 하는 것이 아니다. 그러한 영원한 주관이 객관화된 것을 자아自我라고 부른다. 자아는 객관화되어 고정된 것이라고 한다면 영원한 주관 그 자체는 아니다. 알라야식과 자아는 성질이 다르다. 더욱이 또 이 자아에 대한 자아가 아닌 것이 무엇이냐면 알라야식과 다르지 않다. 알라야식은 앞의 7식이 발생하고 사라지는 기초로서 앞의 7식은 알라야식이 일으키는 파란波瀾이다. 영원한 주관인 알라야식은 유전하며 멈추지 않는 힘의 총합으로서 이 힘의 여러 가지 모습이 앞의 7식이 되기도 하고 또 이에 대응하는 외계外界로도 나타난다. 이렇게 만유萬有 즉 모든 존재를 알라야식이라는 하나의 근원으로 환원시키는 것이 유식사상의 대요大要다.

이와 같으므로 일체의 근원인 알라야식을 정화하지 않는다면 이것은 결국 윤회의 주체에 지나지 않는다. 유식불교의 종국終局은 이것을 정화하는 문제에 집중한다. 그 문제에서는 우선 대립관념의 기본인 말나식을 대치對治 즉 맞춰서 치료하지 않으면 안 된다. 즉 자아의식自我意識이 모든 미집迷執의 근원임을 깨닫고 무아無我관념에 의해 이것을 정화해야 하는 것이다. 자아의식이 없어지면 제6 의식이 정화되고 그 결과 알라야식도 정화된다. 모든 식識이 정화될 때 있는 그대로의 세계를 있는 그대로 관조하게 된다. 여기에는 대립이 없으므로 있는 그대로의 세계란 일여一如 즉 모두가 하나인 세계다. 일여의 세계를 아말라식이라고 한다. 8식은 오염된 것, 그릇된 것, 항상하지 않는 것이지만 아말라식은 깨끗한 것, 참된 것, 항상한 것이다. 알라야식의 세계에는 염정染淨과 선악善惡이 있지만 아말라식의 세계에는 염정도 선악도 없다. 이렇게 염정과 선악 이상의 것인 아말라식을 제9식이라고 부른다. 제9식이라는 것은 8식 이상에 있어서 염정과 선악이 사라진 순선진상純善眞常 즉 순수하고 선하며 참되고 항상한 것이라고 생각되어 왔다. 그런데 이러한 생각은 이를 개념화한 것으로서 결국 추상적 존재가 되어 불교 이외의 사상이 된다. 이 때문에 천태天台철학에서는 이러한 것은 그냥 9식으로서 배척하며, 구체적인 사실로서는 전8식前八識을 내용으로 해야만 한다고 하면서 이것을 모든 식을 다 갖춘 제9식으로 보기도 한다. 마지막으로 알라야[阿賴耶]란 '저장하다[藏]'라는 의미로서 선악의 종자種子를 보존하는 곳이므로 혹은 일체종자식一切種子識이라고도 부른다. 아말라[菴摩羅]란 '더러움이 없다[無垢]'라는 의미로서 거기는 일체의 염분染分 즉 오염된 부분이 다 제거되므로 순백의 깨끗한 식 즉 백정식白淨識이라고 번역한다. 앞서 말한 선악의 종자나 백정무구白淨無垢란 곧 이런 것이다.

이와 같이 유식설唯識說 일반을 안 다음 그 일절一節을 대한다면 이를 활용하여 그것을 이해해야 할 것이다. 맹자의 성선性善은 알라야식의 위치에서 한 말이 아니고 아말라식의 경지에서 말한 것이라면 선善이란 것도 악惡에 상대되는 것이 아니라 대립의 세계를 떠나 일여一如

의 세계에서 말할 수 있는 선이다. 맹자의 성선설性善說이야말로 인성
人性의 근본을 깊이 탐구하여 도달한 것이다. 이것을 유교철학의 근본
원리로 삼아야 한다고 하는데, 상총이 성선설을 살려 내어 해석한 것
이다. 이는 유교의 성설性說을 철학적으로 심화시킨 것으로서 유교는
이런 식의 해석에 의해 비로소 성선설을 성립시킬 수 있게 되었던 것
이다.

3. 왕안석王安石의 『원성原性』

상총은 계속 말을 이어 가며 왕형공이 선악善惡이 뒤섞여 있는 즉
선악이 이미 대립하고 있는 알라야식의 입장에서 맹자의 성선설을 이
해한 것은 아말라식의 입장을 알지 못하기 때문이라고 비평한다. 여
기서 왕안석의 성설性說에 대한 사상을 일별一瞥할 필요가 있다.

왕안석은 한퇴지의 『원성原性』에 대한 비평으로서 만든 것으로 보
이는 『원성原性』에서 한韓, 맹孟, 순荀, 양楊 네 사람을 논평하면서 한
퇴지에 대해서는 "성性은 오상五常의 태극太極이라고 하는데 그렇지가
않으며, 오상은 성이라고 해야 할 것이 아니고 이미 오상이라고 할 때
는 정情에 떨어진 것이다"라고 하고, 맹자와 순자 두 사람에 대해서는
"성선性善이라거나 성악性惡이라고 하는데 그렇지가 않으며 성은 정을
낳고 정이 있은 다음에 선악이 형성된다. 성은 선악으로 말할 것이 아
니다"라고 하고, 나아가 양자에 대해서는 "비슷하지만 오히려 아직 습
習을 성이라고 한 데서 벗어나지 않는다"라고 하며, 그런 뒤 한, 맹, 순
세 사람을 총평하면서 "그들이 말한 것은 이른바 정이며 습이지 성이

아니다. 선악은 정이 성립시킨 이름일 뿐이다"라고 말한다.

왕안석의 성설性說은 그 견지見地가 높으며 그 궁극적 경지는 상총과 마찬가지로 선악의 이상으로 다시 말해 선악이 아직 싹트지 않은 근본으로 돌입하려고 한 점이 있다. 상총이 불가하다고 한 것은 왕안석 자신의 성설이 아니다. 그것은 맹자의 성선性善에 대한 그의 관점을 말하는 것이다. 즉 왕형공이 맹자의 성선을 정情이라고 한 것은 선악이 섞여 있다는 관점에서의 이해로서 성선의 근본적 의미를 탐구하지 않은 것이라는 말이다. 당시의 유가儒家는 어쩌면 왕안석의 맹자 비평에 관해 가부를 판단할 수도 없었고 그 결과 어떻게 해야 성선설의 장점을 발휘할 수 있는지를 알지 못했던 것이다. 이에 대해 상총의 생생한 해석은 큰 지도指導가 된 것이다. 왕안석이 사망한 해는 원우元祐 2년(1086)으로서 이때 상총은 62세, 이천은 55세,[4] 양구산은 42세[5]였다. 왕안석의『원성』은 적어도 그보다 수년 전에 지은 것으로 이 주장이 일단 등장해서 유가의 성설은 하나의 진전을 이루었음에 틀림없으며, 이천이 맹자의 성선은 성性의 근본[本]을 얻었다고 말한 것은 상총과 구산의 문답 이후에 속한다. 만약 이천의 이러한 성선성본설性善性本說이 있다면 상총에 대한 구산의 그러한 문답이 있을 필요가 없게 된다.

---

4 역주 54세일 것이다. 정이천의 생몰년은 1033~1107년이다.
5 역주 34세일 것이다. 양구산의 생몰년은 1053~1135년이다.

4. 한퇴지韓退之의 『원성原性』

　이쯤에서 왕안석의 『원성原性』을 있게 한 한자의 『원성原性』을 검
토하는 일은 유가儒家의 성설性說이 송유에 이르러 얼마나 심도가 증
가했는지를 알게 해 주는 좋은 재료다. 한자는 "성性은 태어나면서 갖
춰져 있고, 정情은 사물[物]에 접촉하면서 발생한다. 성에는 3품品이
있고, 성의 근거가 되는 것은 다섯 가지[五]다. 정에는 3품이 있으며,
정의 근거가 되는 것은 일곱 가지[七]다. 다시 말해 성에는 상중하의 3품
이 있다. 상품上品인 사람은 선善뿐이고, 중품中品인 사람은 인도[導]에
따라 상上이나 하下가 되며, 하품下品인 사람은 악惡뿐이다. 성의 근거
가 되는 다섯 가지란 인仁, 예禮, 신信, 의義, 지智를 말한다. 상품인 사
람은 다섯 가지 중에서 한 가지를 중심으로 삼아 네 가지를 실행한다.
중품인 사람은 다섯 가지 중에서 하나가 조금이라도 나타나지 않으면
조금 틀어진 것 때문에 네 가지가 혼란해진다. 하품인 사람은 하나가
틀어지면 네 가지가 어긋난다. 성의 품은 정에서도 보인다. 정에는 상
중하의 3품이 있으며, 정의 근거가 되는 일곱 가지란 희喜, 노怒, 애哀,
구懼, 애愛, 오惡, 욕欲이다. 상품인 사람은 일곱 가지가 움직일 때 그
중中에 즉 적절하게 처신한다. 중품인 사람은 일곱 가지가 심하거나
없거나 한다. 그렇지만 그 중中에 즉 적절하게 맞추기를 바란다. 하품
인 사람은 일곱 가지가 없거나 심하거나 그냥 그대로 드러나 버린다.
정의 품은 성에서도 보인다"라고 말한다.

　한자의 문장[文]은 참으로 천하의 절품絶品이다. 이것을 읽고 그 교
묘한 수사修辭에 감탄의 소리가 나지 않을 수 없을 것이다. 그러나 한

발 물러나 그의 사상을 살펴보면 어리둥절하지 않을 수 없다. 성性이란 것은 태어나면서 동시에 존재하며 인예신의지仁禮信義智가 내용이라고 말한다. 태어나면서 갖춰져 있다면 형이하形而下의 것으로서 인의예지신仁義禮智信은 향상적 성능과 다름없다. 다섯 가지로 개수個數를 거론한 것은 당초에 차별성을 띠게 하는 것이다. 더욱이 이 향상적 성능을 내용으로 하는 성은 오성五性 즉 이상의 다섯 가지 성의 관계상에서 상중하의 3품品이 있다고 말한다. 상중하는 선중악 즉 선善, 중中, 악惡을 말한다. 중은 상上이나 하下로 될 가능성이 있지만, 상과 하는 선천적으로 선善과 악惡으로 운명이 정해져서 이동할 수가 없다. 그리고 선악의 의미란 선은 오성 중에서 일성一性으로 통일되어 중심이 된 일성에 다른 사성四性이 종속하며 그 사이에 모순이나 괴리가 발생하지 않는 것을 말하고, 악은 일성과 틀어지기 때문에 사성이 모순되고 괴리되어 오성 사이에 통일이 없는 것을 말하며, 중은 일성이 불완전하기 때문에 다른 사성이 혼란한 것을 말한다. 그리고 또 정情이란 외물外物에 접촉해서 발동하는 것으로서 그 내용에 희노애구애오욕喜怒愛懼愛惡欲의 일곱 종류가 있고, 이 칠정七情의 관계로부터 상중하의 3품이 발생한다. 상품上品이란 칠정이 발동하여 중용中庸을 얻는 것을 말하고, 중품中品은 칠정 중에 과부족過不足 즉 지나치거나 모자람이 있지만 중용에 합치할 것을 추구하는 향상적 경향이 있는 것을 말하며, 하품下品은 칠정에 과부족이 있으면서 아무런 향상적 경향이 없고 제멋대로 발동하는 것을 말한다.

　이상은 한자의 성정관性情觀 즉 성性과 정情에 대한 관점 또는 이해다. 정은 처음부터 형이하形而下의 것으로서 우리들의 경험을 통해 항상 자각하고 있으므로 이해하기 쉽다. 다만 칠정七情이 어떻게 해서 중용中庸에 맞게 발동할 수 있는지 또 어떻게 해서 과부족過不足을 제거하려는 향상적 경향이 발생하는지의 기초 원리는 불분명하지만, 사람에 따라서 칠정이 가지런히 안정적이기도[齊平] 하고, 칠정이 들쭉날쭉하기도[不平均] 하며, 칠정을 그대로 노출하기도 하므로 정에 관한 의견에서는 큰 문제가 없다 해도 성에 관한 의견에서는 참으로 불명료하기만 하다. 첫째, 향상적 성능에 다섯 종류[五類]가 있는 이유가 분명하지 않다. 그리고 또 오성五性의 관계로부터 선품善品이 발생하는 이유는 그럴 수 있다고 해도 악품惡品이 발생하는 이유는 불분명하다. 즉 오성 사이에서 하나를 중심으로 통일되는 일은 있을 수 있다 해도 하나와 틀어져서 네 가지가 어긋나는 일이 어떻게 해서 발생하는가? 한 걸음 더 나아가서 성 즉 향상적 성능에 선善, 악惡, 중中의 3품品이 있다고 한 이유도 불분명하다. 어쩌면 3품은 정 이하에서 말할 만한 것으로서 이것을 성에서 말한 것은 당초부터 그 출발점이 잘못된 것이다. 요컨대 성에 3품의 차별을 변별한 것은 성 안에 정의 의미를 추가한 것이며, 동시에 정에 3품을 구분한 것은 정 안에 성의 의미를 추가한 것이다. 이렇게 해서 성과 정 사이의 구별은 완전히 판연判然하지 못한 결과에 빠지게 된다. 이를 한마디로 요약하면 성은 평등 원리, 정은 차별 원리가 되는 것이다. 성은 대립을 떠나서 비로소 의의가 있으며, 대립은 정 이하에서 비로소 설명되는 것이다. 이러한 근본적 관념에 대해 아무런 지식도 없이 이 중요한 문제를 취급함으로써 철학적이지 못하고 상식적인 것으로 타락한다. 정자는 "양웅과 한유는 성을 설명하려 했지만 실은 재才를 설명했다"라고 비평하고, 왕안석도 앞서 서술했듯이 "그 성은 정과 다르지 않다"라고 비평한다. 당연한 일이다. 당대唐代의 명유名儒였던 한유의 성론性論이 이러한 것이라고 한다면 송유에서 성론의 진보는 참으로 현저하다고 해야 할 것이다. 한자의 사촌 동생[從弟]인 이고의 성정관은 한자에 비해 천지차이가 있다. 그것은 불교철학에 접촉했기 때문이며, 이고의 성론은 참으로 송유의 연원淵源이다. 동시대의 마찬가지 유자儒者로서 한자와 이고 사이에 있는 것과 같은 차이는 흥미로운 사실이다. 이 차이는 불교철학에 접촉했는가 아닌가에 따른 것으로서 유불 교섭 문제에 대해 획기적인 자료를 제공한다.

제2절

정명도程明道

『이정전서二程全書』가 엄연히 현존하고 있는 것은 정말로 기쁜 일이지만 이에 대해 망촉望蜀의 아쉬움은 어쩔 수 없다. 그것은 정자 형제가 한 말을 구분하지 않고 단지 정자로만 표기한 경우가 많은 점이다. 그중에는 구별한 것도 있지만 매우 적다. 형인 명도는 중년의 나이에 사망하며, 동생인 이천은 장수하면서 아울러 학자로서는 형을 능가하므로 대부분은 이천에게 속한 내용이겠지만 그래도 만약 그 사이가 구별되어 있다면 하는 아쉬움이 생긴다. 명도의 인격에 경복敬服한 우리들은 명도의 사상과 이 사상을 낳은 내면 생활을 알고 싶은 열망이 있으므로 특히 유감스럽다. 분명하게 명도의 이름이 있는 것을 기초로 해서 사상적으로 판별하여 명도에게 속한다고 보이는 것을 추정적으로 명도에게 소속시킬 수밖에 없다. 여러모로 정밀하지 못할 것임을 알지만 어쩔 수 없다.

명도의 이름은 호顥, 자字는 백순伯淳이다. 원풍元豊 8년(1085)에 54세로 사망한다.

1. 명도明道와 불교의 관계

① 친동생인 이천이 지은 『명도행장明道行狀』 중에서 "선생의 학문은 15~16세 때부터였는데 여남汝南 지역의 주무숙이 도道를 얘기하는 것을 듣고 마침내 과거科擧 보는 일을 싫어하게 되면서 구도求道에 뜻을 두기로 결심했지만, 그 요체를 알지 못해서 여러 사상들에 관심을 기울이다가 노석老釋에 출입한 지 기십 년幾拾年, 도리어 이를 육경六經에서 추구하여 나중에는 이를 얻는다"라고 한다. 친동생이 쓴 것이라면 가장 확실한 자료일 것이다. 여기서 기십 년을 거의 10년으로 읽을 것인지 또는 몇십 년으로 읽을 것인지는 어법상 모두 가능한데 지금은 10년 정도라는 의미로 이를 해석하겠다.[6] 그렇다면 15~16세부터

---

6   역주 저본 274쪽 가운데 부분이다. 그런데 저본 144쪽 4~6째 줄에서도 이 내용을 취급하는 데 거기서는 이와 반대로 몇십 년 즉 수십 년의 의미로 해석하고 있다.

24~25세까지의 일이 된다. 청년의 열정으로 게다가 구도적 태도였다면 이 시기의 노석 연구는 상당한 진보가 있어서 상상 이상의 소득이 있었다고도 볼 수 있을 것이다.

② 『유서遺書』에는 "백순伯淳은 일찍이 자후子厚와 흥국사興國寺에서 종일토록 강론했다"라는 기록이 있다. 백순은 명도의 자字이고, 자후란 12세 연장자인 장횡거의 자이다. 두 사람이 처음 만난 것은 『장씨연보張氏年譜』에 따르면 가우嘉祐 2년(1057)으로서 장자가 38세, 명도는 26세 때이므로 두 사람의 강론講論은 당연히 명도가 10여 년간 노석에 출입한 뒤이며, 흥국사는 낙양洛陽에 있는 절로서 이때 절 안에 학승學僧이 있었고 이 학승은 시대적으로 판단하건대 당연히 선사禪師였을 것이다.

③ 『불법금탕편佛法金湯編』에는 "명도가 어느 날 정림사定林寺를 지나갔다. 우연히 승려들이 있는 곳에 들어가 보게 된다. 위엄 있고 활기차게 걸어 다니며, 엄숙한 태도를 갖추고, 북[鼓]을 울리고 종鐘을 치며, 내외가 정숙하고, 앉고 일어서는 것이 모두 청규淸規에 계합했다. 이에 삼대三代의 예악禮樂이 전부 이 가운데 있구나라며 탄식했다"라는 사실이 기록되어 있다. 연월年月은 불분명하지만 역시 청년 시대 육경六經에서 도道를 찾으려고 한 때의 일일 것이다. 정림사는 명칭으로 보건대 선사禪寺임에 틀림없다. 청규라는 것은 『백장청규百丈淸規』를 말한다. 청규 생활의 특색의 하나는 불교에 유교의 예악을 조직해 넣은 점에 있으므로 이 기사記事는 유불관계를 고찰할 때 중요한 사실이 된다. 삼대의 도를 추구하고 있던 명도는 능이陵夷한 즉 점점 쇠약해져 가는 유문儒門에서는 찾지 못하고 도리어 중국 이외의 도를 설파

한 불사佛寺에서 발견하며 크게 놀라 탄식한 것이다. 청규는 유교가 불교에 미친 영향이지만, 명도가 불사의 청규를 통해 삼대의 예악에 접촉하게 된 것이라면 이 경우에는 불교가 유교에 미친 영향이 된다.

④『성학지요性學指要』및『불법금탕편佛法金湯編』에는 "매번 석자釋子가 불서佛書를 읽을 때마다 단정하게 앉아 엄숙한 자세였던 것을 돌이켜 보고서 이에 학자에게 경서經書를 볼 때 반드시 이와 같이 해야 한다, 지금 책을 읽는 사람은 자세가 우선 몹시 게으르다, 어떻게 주요한 것을 얻어서 보존하겠는가라고 직접 말하기도 했다"라는 기사記事가 있다. 앞의 예시는 승려들의 자세가 단정한 데 감복한 것이고, 이 예시는 승려들이 학문하는 정신에 감탄한 것이다. 이것 역시 명도가 불교에서 얻은 바가 있다는 것을 말해 준다.

⑤『불법금탕편佛法金湯編』에는 운개사雲盖寺 석각石刻을 인용하여 "부처는 광명光明의 발현을 설파한다. 처음에는 그 뜻을 헤아리지 못했다. 요즘에『화엄합론華嚴合論』을 보았는데 설명이 아주 분명했다. 근기[機]에 따라 미혹[惑]을 깨뜨리는 것을 빛[光], 마음의 때[垢]를 벗겨내는 것을 밝음[明]이라고 이름한다. 다만 이것은 자신의 마음을 깨우친 광명이지만 곧 다른 사람도 교화할 수 있다. 무궁무진한 세계를 환히 비추는 것은 단지 성인聖人의 일심一心에 있는 밝음이며, 그래서 여러 경전이 우선 방광放光이라는 한 가지 사태[事]를 설파한다"라는 명도의 말을 싣고 있다.『화엄합론』은 120권이다. 당의 이통현이 찬술했으며 외눈[一雙眼]을 갖췄다는 즉 탁월한 식견을 갖춘 점에서 현수賢首(643~712)의 저술과 나란히 학계에서 중요시 여긴다. 이것을 보았다는 것은 불교 공부의 정도가 상당히 깊다는 것을 짐작게 하며, 더욱이

독서의 안목이 단지 연구만을 목적으로 하지 않았다는 것을 알게 해 준다.

⑥『명도행장明道行狀』에서는 명도가 "예전에는 사람들의 미숙하고 못난 점에 편승해서 사람들을 혹하게 했는데, 요즘에는 고상하고 똑똑한 것[高明]에 편승한다"라고 말한 것을 기록하고 있으며, 『유서遺書』 1에서는 "성명性命과 도덕道德 먼저 말하면서 우선 잘 이해해야 한다고 생각하는 사람들은 재주가 더 뛰어난[高明] 만큼 더 깊이 빠져든다"라고 말한 것을 기록하고 있다. 이러한 몇 가지 예시는 불로의 이치나 교의가 심원한 것이며, 그 점에서 유교가 항상 아래로 여겨졌던 것을 반조하는 것이다. 이에 대해서 유교를 진작시키기 위해서라면 불교에 대항할 만한 것을 창조할 수밖에 없다. 송유의 철학이 발생한 것은 이러한 원인에서였으며, 이 때문에 불교 교리를 연구함으로써 새롭게 유교철학을 조직한다. 이것이 불교 교리가 유교에 미친 영향이 나타나는 이유다.

⑦『이락연원록伊洛淵源錄』에는 명도의 말로서 "'제가 16~17살 때는 사냥을 좋아했습니다. 이미 지난 일이며 지금은 좋아하는 마음이 없다고 자신할 수 있습니다'라고 말한다. 주무숙은 '말을 너무 쉽게 하는구나. 단지 이 마음이 숨어 있어서 아직 발현되지 않았을 뿐이다. 어느 날 싹이 움직이면 다시 처음과 같을 것이다'라고 말한다. 12년 후 해가 저물어 돌아가는 도중 들판에서 사냥꾼을 보자 자기도 모르게 기뻐했다. 이에 과연 아직이라는 것을 알았다"라는 기사記事가 있다. 주자와 명도 즉 스승과 제자의 내관內觀의 심도를 가늠해 보기에 충분하다. 이 내관은 정좌靜坐에서 기인한다. 당시 선禪은 천하의 풍조風潮

이며 사대부士大夫들이 물밀듯이 몰려갔다. 이 때문에 앞의 항목에서와 같은 탄식이 있었고, 또 『유서遺書』2의 다음과 같은 탄식도 있다. "어제 모임에서 대체로 선에 대해 담론했는데 사람들 기분이 좋지 못했다. 돌아와서는 몹시 슬펐으며 이런 지가 오래되었다. 이 담론이 천하에 이미 바람을 일으켰는데 어떻게 해야 잠재울 수 있을까?"

⑧ 장자張子가 정성定性 즉 확고한 본성 또는 안정된 본성을 질문한데 대한 답변이 『수언粹言』 중에 있다. 그중에 "안정[定]이란 고요해도[靜] 안정되고 움직여도[動] 안정된다. 가고 오는 것도 없고 안팎도 없다. 바깥[外]은 그릇되고 안[內]은 옳다고 여기는 것은 안팎을 아울러 잊는 것만 못하다. 두 가지를 잊으면 곧 깔끔하게 아무 일이 없다. 아무 일이 없으면 곧 안정되고 안정되면 밝아지고[明] 밝아진다면 곧 어떤 사물[物]이 걸리적거리겠는가?"라는 구절이 있다(제9 「심성편心性篇」). 내외內外나 시비是非의 대립을 잊고, 내외가 없고, 가고 오는 것이 없는 경지에 들면 움직임에도 안정이 있고 고요함에도 안정이 있다고 한 것은 고요함에서만 안정을 보고, 마음에서만 안정을 생각하려는 상식적 입장을 떠난 말이다. 수선修禪의 경험이 없다면 이해할 수 없는 경지다. 장자가 정성 문제에 대해 명도에게 문의한 사실로 인해 정자에 속한 사람들은 장자의 학설이 모두 정자를 계승한 것이라고 하는데 그것은 상당한 편견이다. 장자는 12세 연장자로서 고학苦學하며 힘써 실천한 점은 송유 중에서 아마 첫 번째로 손꼽힐 학자다. 이정을 계승했다거나 또 이정을 만나고서 배웠던 것들을 버렸다는 등의 모든 일들은 있을 수가 없다. 연장자인 장자가 명도에게 중대한 수도修道 문제를 문의한 일을 통해 우리들은 두 사람이 도道를 생각할 뿐 사람

을 따지지 않았던 장점을 알아보아야 할 것이다. 송학宋學이 크게 확장한 것은 참으로 이 수도를 절차탁마하여 생긴 결과인 것이다.

⑨ 『주자어록朱子語錄』에서는 명도가 사람들에게 정좌靜坐를 가르쳤다고 말하며, 『이락연원록伊洛淵源錄』에서는 주공섬이 여주汝州의 명도를 만나고 돌아와 사람들에게 "광정光庭은 봄바람 속에 한 달 동안 앉아 있었다"라고 말했다는 기록이 있다. 광정은 주공섬의 자字이다. 봄바람[春風]이라는 말은 동생인 이천을 가을서리[秋霜]와 같다고 하는 말에 비교되며 명도의 인격을 잘 표현한다. 명도의 크나큰 인격에 감싸인 채 정좌로써 자기의 진성眞性 즉 진실한 본성을 끌어내고 이 진성 안에서 천지에 가득한 대도大道를 보았던 주공섬의 기쁨은 매우 컸을 것이다. 정좌란 말할 것도 없이 좌선坐禪이다. 명도는 자신도 정좌했고, 학생들한테도 장려했으며, 이 수도修道적 체험을 통해서 정성定性 문제에 대한 전인격全人格적 해석을 할 수 있었다. 명도를 이해하려면 우선 여기에 주목할 수 있도록 가장 신경 써야 한다. 여기에 출발점을 두고 그의 학설을 이해하지 않는다면 헛되게 말의 곁가지로만 내달려 중심을 잡을 수가 없을 것이다.

2. 우주론宇宙論

장자張子는 허虛와 기氣를 함께 포함한 성性(태화太和)을 근본 원리로 삼는다. 이를 계승한 이정은 이기理氣의 상관相關 즉 상호 관계로 우주宇宙를 설명한다. 그 안에서 좌우된다. 명도는 기氣 안에 이理가 내재한 것으로, 이천은 이 안에 기가 내재한 것으로 본다. 한마디로 말하자면 명도의 본체本體는 기, 이천의 그것은 이다. 게다가 사상 전체의 경향은 명도는 평등 원리인 성性의 방면이 강하게 나타나고, 이천은 차별 원리인 기의 방면이 중요하게 드러나는 것 같다. 이는 인격상의 차이에서도 기인하는데 당시의 학설은 인격 단련의 결과였다고 한다면 당연히 인격 그 자체의 표현인 것이다.

명도는 기氣를 우주의 본체로 여기며(『유서遺書』1), 그 안에 청탁淸濁과 허실虛實을 겸하고 있다는 점에서 신神이라는 명칭을 부여하고(『유서』2), "음만으로 이뤄지지 않고, 양만으로 낳지 못한다[獨陰不成, 獨陽不生]"(『유서』1)라고 한 이유를 제시한 다음에 이기二氣가 교역交易하여 발생한 생생함을 도道라고 이름 붙인다(『유서』1, 2). 도란 무방無方 즉 일정한 형태가 없는 것으로서 "이를 곧 도라고 한다[其理則謂之道]"(『유서』1)라고 한 것에 근거해 볼 때 도道와 이理를 같은 의미로 보는 것이다. 그 때문에 천리天理라고 하거나 천도天道라고 하거나 의미는 하나다. 각각 다른 여러 용어들은 학생들을 가장 골치 아프게 한다. 명도가 "청허라는 일대를 설정하여 만물의 근원으로 삼는데 아마 아직 마땅치는 않을 것이다[立淸虛一大爲萬物之源恐未安須]"(『유서』2)라고 한 말은 훗날 주자朱子의 동일한 비평으로 볼 때 장자張子에 대한 비평임을 알게 된다. 장자가 허를 매우 중시한 것은 이러한 비평이 등장한 이유인데 그렇지만 장자가 '만물의 근원'으로 삼은 것은 허와 기를 합한 성性이며 허가 아니다. 아마 명도의 의도는 청탁과 허실을 겸한 기를 우주의 본원으로 삼아야지 허를 그렇게 삼아서는 안 된다는 것이겠지만 장자 또한 허를 그렇게 사용하지 않았다고 한다면 이 평가는 적절하지 않다고 해야 할 것이다.

기氣에 관해 "사람과 사물은 단지 기가 치우쳤느냐 바르냐일 뿐이다 [人與物但氣有偏正耳]"(『유서遺書』 1)라고 하는데, 기의 바름[正]과 치우침 [偏]만으로 사람[人]과 사물[物]을 나눈 것은 본질상으로는 만물萬物을 동체同體로 보는 것이다. 또 사람과 사물의 구별을 능추能推와 불능추 不能推 즉 추론할 수 있는 존재인가 아닌가 다시 말해 사유능력의 유 무라는 차이에 둔 것(『유서』 2)은 불교의 유정有情과 비정非情 즉 사유 하는 존재인가 아닌가의 차이와 같은 것으로서 어쩌면 제2차적인 것 이다. 그리고 "만물이 모두 나에게 갖춰져 있다[萬物皆備於我]"(『유서』 2)라고 하며, "천지의 만물이나 귀신은 본래 별개의 것이 아니다[天地 萬物鬼神本無二]"(『유서』 6)라고 하고, "사람만 그렇지 않고 사물도 다 그 렇다[不獨人爾物皆然]"(『유서』 2)라고 하며, "천지는 본래 하나다[天地本一 物]"(『유서』 3), "천지는 한 몸이다[天地爲一身]"(『유서』 4), "온갖 이가 갖 춰져 있으며 원래 예로부터다[百理具在元來依舊]"(『유서』 2), "만물 각각 은 동일한 건곤이 있다[萬物各有一乾坤]"(『유서』 2), "이 이理는 능추 즉 헤아릴 수 있는 것이기 때문에 조금도 보탤 수 없고, 불능추 즉 헤아릴 수 없는 것이기 때문에 조금도 덜어 낼 수 없다"(『유서』 2)라고 한 것은 본성인 이理를 토대로 만물의 평등을 주장한 것이다. 이와 같이 기로 보면 만물은 동체이고 이로 보면 만물은 평등하므로 사람이든 사물이 든 형이하形而下의 것을 아울러 기器라고 하며(『유서』 1), 형이하의 기 器와 형이상形而上의 도道의 관계에 관해서는 통쾌하게 "도와 별도로 만물은 없고, 만물과 별도인 도는 없다[道外物, 物外道]"(『유서』 6), "도는 기이기도 하고, 기는 도이기도 하다[道亦器, 器亦道]"(『유서』 1)라고 도파 道破한다.

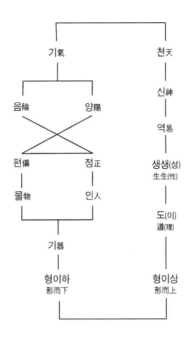

　명도의 이기二氣는 아마도 장자의 허기虛氣를 계승한 것이며, 그중에서 기氣를 주로 삼은 것은 불교의 유식설唯識說의 부류이겠지만 이기가 이理를 포함한 것이라고 한다면 유식설의 알라야식[阿賴耶識]이라고 하기보다는 『기신론起信論』의 알라야식[阿黎耶識]과 비교되어야 한다. 이 알라야식은 생멸生滅과 불생멸不生滅을 아울러 포함하는 것이다. 명도는 학설에서는 장자의 허기상즉설虛氣相卽說을 계승하며 그중에서 기를 주로 해서 말하지만 일찍이 주자周子를 만나 인격적으로 주자의 감화를 받았으므로 기 중에 이理를 갖추며, 따라서 이로부터 생성된 것들 사이에 만물은 같은 몸[萬物同體], 사람과 사물의 평등[人物平等], 도와 기의 상즉[道器相卽], 하늘과 사람은 별개가 아님[天人無二], 하늘과 땅은 일체[天地一體]와 같은 평등관을 바탕으로 현저하게 『기신론』

적 색채를 가진 것처럼 보인다. 그러면 명도의 일기설一氣說은 학문적 계통으로서는 알라야식설[阿賴耶識說]이 될 운명을 가지면서 그 성격은 이를 기신론 방식으로 전개시켰던 것으로 보아야 한다. 이렇게 볼 때 불교의 알라야식[阿賴耶識] 연기緣起 및 여래장如來藏 연기라는 양 설兩說의 중간에 있다고 해야 하며, 이 때문에 알라야식설에 가까운 주자朱子에게도, 여래장설[如來藏說]에 가까운 육자에게도 모두 영향을 준다. 명도가 이理에 근거해서 사람[人]에게도 사물[物]에게도 이가 갖춰져 있다고 인정하고, 도道와 기器 사이를 상즉相卽이라고 말한 것은 마치 불교가 사事와 이理의 사이를 상즉이라고 말한 것과 같다. 이 인물평등관人物平等觀에서 본다면 당연히 불성은 두루두루 가득하다는 불성편만설佛性遍滿說이 되며, 초목도 성불한다는 초목성불설草木成佛說에 철저해지는 이유가 생긴다. 그런데 이理에서 본다면 평등한 일여一如의 것에 차별의 여러 모습[相]이 있는 것은 무엇 때문이냐고 묻는다면 앞서 말했듯이 기의 바름[正]과 치우침[偏] 때문이라고 답해야 한다. 정正과 편偏은 장자의 지나침[過]과 모자람[不及]에 해당한다. 이 점에서 본다면 이理는 평등 원리, 기氣는 차별 원리다. 그리고 "천지의 만물에는 이만 홀로 있지 않고 상대가 있는데 자연히 그렇다[天地萬物理無獨有對自然然]"(『유서遺書』 12)라고 하며, 또 "만물에는 상대가 없을 수 없다[萬物莫不有對]"(『유서』 12)라고 하여 변화와 차별이 말미암는 이유를 천도天道가 그렇게 하는 것이라고 해서 결국 정편正偏이 있는 이유를 설명하지는 못한다. 그래서 인과론因果論으로 본다면 무인자연설無因自然說 즉 특정한 원인 없이 자연히 그렇다는 주장으로 귀착하게 된다.[7]

더욱이 "도는 기이기도 하다[道亦器]"라는 논법을 사용하면서 "하늘과 사람은 본래 둘이 아니다[天人無二]"(『유서遺書』 6), "천지는 본래 하나다[天地本一物]"(『유서』 2), "천지만물과 귀신은 본래 별개가 아니다[天地萬物鬼神本無二]"(『유서』 6)라고 한 것은 본질인 기氣를 근거로 한 말인가 아니면 본성인 이理를 근거로 한 말인가? 아마 기에서는 차별관差別觀으로 나아가므로 이에서라고 추측해야 할 것이다. 원래 기는 차별상差別相을 내포하며 그것에 의해서만 차별상의 기초가 성립하므로 명도 역시 차별상을 말할 때 그 기조를 여기에 두면서도 도리어 평등관平等觀의 방면에서 강한 색채를 발휘한다. 나는 명도의 특색은 평등관에 있다고 말하고 싶다.

---

7   여기서 하늘[天]에 관해 한마디 덧붙일 필요가 있다. 중국의 공통사상으로서 어의(語義)가 매우 불분명한 것은 하늘이다. 유가(儒家)는 자명한 것으로서 용이하게 이것을 사용하지만 그중에는 물질적인 것, 우주적인 것, 자연을 의미하거나 이(理)와 같은 것 또는 인격적인 의미가 있다. 한 가지 의미가 아닌 것이다. "천지는 본래 하나이며, 땅은 하늘이기도 하다[天地本一物地亦天也]"(『유서』 3)의 천(天)은 물질적인 것으로 보인다. "성인은 바로 천지인데 천지 중에 무엇이 없겠는가[聖人卽天地也天地中何物不有]"(『유서』 2)의 천은 우주적인 의미를 갖는다. "하늘이란 무엇을 말하는가? 사시의 운행이며, 온갖 사물을 낳는다[天下言哉四時行焉百物生焉]"의 천은 자연(自然)의 의미다. "마음이 곧 하늘이며, 이를 다하면 곧 본성을 알고 본성을 알면 곧 하늘을 안다[心便是天盡之便知性知性便知天]"(『유서』 2)의 천은 이(理)의 의미다. "하느님의 사업은 알 수 있는 조짐이 없다[上天之載無聲無臭]"의 천은 인격적인 의미다. 복잡한 천의 내용은 물질적인 천공(天空)에서부터 자연의 힘에 이르기까지 우주의 의미가 되고 조감(照鑑)하는 작용[明]이 있는 것으로 또 이(理)의 의미로도 사용한다. 유가(儒家)는 이러한 여러 의미를 포함해서 하늘의 내용으로 삼으면서 천이라고 말할 경우 곧 바로 그중의 자연력(自然力)이나 조감의 작용은 물론 보편의 이(理)도 모두 바로 알아채는 것 같다. 역주 이 내용은 저본 281쪽 9째 줄~282쪽 2째 줄까지, 저본 중에서 들여쓰기 형태로 기술하고 있는 내용이다. 내용상 요즘의 글 형식에 맞춰 보면 각주에 해당한다고 판단하여 각주로 처리한 것이다.

3. 심성론心性論

명도의 심성설心性說은 "타고난 것을 성이라 하고, 성은 기이며, 기는 성으로서 타고나는 것이다[生之謂性性卽氣氣卽性生之謂也]"(『유서遺書』1) 라고 한 데서 시작한다. 천지의 음양이 교역交易하며 이뤄지고 태어나면서부터 마음[心]에 갖춰진 것을 성性이라고 이름하며 또 기氣라고 이름한 것이다. 그리고 성을 정의하면서 "천지의 기운이 섞여 변화하여 이뤄진 만물이 타고난 것을 성이라고 한다[天地絪縕萬物化醇生之謂性]" (『유서』1)라고 한 데 따르면 성과 기의 구별은 정靜적이면서 아직 분화되지 않은 것을 성, 동動적이면서 이미 분화된 것을 기라고 이름 붙인 것이다. 정적인 성이 움직여서 사실화된 것을 기라 부르고 이것이 사람에게 나타난 것을 기품氣稟이라고 하는 것이라면 기품 이하에 이르러서야 비로소 설명할 수가 있게 된다.

그러면 사람의 기품氣稟에 여러 가지 차별상이 있는 것은 기氣가 즉 음양이 바르게 잘 갖춰졌는가[正] 아니면 음이나 양으로 치우쳤는가 [偏] 때문이라면 기품의 차별은 질적인 차이가 아니라 양적인 차이일 뿐이다. 혹은 정제整齊와 불통일不統一이라고 말한 것처럼 관계상의 차이로 볼 수도 있다. 올바른 것[正]을 선善, 치우친 것[偏]을 악惡이라고 말하는 것이라면 선악이란 정편正偏의 의미가 된다. 더욱이 기의 올바름이 천성天性인 것과 마찬가지로 치우침도 역시 천성이자 천리天理로서 자연自然에 따르는 것이므로 악이라고 말하더라도 본래 악은 아니며(『유서遺書』2), 선을 성性이라고 한 것과 똑같이 악도 성이라고 해야만 한다. 성이 발동한 정情에서도 역시 마찬가지로 "희로애락도 성의 자연스러움[喜怒哀樂亦性之自然]"(『유서』 2)이므로 이것을 절단하려는 것은 천진天眞을 얻는 것일 리가 없고 도리어 천진을 해치는 일이 된다.

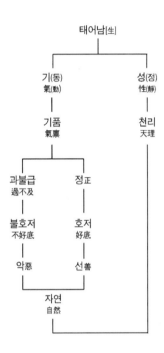

여기서 주의할 점은 명도의 성性이라는 말의 의미가 이중적이라는 것이다. 우주설宇宙說에서는 "도가 곧 성[道卽性]"이라고 하거나 "성에는 안팎이 없다[性無內外]"라고 하거나 더욱이 "그 이를 도라고 한다[其理則謂之道]"라는 말을 볼 때 성性과 이理와 도道는 때에 맞춰 말은 다르더라도 설명하려는 의미에서는 거의 동일하다. 심성설心性說에서도 성이 선善하든 악惡하든 모두 천성天性이라는 의미에서의 성은 이의 의미로 이해하는 것이 적당하다. 이리理에 근거해서 평등이 있는 것이다. "하늘과 사람은 별개가 아니다[天人無二]", "하늘과 땅은 동체다[天地同體]", "도는 기이기도 하고, 기는 도이기도 하다[道亦器, 器亦道]"라는 말들은 이리理에 근거해서만 할 수 있는 것이다. "성에는 안팎이 없다[性無內外]"의 성은 바로 이이며, 내외를 합일한 성리性理에 의해 천天과 인人의 사이나 천과 지地의 사이 또 도와 기氣의 사이가 상즉相卽이게 된다. 그런데 명도는 또 태어나면서 기로 나타난 것을 성이라고 이름 붙이며, 그 안에서 소[牛]나 말[馬]의 성을 구별하고 이것을 동일시해서는 안 된다고 말하는데 이는 이리理의 의미로서의 성이 아니며 각자의 특질을 본래 갖춘 성을 가리킨다고 보아야 한다. 전자의 성은 물질 이상의 것으로서 만유萬有에 보편하는 평등성이고, 후자의 성은 물질을 통해서 드러나는 것으로서 개체個體의 특수성이다. 이것을 이성理性과 기성氣性으로 구별해야 할까? 보다 엄밀히 말한다면 전자는 성, 후자는 기로서 그 어의語義를 제한해야 할 것이다. 불교에서 불성佛性이라고 할 때의 성은 이성理性의 의미다. 명도는 어느 것에나 성이라는 글자를 적용해서 이해함으로써 사상의 혼잡을 초래한다. 한편, "성이라고 말하면 이미 어긋났다[言性已錯]"(『유서遺書』 1)라거나 "사람이 태어난다는 것은 정 이상에서는 허용할 수 없는 말이고, 성을 말하려 한다면 이미 성이 아닌 것이다[人生而靜以上不容說, 方說性時便已不是性也]"(『유서』 1)라는 말이 기품氣稟 이상으로 거슬러 올라가는 것이라고 한다면 이것은 이성의 의미에서의 성으로 보아야 한다. 그런데 다른 한편으로 "천지天地가 낳은 것에 성性이라고 할 수 있지만 소의 성[牛性]과 말의 성[馬性]을 구분해야 한다. 그 차별을 없애고 일반화해서 끔틀

대는 벌레[蠢動含靈]에게도 모두 불성이 있다고 하는 것은 옳지 않다"
(『유서』 2)라고 한 것은 기품 중에 붙어 있는 성이다. 이와 같이 명도의
성에는 이중적 의미가 있다. 개괄적으로 말한다면 우주설의 성과 심
성설의 성은 다르다. 심성설의 성만을 본다면 명도에게는 기질성氣質
性의 설명만 있고 본연성本然性을 설명하고 있지는 않은 것이 되지만,
우주설의 성을 본다면 본연성에 대한 설명도 크게 나타난다. 우주설
의 성을 이해하고 나아가 심성설을 대한다면 이 중에도 본연성에 관
련된 듯한 말투[口吻]가 곳곳에 나타난다. 게다가 결국 기질성에 중점
을 둔 것은 아마 유교도의 사명을 고려했기 때문일 것이다. 불교에서
는 성性과 상相 또는 이理와 사事를 준별하고 그 사이에 혼잡을 허용하
지 않는다. 성이라는 말은 항상 이의 의미로 제한한다고 말할 수 있다.

　생각건대, 명도가 성리性理의 의미로 성性의 의미를 철저히 한다면
그의 이론은 막힘없이 잘 통할 것이다. 다시 말해 성은 천명天命이고,
천리天理이며, 내외를 합하고 천天과 인人을 아우르는 원리로서 우리
는 이것을 이론적으로만 말할 수 있을 뿐 실제[實]에 대해서는 말할 수
있는 것이 아니다. "성이라고 말하는 순간 이미 성이 아닌 것[才說性時
便已不是性]"(『유서遺書』 1)이다. 하늘[天]도 사람[人]도, 사람과 사물[物]
도 성에 근거해서 평등하게, 한 걸음 내려와서는 기氣에 근거해서 동
체同體가 되므로 이 의미를 철저히 해서 만유萬有는 본성이 평등하고
본질은 동일하다고 본다면 그의 일원설一元說이 제대로 성립하게 되
는 것이다. 곳곳에서 평등관이 나타나 있음에도 불구하고 심성설에서
만은 이성理性과 조화되지 않는 기성氣性을 말하고 있어서 안타깝다.
후대의 학자가 명도는 기질성을 말할 뿐 본연성을 말하고 있지는 못

하다고 한 것은 이 때문이다. 그의 조직 전체에서 본다면 오히려 본연성 방면에 장점이 있다. 기성에서조차 이 의미를 헤아릴 수 있다. 이러한 이유로 나는 그의 조직 중에서 기성의 의미를 제거하고 이성의 의미로써 그의 성설性說을 철저히 하고 싶어진다.

　기품氣稟에 선악善惡이 있다고 한 것에 관해서, 명도는 선성善性 중에 악惡이 잠재해 있는 것이 아니고 악성惡性 중에 선善이 숨어 있는 것도 아니며 공功을 들였을 때 악성惡性 그대로가 본래의 선으로 돌아간다고 하며, 흐린 물이 맑은 물로 되는 예시를 통해 선악을 상대적으로 보지 않고 이를 선성의 즉일卽一 즉 선성과 같은 것으로 귀결시킨다. 이는 악을 일시적 현상이라고 보는 것으로서 명도의 본의本意는 악체도무설惡體都無說 즉 악 자체는 아예 없다는 주장이거나 또는 유선무악설唯善無惡說 즉 오직 선뿐이고 악은 없다는 주장이라고 이해해야 할 것이다. 그리고 선성이 악화惡化할 때는 전체가 다 악이 되며, 악성이 선화善化할 때는 전체가 모두 선이 된다고 본 점에서 성性에 유동성이 있고 어느 것이든 전체적으로 유동한다고 보고 있는데, 더욱이 본래의 악[本惡]을 제거하고 성선性善으로 즉 본성은 선하다로 귀결시킨 것은 결국 맹자의 성선설性善說을 근본으로 삼는다는 것을 알게 해 준다.

　　사람은 태어나면서 기氣를 부여받으며[稟], 이理에는 선善과 악惡이 있다. 그러나 성性 안에 원래 이 두 가지가 있는 것은 아니며 상대적으로 생겨난다. … 맑음과 탁함은 같지 않지만 탁하다고 해서 물이 되지 않는다고 할 수는 없다. 이와 같이 사람도 맑아지도록 다스리는 공功을 들이지 않을 수 없다. … 그 맑은 것은 단지 원래 처음의 물인 것이다. 맑은 것이 와서 탁한 것을 바꾼 것도 아니고, 탁한 것의 한쪽에 있던 것을 뽑아낸 것도 아니다. 물의 맑음은 곧 성선性善을 말하는 것이다.　　　　　　　　　　　　　(『유서遺書』1)

이와 같이 명도의 조직은 기氣를 내세우면서도 성性을 내재시키는 데, "성을 논하면서 기를 논하지 않으면 부족하고, 기를 논하면서 성을 논하지 않으면 분명하지 않으므로 이를 둘로 보는 것은 옳지 않다[論性不論氣不備, 論氣不論性不明, 二之則不是]"(『유서遺書』6)라고 말하며, 또 직접적으로 이를 합일해서 "타고난 것을 성이라 하고, 성은 기이며, 기는 성으로서 타고나는 것이다[生之謂性性卽氣氣卽性生之謂也]"라고 말한다. 이것은 만유萬有의 차별상을 설명하기 위해 정正과 편偏 즉 차별을 본래 갖춘 기를 설정한 것인데, 성과 기의 상즉相卽은 성을 기에 즉卽한다고 하기보다는 기를 성에 즉한다고 하는 것이 명도의 의도에 합치할 것이며, 그리고 그 성은 일시적으로는 악惡이기도 하지만 결국에는 선善으로 간주된다. 그의 우주설에 근거한다면 이는 원래부터 당연한 귀결이다. 기의 정편正偏을 자연히 그런 것으로 보고, 성선性善도 성악性惡도 천성天性이자 천리天理이고, "사람이 가진 희로애락이란 것도 성의 자연스러움[人之有喜怒哀樂者亦性之自然]"(『유서』2)이라고 말하며, "진성은 자연에 의지한다[眞性待佗自然]"(『유서』3)라고 말한 것은 선악자연설善惡自然說 즉 선과 악은 모두 자연스러운 것이라는 주장으로서 이 자연관自然觀에서 본다면 세상에 악이란 것은 없는 셈이나 마찬가지가 된다. 불교적으로 본다면 여기에는 제법실상諸法實相 즉 모든 존재의 참모습이라는 의미도 있고, 번뇌즉보리煩惱卽菩提 즉 번뇌가 곧 깨달음[菩提]이라는 의미도 있으며, 본래성불本來成佛 즉 중생衆

生은 본래부터 성불한 상태라는 의미도 있다고 이해해야 할 것이다.

4. 심성설心性說의 난문難問

그러면 우리들은 어떻게 닦아 나가야 하는가라는 것인데 이 점에서 명도의 수도설修道說이 있다. 이론적으로 말한다면 유일하고 절대적이겠지만 사실상 사사물물事事物物 즉 모든 사물들은 모두 상대적이지 않은 것이 없다. 유선무악唯善無惡 즉 오직 선뿐이고 악은 없다고 알면서도 실제 생활은 선악의 대립으로 고민한다. 이 대립의 원인을 추적해서 명도는 이를 석일昔日의 습심習心 즉 지난날들의 익숙해진 마음(『유서遺書』 2)에서 찾는다. 이 석일습심설昔日習心說은 장자張子의 습숙전요習熟纏繞 즉 습관에 얽매였다는 주장을 수용한 것이지만 역시 명도가 수도修道하며 내관內觀함으로써 얻은 것임에 틀림없다. 적어도 수도의 경험이 있는 사람이라면 반드시 무언가 이에 상당하는 것을 발견한다. 불교의 무명無明은 더욱이 습심의 근본에 가로놓인 것으로서 불교라면 모두 다 무명을 인정하지 않는 경우는 없다. 아니 무명이 없다면 불교도 없다. 기氣의 정편正偏은 상대相對가 발생하는 원인이며, 그리고 상대가 있은 후에 악惡이 있는 것이라면, 여기서 이 석일의 습심을 심성설에 응용한다면 석일습심이 기의 정편을 있게 하는 원인이 되는 것이다. 그렇다면 선악자연설善惡自然說 또는 유선무악설唯善無惡說과 이 석일습심설은 어떻게 조화되는 것일까? 석일습심이 무엇인가에 관해서는 『수언粹言』의 『정성서定性書』에서 본다면 "사물을 바깥으로 삼고 자기를 이끌어 이것에 다가선다[以物爲外率己從之]"라는 말에 근거해 볼 때 내외內外를 이본二本으로 즉 안과 밖을 별개의 것으로 간주하는 선천적 습관[習癖]을 말하는 것이다. 바꿔 말하자면, "성에는 안팎이 없다[性無內外]"의 이理에 어둡고, 만물은 일체一體라는 실상을 알지 못하며, 안과 밖을 별개의 근본[二本]으로 간주함으로써 그 사이에서 정情에 가려지게 되며 사사로움[自私]이 있고 지혜의 작용 [用智]이 있다. 사사로움 때문에 바른 길[所跡]에 호응하지 못하고, 지혜 의 작용 때문에 밝게 깨달아 자연스럽게 즉 명각자연明覺自然하게 되 지 못한다. 이로 인해 도道에 나아갈 수 없게 된다. 이와 같이 이理에 근거해서 만물은 일체이고 내외가 일성一性이지만 내외의 대립과 선 악의 대립이 나타나는 것은 석일습심이 그렇게 만드는 것이다.

이에 우주설宇宙說과 수도설修道說 사이에 상당히 다른 색채가 나타 난다. 아마도 선악을 천성天性으로, 물정物情을 자연으로 보는 것은 유 교 본래의 자연설自然說에서 온 것이고, 정情을 그대로 허용하는 것이 다. 내외內外를 이본二本으로 삼는 정폐情蔽(정에 가려짐 또는 속이는 정 의 작용)로써 사사로움[自私]과 지혜의 작용[用智]을 말한 것은 아마 불 교의 영향 때문에 정에 가려진다고 보았을 것이다. 불교가 무명無明 또는 제7식識이 자타自他의 사이를 구별한다고 하면서 내아內我와 외 법外法 즉 안에 해당하는 나와 그 바깥의 존재의 교섭 관계에서 일체 의 죄악을 설명한 것과 비교한다면 습심설習心說이 발생한 이유를 알 게 될 것이다. 내외이본內外二本이란 내內에 아我가 있고 외外에 법法 즉 여타의 존재 혹은 사물이 있다는 말로서 이理에 어두우면 법집法執 즉 법에 대해 집착하게 되며, 자사自私 즉 사사로움은 아집我執 다시 말해 실체적 자아[我]에 대한 집착이고, 용지用智 즉 지혜의 작용이란 분별分別이다. 내외를 이본으로 봄으로써 아집我執과 분별分別이 있는 이상 만유萬有의 실상을 관조할 수 없다. 실상에 어두운 채로 발생하는 심정心情이 어떻게 올바를 수 있겠는가. 이것을 정폐情蔽 즉 정情에 가려졌다고 한다. 정폐는 불교의 번뇌煩惱에 비교해야 하며, 정폐가 나타나게 하는 선천적 경향인 석일습심昔日習心은 무명에 비교해야 할 것이다. 이 무명과 번뇌에 이끌린 인식[明覺]은 잘못되었으며 따라서 그에 따른 행위도 잘못이다. 도道로 나아갈 수 없는 것은 당연하다. 이렇게 볼 때 용어는 다르지만 내용은 완전히 불교다. 그렇다면 명도의 조직에는 유교적 자연관自然觀과 불교적 아집관我執觀이 씨줄과 날줄로 짜여 있다고 해야 할 것이다. 여기서 성性과 정情의 관계에는 두 가지 문제가 발생한다. 하나는 정을 어떻게 이해하고 설명해야 하는가이고, 다른 하나는 성을 어떻게 이해하고 설명해야 하는가이다. 첫 번째는 성에서 정으로 설명해 내려올 때 발생하는 난관難關이고, 다른 것은 정에서 성으로 설명해 올라갈 때 발생하는 난문難問이다. 성에서 정으로 내려올 때는 성이 움직인 것인 정을 천성이나 천리天理가 아니라고 할 수 없다. 게다가 사실상으로는 정폐가 나타나 버린다. 여기서 석일습심으로 설명한다고 하지만 그러면 그것이 생겨난 원인은 무엇이라고 해야 하는가? 성일본설性一本說 즉 성이라는 동일한 근본이 있다는 주장에서 어떻게 습심習心을 설명해야 하는가? 그의 우주설에서는 기氣의 정편正偏을 자연自然이라고 한다. 그러나 자연설에 따른다면 정편도 있을 리가 없다. 정편이 있다는 것은 이미 습심을 예상한 것이다. 아마도 이 때문에 불교에서는 무시無始의 무명을 설정했을 것이다.

두 번째는 성性에서의 문제로서 정情에서 성으로 설명해 올라갈 때 봉착하는 것이다. 명도의 조직 중에서 성은 이理 또는 도道와 마찬가지고, 항상 평등 원리로서 사용한다. 이 의미에서 본다면 불교의 불성佛性과 같은 의미다. 천天과 인人을 합일하고, 인과 물物을 동일시하며, 도는 기이기도 하고 기는 도이기도 하다[道亦器, 器亦道]고 말한 것에는 불교의 "모든 중생은 불성이 있고[一切衆生悉有佛性]", "초목이나 국토도 모두 다 성불한다[草木國土悉皆成佛]"에 철저해야 하는 이유가 포함되어 있다. 더욱이 명도에게 이러한 보편적 성을 인정하지 않는 경우가 있다면 성 그 자신은 모순이 된다.

> 하늘과 땅 사이에 오직 사람만이 지극히 영묘한 것은 아니다. 자기 자신의 심心은 곧 초목과 짐승의 심인 것이다. (『유서遺書』1)

> 사람은 하늘과 땅 사이에서 만물과 같은 부류다. 하늘이 어느 때 사람과 사물로 분별해서 내보낸다. (『유서遺書』2)

라는 말은 사람과 사물 사이에 성性의 평등을 인정한 것이다. 오직 사람만이 지극히 영묘하지 않고, 초목과 짐승도 역시 평등하다는 말은 바로 불성佛性의 보편성을 인정한 것이다. 그럼에도 불구하고 실유불성설悉有佛性說을 다음과 같이 비평한다.

> 이것은 다르며 곧 단지 도道 일반일 뿐이다. 석씨처럼 꿈틀대는 벌레에게도 모두 불성佛性이 있다고 말한다면 이러한 것은 옳지 않다. (『유서遺書』2)

명도의 이 비평은 사람에게는 사람의 성性이 있고, 말[馬]에게는 말의 성이 있으며, 소[牛]에게는 소의 성이 있어서 성이라고 할 수는 있어도, 더욱이 그 안에서 차별을 인정하지 않을 수는 없다는 말이지만, 그러면 차별이 있는 성은 기질성氣質性이고 정情이 된다. 이것은 성을 설명하면서 게다가 정을 용인한 데서 비롯된다.

> 고자는 타고난 것을 성性이라 할 수 있다고 말한다. 천지가 낳은 사물은 마땅히 성이라고 한다. 모두 성이라고 말할 수 있다. 그중에서 소의 성이나 말의 성은 구분해야 한다. … 이는 사람과 사물에도 통하는 말이다. 성에 따른다는 것은 말은 말의 성이 되며 또 소의 성은 되지 않는다는 것이다.
>
> (『유서遺書』2)

이것은 장자張子가 "석씨의 말이 잘못된 이유는 천하 만물의 성性을 하나라고 여겨서이다. 마치 고자가 생生을 성이라고 한 것과 같다"라고 한 말을 계승한 것이다. 장자의 비평은 불교의 잘못된 평등에 대한 견해[惡平等見]는 고자와 동등하다는 말이지만, 그러나 고자의 입각점과 불교의 입각점은 정반대다. 고자의 것은 차별성에서 하는 말이고, 불교의 것은 평등성에서 하는 말이다. 불교에 의하면 성이라는 말은 양쪽으로 적용되지 않으며, 고자의 경우와 같은 것은 사事 또는 상相이라고 말하는 것이 규칙이다.

아마 성性이란 차별상差別相의 깊은 곳에 가로놓인 이성理性을 말하는 것으로서 이성에 근거해서 보면 일체가 평등하게 보이지 않을 수가 없다. 성이라는 말의 의미는 당연히 여기로 귀착한다. 이를 불성佛性이라고 한다. 이에 대해 기氣에 근거해서 나타난 성은 기성氣性이라고 해야겠지만 이 성은 앞서 말한 보편적 의의를 가진 성과 내용이 다르다. 그것은 차별을 없애 버린 것이고, 이것은 차별로 나타난 것이다. 이것을 구별하면 본연성本然性 및 기질성氣質性이 된다. 한 글자로는 성性과 기氣라고 구분해야 한다. 불성은 본연성이고, 소[牛]나 말[馬]의 성은 기질성이다. 이것을 구별하지 않고 성이라는 한 글자를 혹은 성으로 사용하고 혹은 기로 사용하며, 그리고 성에서 기를 비평하고 기에서 성을 비평한 것은 아마 장자도 명도도 벗어나지 못하고 있다. 이렇게 된 것은 유교의 사명에 지배당했기 때문일 것이다. 유교의 사명은 인생의 경륜經綸 다시 말해 인생을 잘 다스려 나가는 것이며, 이성에 대한 담론에는 능숙하지가 않다. 우주설에서 불교의 교리와 상응하며 이성을 중시하고 평등을 주장하고 있음에도 불구하고, 심성설에 와서는 유교 본래의 사명을 고려했기 때문인 것이다. 이륜彝倫의 도道로 돌아가 차별에 중점을 두고 자연自然의 정情을 주장한 것과 불성에 대한 비평은 차별의 정을 중시하는 유교가 평등의 성을 중시한 불교에 만족하지 못했음을 보여 주는 것으로서 근본적인 문제는 정에서 성으로 설명해 가면서 발생한다고 볼 수 있을 것이다.

5. 수양설修養說

명도의 존심양성법存心養性法 즉 심心을 보존하고 성性을 기르는 방법은 앞서 제시한 『정성서定性書』와 『유서遺書』 2의 「식인편識仁篇」을 아울러 본다면 그 심원한 체험을 알 수 있다. 이를 요약하면, 의방義方과 경직敬直에서 시작해 정성定性의 영역 안에서 식인識仁 즉 인仁을 인식하는 데서 끝난다. 우리가 만약 안[內]과 밖[外]은 이본二本이라는 잘못에 빠져 "밖이 아니면 바로 안[非外是內]"이라는 견해에 매몰되어 항상 외물外物 때문에 얽매여 있음을 반성한다면 당연히 존양存養의 도道로 나아갈 수 있다. 즉 의義로써 바깥을 바르게 한다는 의이방외義以方外와 경敬으로써 안을 바르게 한다는 경이직내敬以直內의 내외內外 두 방면에서 진행하여 정성의 영역에 들어가 "성에는 안팎이 없고, 하늘과 사람은 본래 둘이 아니다[性無內外天人本無二]"라는 실상實相을 자각한다면 "내외를 다 잊어 맑으면서 사태가 없게[內外兩忘澄然無事]" 되고, "넓고 텅 비고 매우 크게 공평하여 사물이 다가와도 순응하게[廓然而太公物來而順應]" 되며, "가고 오는 것도 없고 안팎도 없어서 움직여도 고요해도 안정[無將迎無內外動靜共定]"한 영역에 안주할 수 있는 것이다. 여기에 고요함[靜]이 있고, 정성스러움[誠]이 있다. 정靜과 성誠이란 활동이 없다는 말이 아니다. 심신心身이 활동하면서 바깥에 얽매이지도 안에 얽매이지도 않는다는 말이다. 여기에 이르러 식인 즉 인에 대한 인식이 있다. 정성이란 고요하고 움직이지 않음[寂然不動]이라는 멈춤[止]이고, 식인이란 감응하여 두루 통합[感而遂通]이라는 작용[明]인 것이다. 식인이란 궁리窮理와 다르다. 의사意思가 없이 이지理智를 사용하지 않고서 정성으로부터 발로發露하는 자연의 대용大用이다. "가로막고 검사할 필요가 없고, 끝까지 찾을 필요도 없음[不須防檢不須窮索]"이란 이것을 말한다. 다른 학자가 궁리진성窮理盡性을 고조시킨 데 반해 명도가 식인을 구극으로 삼은 것은 우선 명도의 인격을 반영하며, 또 자비慈悲를 어디서나 고조하는 불교의 영향 때문이었는지도 모른다. 인이란 "천지의 본성적인 덕이자 심성의 본체[天地之性德亦心性之體]"이므로 식인이란 진심盡心, 지성知性, 지천知天을 아우르는 것이다.

식인한 사람을 성인聖人이라고 한다. 성인은 천지와 일체一體라고 자각하므로 또 인자仁者라고도 부른다. 인자가 천지만물을 일체로 여기며 이것을 "자기가 아닌 것이 아니다[莫非己也]"라고 보는 사람이라면 "그 정으로 모든 일에 순응하면서도 정이 없는[以其情順萬物而無情也]" 것이 된다. 정情이 있어도 정에 얽매이지 않고 정을 초월했기 때문이다. 명도의 수양설修養說 중에서 가장 중요한 것은 경敬이라는 한 글자다. 주자周子는 무욕無欲으로부터 나아가며, 장자張子는 예禮로부터 나아가고, 명도는 경으로부터 진행한다. 경은 이천이 크게 부연했으므로 후대의 학자들은 경 한 글자를 이천에게 양보하며, 명도에게는 정靜이라는 글자를 점찍어 주지만 정보다도 경이 더 그의 특색이다.

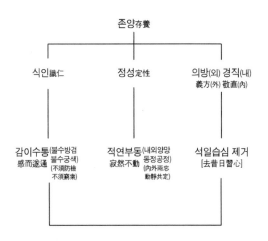

이 정성법定性法이란 것은 그 방법이든 내용이든 선禪 그대로라고 할 수 있다. '의방경직義方敬直'은 승원僧院의 청규淸規 생활이다. '내외양망內外兩忘'은 인법이공人法二空 즉 인仁과 법法 두 가지는 다 공空하다는 말에 해당한다. '동정공정動靜共定'은 『능엄경楞嚴經』의 "동과 정 두 가지 모습은 다 끝나 버려서 발생하지 않는다[動靜二相了然不生]"이다. '불수방검不須防檢, 불수궁색'은 '불수부단不修不斷' 즉 '수행하지도 끊지도 않는다'에 해당한다. 이것은 아마도 틀림없이 선의 내용에 유교적 문자를 적용시킨 것이다. 이렇게 본다면 의경義敬, 정성定性, 식인識仁의 세 가지는 마치 불교의 계戒, 정定, 혜慧의 삼학三學과 같고, 게다가 인 안에는 단지 혜 외에 대승大乘의 정신을 추가한 것으로 보인다.

명도는 수양의 극치인 식인識仁의 영역에 들어가 천지와 일체一體라는 자각으로부터 "인자仁者는 천지만물을 일체로 여기며 자기가 아닌 것이 없다"(『유서遺書』 2)라고 하고, "자기 자신은 원래 천연天然이 완전히 자족된 사물[物]이다"(『유서』 1)라고 하는데, 이 자각으로써 인생에 임하는 태도는 실로 당당한 점이 있다.

첫째, 선각자라고 자임한다. "나는 하늘이 내어 놓은 사람들[天民]의 선각자다. 어찌 아직 깨우치지 못한 이들을 깨우쳐 주지 않겠는가. 그들 자신에게도 이 의리義理가 있으며 나는 단지 이것을 깨우친 것일 뿐이다"(『유서遺書』 1)라고 말한 것은 이러한 자임을 표명한 것이다. '그들 자신에게도 이 의리義理가 있다'라는 말은 실유불성悉有佛性 즉 모두에게 불성이 있다는 말과 같은 의의를 갖는 것이다. 선각자로 자임한 것은 부처가 각자覺者로 자임한 것과 닮았다. 또 '타인을 깨우쳐 줄 뿐 부여하는 것이 아니다'라는 태도 역시 동일하다고 해야 할 것이다.

둘째, 무아無我라는 큰 마음[大心]을 갖고 있다. "이 몸 하나를 해방시켜 천지만물 속으로 방임한다"(『유서遺書』 2)라고 말한 것은 불교의 무주열반無住涅槃 즉 어느 것에도 집착하여 머물지 않는 열반을 향한 적극적인 자세로서 대승적 정신이 드러나 있다.

셋째, 불선인不善人 즉 선하지 않은 사람을 덕德을 갈고닦는 기연機緣으로 삼는 태도가 있다. "선인善人과 있으면 사람이 망가진다. 모름지기 불선인不善人과 있어야 한다. 그래야 사람은 성취할 수 있다"(『유서遺書』4)라는 말 속에서 그의 치열한 수도정신이 나타난다. 이 안에서는 제바달다提婆達多를 선지식善知識이 되게 한 석가釋迦의 정신과 공통점이 보인다.

이상을 아울러 생각해 보면, 평등 원리가 명도 사상의 기조라고 해도 아무런 문제가 없는 것 같다.

6. 배불排佛 논란

명도의 배불排佛 논란에는 이론적인 것과 실제적인 것이 있는데, 대부분 핵심을 짚은 것이어서 이를 일견한다면 허심탄회하게 한 것임을 알 수 있어야 한다.

① 이理에 가까운 일로 사람을 해롭게 하기로는 양묵보다도 심하다는 기사記事가 『유서遺書』8 속에 나온다. 사람을 해롭게 한다란 개물성무開物成務 즉 만물의 의미를 깨달아 일을 이루는 데 유익하지 않고, 요순의 도道에 위배된다는 말이다. 명도는 천하를 경륜한다는 입장에서 불교에 대한 불만족을 나타낸 것이며, 그리고 재주가 고명한 사람일수록 점점 더 깊이 빠져드는 것을 보고 맹자가 여럿 있더라도 어찌해 볼 수가 없다고 탄식한다. 이 탄식은 그 이면에는 교리敎理상으로

는 유교가 도저히 불교의 적수가 되지 못한다는 것을 스스로 고백하고, 또 불교가 어떤 점에서 비난받아야 하는지를 알고 있다는 것으로, 여기서 그 글을 인용해 보자.

도道가 밝혀지지 않는 것은 이단異端이 이를 방해[害]해서다. 예전의 방해는 얕아서 알기 쉽다. 요즘의 방해는 심오해서 알아보기 어렵다. 예전에는 사람의 미혹하고 사리에 어두운 점[迷暗]을 이용해 헷갈리게[惑] 했고, 요즘에는 높은 식견[高明]에 편승해 미혹[惑]시킨다. 스스로 신神을 궁구하여 변화[化]를 안다고는 하는데, 더욱이 만물의 의미를 깨달아 일을 이루기[開物成務]에 충분하지 않다. 말은 두루두루 번드르르[周偏]하지만, 사실은 곧 윤리倫理에 어긋난다. 깊이를 궁구하고 미묘한 것을 지극히 밝히지만 요순堯舜의 도道에 들어가지는 못한다.   (『유서遺書』2)

② 산하대지山河大地를 환망幻妄이라고 한 것에 대해 그럴 리가 없다고 말한 기사記事가 『유서遺書』1 속에 보인다. "만유萬有를 환망幻妄으로 여기는 것은 불호저不好底의 성성性에 관해 말한 것이고, 여실如實한 만유에 대해 한 말이 아니다. 만약 인人과 법法을 공空하고 환幻이라고 본다면 만유는 의미가 없어지고, 인생도 의미가 없게 된다. 불자佛者의 세계나 인생은 나의 세계나 인생이 아니다"라고 한다. ― 명도의 이 비평은 장자張子를 계승하며 더욱이 사상으로서는 장자 이상으로 나아간 것이다. 아마 불교의 유식설唯識說을 기초로 한 것 같다. 유식설이 변계소집遍計所執의 세계를 망유妄有로 즉 두루 헤아려서 집착된 세계를 허망하게 있는 것으로 보고, 의타기성依他起性의 세계를 가유假有로 즉 다른 것에 의지해서 발생한 성질의 세계를 임시적으로 있는 것으로 보며, 원성실성圓成實性의 세계를 실유實有로 즉 원만하

게 이뤄진 진실한 성질의 세계를 진실하게 있는 것으로 본 것은 이 사상에 해당하는 것 같다. 아마 『반야般若』의 공관空觀에서 본다면 상식적인 말이겠지만, 그의 말은 핵심을 짚은 점이 있다.

③ 사람의 성性에는 각자의 특성이 있다. 개성을 보지 않고 모두에게 불성佛性이 있다고 말해서는 안 된다. 잘못된 평등[惡平等]이라고 해야 한다(『유서遺書』 2). ― 이 비평도 장자張子를 계승한 것으로서 이에 관해서는 앞에서 이미 서술했다.

④ 불교자가 근진根塵(오근五根과 오진五塵)으로 괴로워하며 생사生死를 두려워하는 것은 이기심[利心]에서 비롯한다. 이 이기심을 제거하면 생사도 일여一如해지며 근진에 얽매이지 않게 된다(『유서遺書』 2). ― 이 의견은 대승불교가 소승불교에게 하는 말로서 명도는 이것을 유교 대 불교의 관계에 적용하고 있다. 한편으로 불교의 폐해를 잘 지적한 것이어서 후대의 유자들이 이를 많이 사용한다.

불교는 단지 생사에 대한 두려움을 가지고 사람을 움직인다. … 불교라는 배움은 생사를 두려워하기 때문에 단지 소견이 좁은 말만 쉼 없이 한다. … 요약해 보면 단지 개개의 의견들은 모두 이기심[利心]인 것이다.

(『유서遺書』 1)

석씨가 근진根塵을 괴로움[苦]이라고 하는 것은 모두 자신의 이익[自利]을 위한 것이다.

(『유서遺書』 2)

⑤ 석씨한테 얻을 것이라고는 깨달음[覺]의 이理 하나뿐이다. 이것은 나의 경이직내敬以直內와 같다. 그래도 의이방외義以方外와 같은 것

은 보이지가 않는다. 그 때문에 막히면 고목나무처럼 되고, 통하면 방자해진다고 『유서遺書』 5에서 논하고 있다. 이렇게 명도는 처음에는 석씨에게 경직敬直은 있다고 인정하면서도 의방義方은 인정하지 않았지만, 나중에는 의방이 없다면 경직도 역시 옳지 않다고 단언한다. — 이것은 매우 교묘한 논법論法으로서 나중에 주자朱子는 기꺼이 조술祖述하기도 한다.

> 불타[佗]에게 있는 깨달음[覺]의 이理 하나는 경이직내敬以直內라고 할 수 있다. 그런데 의이방외義以方外가 없다면 그 직내直內라는 것도 요컨대 그 본질은 역시 옳지 않다.　　　　　　　　　　　　　　　　　(『유서遺書』 2)

⑥ 석씨에게 의방義方의 생활이 없다는 것은 외형은 고목나무처럼 마음은 불 꺼진 잿가루처럼 하는 적멸담정寂滅湛靜 즉 고요히 잠잠해져 맑고 조용한 것에만 도道가 있다고 한 데서 나타난다고 『유서遺書』 2에서 논하고 있다.

⑦ 석씨의 말을 궁구하고 그리고 나중에 이를 버린다면, 그 말을 궁구해야 하는 동안에 부처가 되어야 한다. 아마도 단지 자취[迹]만을 생각해야 할 것이다. 자취는 가르침[敎]에서 나오고, 도道에서 나오며, 마음[心]에서 나온다. 자취가 옳지 않다면 그 바탕[本]인 교敎는 물론 도나 심心도 옳을 리가 없다. 자취가 무엇인가? 인륜이나 천륜 등의 윤리를 끊고 출가한 것이다(『유서遺書』 16). — 이론상으로는 맹자가 여럿이더라도 어떻게 해 볼 수가 없다고 탄식한 명도는 눈을 돌려 이 논법에 의해 자취상에서 석씨를 억누르려 한다. 이 교묘한 논법은 또한 주자朱

子 이하 유자儒者들이 즐겨 사용하게 된다.

단지 자취[迹]로만 생각해 본다. 베풀어진 가르침[敎]은 이와 같은데, 그 마음 [心]은 과연 어떤가? 정말로 그 마음을 취하기 어렵다면 그 자취도 취하지 않는다. 이 마음이 있어야 곧 이 자취가 있다. (『유서遺書』16)

혹 부처의 도道는 옳고 그 자취[迹]가 잘못이라고도 한다. 그런데 자취라는 것이 과연 도에서 나오지 않는가? 내가 공격하는 것은 그 자취뿐이다. 그 도는 나는 모르는 것이다. (『유서遺書』5)

이상의 논란 중에 환망幻妄적 세계관과 실유불성설悉有佛性說에 대한 비평은 장자張子를 계승한 것이다. 장자가 있는 힘을 다해 배격한 것은 환망관幻妄觀이다. 명도는 이 점에서는 장자에게 양보하고, 새롭게 추가한 것은 이기심[利心]과 자취의 잘못됨[迹非]에 대한 논법이다. 특히 적비迹非에 온 힘을 다하여 의방義方이 없는 경직敬直은 옳지 않다고 논하고, 윤리를 단절한 자취에서 나온 교敎에서, 또 도道에서, 또 심心에서도 취할 것이 없다고 힐난하며, 석씨가 혹 신神을 궁구하여 변화[化]를 안다고 하거나 혹은 성명性命과 도덕道德을 논하면서 때로는 두루두루 번드르르[周徧]하게 말하지만, 필경 개물성무開物成務하는 데 도움이 안 되고, 요순의 도를 버리며, 윤리에 어긋난다고 힐난하면서 종횡으로 논하는데, 수긍할 만한 점이 있다. 나중에 주자朱子는 이 논법을 계승하며, 종횡으로 논의를 전개하면서도 결말은 윤상倫常 문제에 둔다.

7. 불교와의 관계

명도의 사상 중에 불교와의 관계나 교섭을 보여 주는 것을 일일이 다 열거하기는 힘들다. 만약 강하게 말한다면 주자周子의 조직도, 정자의 사상도 당시 식자識者의 내면 생활을 이루고 있던 불교가 없었다면 성립할 수 없었다고 말할 수 있다. 불교와의 관계는 곳곳에서 논했으므로 새삼스럽게 여기서 열거할 필요는 없을 것 같지만, 어법語法의 논지가 너무나 비슷한 것을 개괄적으로 열거해 본다. 유사한 것들은 물론 이것뿐만이 아니다.

명도明道의 어법	불교佛教의 어법
道亦器器亦道. 道外無物物外無道.	理即事事即理. 色即是空空即是色.
萬物各有一乾坤.	一即一切. 一念三千.
言性已錯, 才說性時, 便已不是性.	言語道斷, 心行所滅.
自家元是天然完全自足之物.	本來成佛.
自家心便是草木鳥獸之心.	一切衆生, 悉有佛性.
獨陰不成, 獨陽不生.	單眞不生, 唯妄不成.
昔日習心.	無始無明.
無性外之物. 性無內外.	萬法唯識. 三界唯心.
以物爲外, 率己從之.	心外見法.
內外二本.	我法二執.
內外二忘.	我法二空.
自私, 用智, 情蔽.	我執, 分別, 煩惱.
義方敬直, 定性, 識仁.	戒, 定, 慧.
動靜其定.	動靜二相, 了然不生.
不須防檢, 不須窮索.	不修不斷.
天民之先覺者.	覺者.
利心, 自利.	(대승大乘이 소승小乘을 비평하는) 自利.
槁木死灰.	灰身滅智.
善惡自然.	諸法實相.

정이천程伊川

1. 이천伊川과 좌선坐禪

이천의 이름은 이이頤, 자字는 정숙正叔, 호號는 이천伊川으로서 명도
의 동생이다. 대관大觀 원년元年(1107)에 75세로 사망한다. 스스로 "나
는 일생 동안『장자莊子』,『열자列子』, 불서佛書를 본 적이 없다"라고
말하지만, 이것은 이러한 사상으로부터 독립하려는 의기意氣나 이상
理想을 표명한 것이라고 해석해야 하며, 사실은 불교의 영향을 크게
받은 것으로 보인다. 특히 좌선坐禪에 관해서는 입으로도 칭찬했을 뿐
아니라 몸소 이를 실제로 수행한다. 물론, 정좌靜坐에는 불교 이외의
것이 있다.『장자莊子』에 있는 것은 불교와 관계없이 중국 민족 사이
에서 자발적으로 생긴 일종의 선禪이다. 그래서 모든 정좌를 곧바로
불교에 연계시킬 수는 없지만 이천의 경우에는 시대상으로 보거나 형
식상으로 보아도 불교의 좌선이라고 단정할 수 있다. 송의 시대는 선
의 시대이며, 불교는 선으로 통일되므로 선의 영향은 이윽고 불교의
영향으로서 선을 통해 불교의 교의敎義에 접하게 된다. 전기傳記를 보
면 다음과 같은 일화가 실려 있기도 하다. 형 명도가 죽은 뒤에 있었
던 일인데 양구산과 유정부 두 사람이 어느 날 이천을 만나러 간다.
그때 이천은 앉아서 눈을 감은 채였으므로 두 사람은 그 옆에서 시좌

侍坐한다. 오래 지난 후 이천은 그들을 돌아보며 "두 사람은 아직도 여기 있는가, 날이 저물었으니 잠시 집으로 가 있으라"라고 한다. 두 사람이 물러나자 문밖에는 눈이 몇 척尺이나 쌓여 있었다고 한다. 이것은 말할 것도 없이 좌선을 실제로 수행한 사실을 말하는 것이다. 그 형식을 보면 마치 2조祖인 혜가가 달마를 눈 속에서 기다리며 단비구법斷臂求法 즉 자신의 왼팔을 잘라 바치면서 가르침을 구했다는 전설을 그대로 사실화한 것으로 보인다. 달마와 혜가의 사적事跡은 물론 사실이 아니지만 이 전설이 등장했던 시대의 선풍禪風은 이런 정도의 것이었다. 이 시대의 선사禪師는 이 전설 속에 나타난 정신과 기백을 곧바로 자기의 것으로 삼으려고 노력한 사람으로서 이로 인해 생생한 선사가 배출된다. 이천의 좌선은 명백히 이 시대의 풍조가 낳은 것이다. 『유서遺書』3 중에 "단지 눈을 감고 조용히 앉는다[只閉目靜坐]"라는 말이 있고, 『유서』16 중에는 "마땅히 좌선해서 선정에 들어간다[須坐禪入定]"라는 말이 있다. 정좌는 말할 것도 없이 내심內心의 분란을 통일하기 위한 것이다. 이천은 "학자가 마음[心]에 걱정이 많아서 편안하게 고요하지 못할까 근심하는 것은 곧 천하의 공공연한 병病이다. 학자는 단지 마음만은 확립할 필요가 있다"(『유서』16)라고 말한다. 그리고 마음의 확립에 관해서는 선사에게 장점이 있다는 것을 인정하면서도 유교를 따르는 사람이라면 선을 배우지 말고 이理를 촛불 삼아서 그 영역에 도달해야 한다고 절규하며 이끌어 나간다.

단지 이 부동심不動心 하나인데, 석씨는 평생 이 일을 익혔으며, 만들어 낸 일대 사건이기도 하다. 학자는 다른 것을 배울 필요가 없고 단지 이理를 촛불 삼아서 마치 소요부邵堯夫(소강절)처럼 분명하게 스스로 이것을 할 수 있어야 하고, 다른 것도 자연히 이러하므로 역시 어찌 배워 볼 만한 것이겠는가?

(『유서遺書』19)

이천은 "단지 이 심心에 주主가 있다. 어떤 것을 주로 삼느냐면 경敬뿐이다"(『유서遺書』16)라고 하며, 또 "이리理를 촛불 삼으면 저절로 이것을 할 수 있다"라고 말한다. 어떻게 해서 경을 심의 주로 삼을 수 있으며, 어떻게 해야 이리理를 촛불 삼을 수 있는가? 여기에는 정좌靜坐하는 좌선坐禪이 필수적 과정이 된다. 심에 주가 있게 해서 진실의 이리理를 촛불 삼는 일은 누구나 바라는 바이며, 게다가 현실의 자신은 그렇지 못해서 괴로운 것이다. 고금古今의 수도자修道者의 용심用心은 여기에 있다. 정자 형제가 유교사儒敎史에서 중요한 지위를 차지한 것은 말한 그대로 실천했을 정도로 그 인격이 완성되었기 때문이며, 그리고 이렇게까지 단련한 것은 선정禪定 때문이라는 것을 잊어서는 안 된다. 이천이 "시장 사람들은 비록 하루하루 장사하더라도 쉬는 시간이 있으며, 선객禪客만큼 바쁜 사람은 없다. 무슨 말이냐면, 선자禪者가 걸어 다니고, 머물고, 앉고, 눕는 것은 도道가 아님이 없고, 도에 머물려는 마음을 보존하는 것으로 이것은 곧 항상 바쁜 것[常忙]이다"(『유서』16)라고 한 말은 깊은 수선修禪의 체험이 있지 않다면 도파道破할 수 없는 경지다.

"이천은 젊었을 때는 선객禪客과 얘기하며 그 배움의 깊이를 가늠해 보려 했지만, 나중에 와서는 그 모습을 보려 하지도 않고 더욱이 묻지도 않게 되었다"(『유서遺書』4)라고 한 것을 보더라도 청년 시절에 형

명도와 함께 주자周子에게 배운 뒤 나중에 선객과 교섭이 많았음을 알
게 된다. 심心을 유학儒學의 전유물로 삼게 되면서 명도도 이천도 선
객과의 왕래를 끊었지만, 수양법으로서는 정좌靜坐를 스스로도 닦고
타인에게도 닦도록 하며, 경敬을 고안해 냈다고 볼 수 있다. 경을 고안
한 일은 유교적이지만 그 정신과 방법이 좌선坐禪 그대로라는 사실은
양楊과 유遊 두 사람이 만나러 왔을 때의 상황에서 역력히 나타난다.

2. 이천伊川과 영원靈源의 교섭

이천은 만년晚年에 원우元祐의 당화黨禍 즉 원우 연간에 당파 싸움
으로 인한 피해를 입어 65세의 나이로 결국 부주涪州로 유배되며, 유
배 가던 도중에 한강漢江을 건널 때의 사적에 관해서 다음과 같은 일
화가 있다. 중류中流에서 배가 거의 뒤집어질 뻔했지만 이천 홀로 자
약自若했다. 배 안에 노부老父가 있었는데 "그대 혼자 두려움이 없어
보인다만 어떻게 그럴 수 있는가?"라고 묻는다. 이천은 "마음에 성誠
과 경敬을 보존하고 있을 뿐입니다"라고 대답한다. 노부는 "참으로 훌
륭하다. 그러나 무심無心만 같지 못하다"라고 했다. 이천이 그와 얘기
하려고 했지만 노부는 이미 사라지고 없었다고 한다. 이 일화는 유상
선有相禪과 무상선無相禪의 차이를 여실하게 표명한다. 혜가가 달마를
찾아가 구한 것은 이 무심이었다. 무심은 공空으로서 『반야경般若經』
의 중심 원리다. 이천은 성과 경으로써 인격을 도야한다. 그렇지만 초
탈超脫이라는 점에서는 아직이었던 것 같다. 선禪의 극지極地 즉 궁극
의 경지는 초탈[超]에 있다. 성경誠敬을 주主로 하는 것과 성경을 초탈

하는 것은 아마 유선儒禪과 불선佛禪 즉 유교적 선과 불교적 선의 차이라고 볼 수 있다. 이천이 배 안에서 이야기한 노부는 틀림없이 선사禪師였을 것이며, 이 배 안에서의 일침은 이천에게 어떤 계발의 계기가 되었을 것이다. 하물며 만년에 뜻밖의 재난[奇禍]을 당했을 때의 일침이었던 것이다. 나는 황룡산의 영원유청靈源惟淸과 교섭한 일은 이 일이 있은 이후에 시작되었을 것이라고 생각한다.

영원과 이천 사이에는 적어도 다섯 통의 편지 교환이 있었다. 이천의 것은 남아 있지 않지만 영원의 것 3통은『영원필어靈源筆語』속에, 2통은『선림보훈禪林寶訓』속에 보존되어 있다. 나는 이 문답이 있을 법한 일이라고 생각하므로 특별히 이를 부정하고 싶지는 않다. 이미 당의 한퇴지도 조주潮州에서 대전화상과 교류했다. 기화奇禍를 당하면 정신[心靈]적으로 문제에 부딪히는 일은 누구라도 있을 수 있고, 사람의 정신의 개발은 이러한 기회가 되었을 때야말로 비로소 눈에 띄는 성과를 거두게 된다. 유가儒家와 불가佛家를 별개의 범주에 넣고 보려 한다면 생생한 영혼[靈]을 지닌 사람을 마주칠 이유가 없다.

영원의 첫 편지[初信]에서 "당신은 이 도道에 마음을 둔 지 매우 오래되었다고 들었습니다. … 당신은 큰 믿음의 씨앗을 갖추고 이제까지 쉬지를 않았으니 이제 곧 큰 쉼의 경지입니다"라고 하며 그의 쉼 없는 구도求道에 의해 대휴大休에 도달할 것이라고 권장하며, 그리고 "근년에 스승께서 당신을 만났다고 들었습니다. … 그런데 스승께서 당신과 마주했을 때는 이미 당신은 마음에 손상을 입었지만 그때는 평화롭고 싶어서인지 괴로움을 몹시 드러내려 하지 않으셨다고 합니다"라고 말한 것을 보면 이천이 영원의 스승 회당조심과 대면하여 도를 물은 일을 알 수 있다. 이 조심은 황룡혜남의 법사法嗣로서 도우道友인 상총을 동림사東林寺에 추천한 명승名僧이다. 이천과 조심이 교섭한 시대는 불분명하지만 아마도 이천이 기화奇禍를 당해서 숨어 다녀야 했던 때일 것이다. 스승과 관련해 '이미 마음에 손상을 입었다'라거나 '괴로움을 드러내려 하지 않았다'라고 말한 것은 이천의 기화를 반영하고 있는 것 같다. 이 추측이 맞다면, 영원과 이천이 서신을 주고받은 것은 이천이 유배된 소성紹聖 4년부터 사면되어 낙양洛陽으로 돌아온 원부元符 3년까지 3년 간(1097~1100)의 일이다. 조심은 73세로 노령老齡이었다. 영원의 나이는 불분명하지만 조심보다 약 20세는 어렸을 것이며, 이천이 굽히고 나오기[頓發]를 바랐던 일로 보면 상당히 예리하게 돌입한 것으로 보인다. 첫 편지에서 "아직 영의 근원에 돈입하여 직접 본체를 보지는 못합니다[未能頓入靈源親見本體]"라고 한 것은 이천이 여전히 심령心靈의 본원本源이나 본체本體에 도달하지 못했다는 말이다. "종전의 깨우침은 마땅히 떨쳐 버리고 믿음과 이해를 향해도 아직 싹트지 않았을 때는 생각을 돌이켜도 이르지 못하는 곳을 몸소 절실히 살피고 관찰하여 홀연히 허공을 뚫게 되면 곧 산승과 거사가 마주한 지 오래입니다[直須拂却從前會底, 向信解未萌時, 反思不及處, 親切諦觀忽然穿透虛空, 則山僧與居士, 相見久矣]"라고 한 것은 종래의 견해를 모두 버리고 진망미분眞妄未分 즉 진眞과 망妄이 아직 구분되지 않은 본체로 돌입하자, 이를 위해서는 허공을 뚫을 필요가 있다, 만약 이를 돌파하면 원융圓融하고 자재自在한 묘경妙境으로 들어간다, 부처와 부처가 서로 마주 보고 있는 곳은 여기 이곳이라는 말이다. 이천은『유서遺書』16에서 심려心慮의 분란紛亂 즉 마음의 어지러운 생각들을 떨쳐 버린 편안하고 고요한 경지를 동경한다. 영원이 종전의 견해 일체를 떨쳐버리라고 한 것은 심려의 분란을 제거하라는 의미다. 편안하고 고요한 경지란 진망미분의 본체계本體界를 의미한다. 이 일을 이루는 데는 허공을 뚫어야 하고, 허공을 뚫는 일은 결과적으로 좌선坐禪하여 입정入定함으로써 가능해진다. 영원의 두 번째 편지[再信]에 "단지 아직 속마음을 다 드러내지 않는데, 털어 버리면 후련합니다. 그러나 혼자 집 안에서 참고 계십니다[但未展露胸襟, 脫然自快. 而獨鎭家堂也]"라고 하며, "딱 한 번만 굽히고 나오면 비로소 다른 사람과 유익하게 주고받으면서 큰 안락에 도달하는 것입니다. 그렇지 못하고 집 안에만 있으면서 계속해서 서로 만나자고만 한다면 어찌 같이 어울리겠습니까?[必得一回頓發, 始可資人交攻, 致大安樂也. 未爾則依傍門庭而已, 縱使相見, 豈通倡和]"라고 한 것을 보면 이천이 서로 만나기를 희망했던 것으로 보인다. 더욱이 영원은 한 번 굽힘으로써 털어 버리고 후련해진 상태에서 소요하기를 열망하지만, 이천이 자기의 견해만을 고집하여 결국에는 이를 극복하지 못한 것을 꺼려하고 있는 것이다. '혼자 집 안에서 참고 있다'라거나 '집 안에만 있으면서'라고 한 것은 앞의 편지에서 말한 '허공을 뚫는 것'에는 이르지 못했음을 말하는 것이 아니겠는가. 한강漢江을 건너던 배 안에서 나눈 노부老父와의 대화에서의 성경誠敬과 무심無心의 대립은 마침 여기에 적용할 만하다. 이천의 집 안[家堂, 門庭]은 분명히 성경을 의미한다. 영원이 말한 허공虛空은 무심無心을 의미한다. 성경도 훌륭하지만 허공을 뚫기 전과 뚫은 후는 차안此岸과 피안彼岸의 차이가 있다. 왕상往相과 환상還相의 즉 극락왕생하기 전과 극락왕생한 후 다시 환생한 것의 차이가 있다. 일체가 상대적인 성경은 결국 일체를 포용하는 성경만 못하다. 영원이 기대한 것은 후자에 있다. 세 번째 편지[第三信]에서 "신령한 도시에 대해 다시 생각해 보기 바랍니다[幸返鑒靈都]"라고 한 것을 보면 이천이 철저하게 보기를 바란다는 뜻으로서 결국 인가해 주지는 못한다. "비록 뛰어난 모습을 아직 뵙지는 못했지만 마음은 같아졌습니다[雖未接英姿而心契同風]"라고 말한 것을 보면, 이천과 영원은 끝내 만나지는 못한 것이다.

이천의 평생에 걸친 저술은 유배지에서 완성한 『역전易傳』이다. 개정을 다 마치지 못했지만 병에 걸리는 바람에 윤화정과 장역 두 사람에게 전수해 주었다고 한다. 만년의 이 저술에서 "본체와 작용은 동일한 근원으로서 드러난 것과 숨어 있는 것 사이에 간격은 없다[體用一源顯微無間]"와 같은 불교 용어가 나타나는 것을 보더라도 결코 다르다고 하기에는 부족하다.

명도와 이천의 성격은 상당히 다르다. 명도는 일찍이 "훗날 사람들이 스승의 가르침[道]을 존엄하게 여기도록 한 것은 나의 동생이다. 후학을 이끌어 자질에 맞게 성취시키는 것 같은 일은 내가 양보해야 한다"라고 말했다. 이천에게서는 존엄이, 명도에게서는 성취가 나타나는 것은 그 인격의 차이 때문이다. 주공섬이 명도가 사망한 해에 여주汝州에서 명도를 만나고 돌아와 사람들에게 "광정은 봄바람 속에 한 달 동안 앉아 있었다"라고 하며 크게 기뻐한 사실과 양구산과 유정부 두 사람이 눈 감고 단좌端坐한 이천의 옆에서 있다가 날이 저물어 집으로 가려 할 때 문밖에는 눈이 몇 척尺이나 쌓였다고 한 사실은 대조적으로 명도와 이천의 선풍禪風의 차이를 보여 주는데, 선풍의 차이는 그대로 인격의 차이인 것이다. 이를 봄바람[春風]과 가을서리[秋霜]로 대조할 수 있다. 두 사람의 대조를 불교적으로 말하면 보살菩薩과 나한羅漢에 해당하며 그 사이에는 돈오頓悟와 점수漸修의 차이가 있을 것이라고 생각한다. 이 차이는 명도의 주변에 많은 사람들을 모이게 한 데 반해 이천의 주위는 상당히 적적하게 만들었다. 다시 말하자면 두 사람의 성격 차이를 아는 일은 두 사람의 사상을 이해하는 데 우선적으로 신경 써야 할 것이다.

3. 우주론宇宙論

이천은 명도의 일기一氣에 이리理를 추가하여 이기理氣라고 한다. 명도의 경우도 이기 두 가지를 설정하지만 이를 명료하게 도파道破하지는 않는다. 이천은 이것을 분별해서 명백하게 이원二元적으로 만들었다. 이것은 장자張子의 허기虛氣를 계승한 것으로서 그대로 주자朱子에게 계승된다. 그러나 "이 하나가 만 갈래로 갈라진다[理一萬殊]"라고 하거나 "이가 있어서 곧 기가 있고, 기가 있으면 곧 여러 가지가 있다[有理則有氣有氣則有數]"(『유서遺書』 46)라고 한 것을 보면 이리理를 중시했다는 것을 알아야 한다.

이천은 너무나도 이리理를 중시했기 때문에 어떤 사람한테 석씨의 이장설理障說에 대한 질문을 받은 일이 있다. 이천이 이에 답하며 "석씨가 이것이 장애가 된다고 한 것은 이 이리理를 잘 알면서 또 이것에 집착[執持]하는 것을 장애라고 한 것인데, 이는 이리理라는 글자를 잘못 이해한 것이다. 천하에는 단지 한 개의 이리理가 있을 뿐이다. 이미 이리理에 밝다면 어디서 장애가 있겠는가. 이리理를 장애라고 한 것은 자기[己]와 이理를 두 가지로 본 데서 말미암는다"(『유서遺書』 19)라고 말한 것을 보면 이일원론理一元論이라고도 보아야 할 것이다. "천하에 한 개의 이理가 있을 뿐, 자기[己]와 이理를 두 가지로 여겨서는 안 된다"라고 한 것은 매우 그렇다. 불교의 여래장심如來藏心이란 것이 이와 같은 것을 말하고 있다. 그러나 실체적인 이理를 깨뜨리고, 관념적인 이에 도달해야 한다는 생각을 잊어서는 안 된다. 실체적으로 사고하는 한 그 말이 아무리 교묘하더라도 결국 대립의 세계에 머물며, 관념적으로 도달할 때 비로소 통일이 있고 자유가 있다. 이천의 이理가 여기에 이르렀는지 아닌지는 문제다. 만약 이르렀다면 허공을 뚫는 난관을 돌파하지 않았을 리가 없다. 돌파했다면 그것이 인격에 반영되지 않았을 리가 없다. 사상과 생활의 분리는 현대에서나 그렇고, 당시에는 결코 분리되지 않았다고 생각한다. 이것이 동양의 특색이다.

이천은 심心이라는 문자를 심체心體라고 말하며 이것을 이理나 성性이나 명命과 동의어로 보고, 때때로 성은 천지를 포함하는 큰 것으로 그리고 심은 작아진 것이라고 보고 있음으로써 법계심法界心 즉 법계法界는 심이라고 이해할 만한 유심唯心사상을 발표한다. 이 경우는 심을 곧바로 이理로 본다. 아마 육자의 심즉리설心卽理說의 선구일 것이다.

하늘에서는 명命, 의義에서는 이理, 사람에게서는 성性, 몸에서는 주로 심心이라고 하지만 그것은 실제로는 동일한 것이다.　　　　(『유서遺書』 19)

몸에 모인 것을 심心이라고 하지는 않는다. 원래 심은 작고 성性은 크다는 말이 있다. … 이 심과 천지는 다르지 않아서 작다고만 할 수는 없다.
　　　　　　　　　　　　　　　　　　　　　　　　(『유서遺書』 2)

한 사람의 심心은 곧 천지의 심이고, 한 사물의 이理는 곧 만물의 이다.

(『유서遺書』2)

심心의 형태를 논하자면 어찌 한량限量이 있겠는가. … 진실로 잘 통하는 것
이 도道인데 또 어찌 한량이 있겠는가. 천하에 성性과 별도인 사물은 없다.

(『유서遺書』19)

이러한 문자를 볼 때 이천의 사상은 명백히 절대적인 하나의 심心을
주장한 절대일심설絶大一心說이 되고야 만다. 불교적으로 말한다면
『기신론起信論』식의 여래장심설如來藏心說이 된다. 여래장如來藏이란
불성佛性이라고 할 수도 있고, 진여眞如라고 할 수도 있다. 이 사상에
서 본다면 우주는 그대로 법法으로 통일된 법계로서 그 안에는 아무런
모순도 불통일不統一도 없는데, 이에 대한 우리의 소아小我 즉 자아自
我가 그 안에서 모순과 불통일을 나타나게 하고 있다. 불교에는 이 유
심설唯心說 외에 알라야식[阿賴耶識]의 일원설一元說이 있다. 그것은 보
통 말하는 유식설唯識說로서 이것은 모든 현상의 잡다한 변화를 알라
야식 안에 내포된 가능성으로서의 잡다한 변화가 발로한 것으로 보
고, 일체의 차별상에서 의의를 찾아낸다. 이천의 사상은 여기에서만
큼은 『기신론』식의 유심설로 보이지만, 그러나 그것으로 다 설명되는
지는 확실치 않다.

그런데 그 이理라는 것은 도道로서 음양陰陽을 떠나서는 없는 것이
라고 한다. 음양은 기氣이므로 이와 기 사이에는 상즉相卽의 관계가
있고, 불교에서 말하는 불일불이不一不二 즉 하나로 합쳐진 것도 아니
고 별개로 동떨어진 것도 아닌 것이 된다. "음양을 떠나서 도는 없는

데 음양이 바로 도이기 때문이다. 음양은 기이다[離陰陽更無道, 所以陰陽者是道也. 陰陽是氣也]"(『유서遺書』16)라고 한다면 이理는 기에 내재하는 것이다. 이렇게 본다면 우주에는 단지 기뿐이고, 그 기인 음양이 교역交易하는 곳에 도가 있고 이가 있다는 말이 된다. 이러한 기는 불교의 알라야식이 아닐 리가 없다.

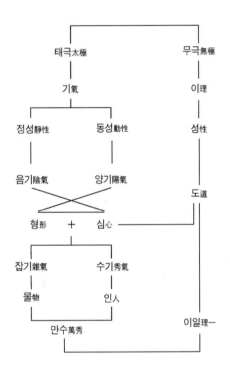

이천은 허虛라는 것을 좋아하지 않아서 이것을 이理로 대체한다. 일시적으로 태허太虛라는 것에 대해 말하면서도 태허라는 것은 없다고 단정하고 "모두 이 이理인데, 어찌어찌 허라고 할 수는 있다. 천하에서 이理보다 진짜[實]인 것은 없다"(『유서遺書』4)라고 말한다. 또 『노자老

子』에서 "허는 기氣를 낳는다"라고 한 것을 잘못이라고 하며, "음양은 상호 원인으로서 선후가 없다"(『수언粹言』)라고 말한다. 이것은 추상적인 허를 깨뜨리고 이것을 기 안에 내재시키는 것이다. 이기理氣를 상즉相卽이자 상의相依라고 하면서 "이것을 두 가지로 보는 것은 옳지 않다[二之不是]"라고 한 것은 애초부터 당연한 일이다. 이렇게 이천의 이理는 추상적이고 객관적인 즉 외면적으로 정착된 이가 아니며 어디까지나 기에 내재된 보편적이고 동적인 것임에 틀림없다. 그러나 곳곳에서 이理를 강조하며 앞서 말한 것처럼 천하에 단지 한 개의 이가 있을 뿐이라 하고, 이가 있으면 기가 있다고 한 것을 돌아볼 때 그 이는 초월적인 어떤 것이다. 이렇게 이理를 이해하는 방식은 두 종류여서 이것을 혼일해서는 안 될 것 같기는 하다. 어느 것이든 명도가 기를 주主로 삼은 것과 비교한다면 이천은 이理를 강조함으로써 명도가 구체적인 사실에 중점을 두었다고 한다면 이천은 추상적 이상을 중시한 것이 된다. 이 점만으로 본다면 명도의 것은 유식설唯識說에, 이천의 것은 기신설起信說 즉 『기신론』적 설명과 유사한 것이 되는데, 사실은 이와 반대다.

4. 심성론心性論

이천은 심성설心性說에서 장자張子의 천지지성天地之性과 기질지성氣質之性을 계승하여 그대로 천명지성天命之性과 기질지성이라고 하고, 그중에서 천명지성 즉 천명으로서의 성性을 이理이며 성본性本 즉 성의 근본이고 오직 선善일 뿐이라고 한다. 성선설性善說은 이 천명성

天命性에 기초해야만 하는 것이다. 맹자의 성선설은 그 후 여러 가지로 해석되는데, 송대에 와서는 천지지성 또는 천명지성을 우리들의 인성人性 속에서 발견하고 비로소 이를 바탕으로 성선설을 건설할 수 있게 된다. 천지지성 또는 천명지성의 발견은 불교의 진속이제眞俗二諦 즉 진제眞諦와 속제俗諦라는 두 가지 가르침 혹은 진리와 같은 교리 특히 『능엄경楞嚴經』의 본연성本然性과 화합성和合性에서 얻은 것이나 마찬가지다. 혹 문자만이라면 또는 하나씩이라면 송대에 이르지 않더라도 혹 이것을 눈으로 확인할 수 있지만, 그 문자가 여실하게 심령心靈 속에서 생생하며 동시에 이제二諦 즉 두 가지 가르침 혹은 진리로서의 조직을 취한 것은 송대에 와서부터다. 이것은 매우 중요한 일이며, 이 일이 없다면 주周, 장張, 이정二程의 사상은 필경 논리적 유희이거나 관념적 유희에 지나지 않는다. 유희가 된다면 천 년[千載] 동안을 지배하기에는 충분할 수가 없다.

이천은 이 성리性理의 움직임을 기氣에 의한 것으로 보고, 기로 인해 비로소 사람에게 품수稟受되며 그리고 기에 있는 청탁淸濁에 의해 현우賢愚나 선악善惡의 차별이 발생한다고 하며 그리고 성性이 움직인 기에 관해서 정情이라거나 재才 또 사려思慮라고 하는 등 상당히 미세하게 구별한다. 그러나 경우에 따라서 같은 의미를 나타내고 있어서 다른 말이라고 하더라도 그 사이를 구별하기가 곤란하다.

천명지성天命之性과 기질지성氣質之性에 관한 이천의 설명은 두 개의 글에서 보인다. 천명지성이란 성性으로서의 이理를 말하는 것으로서 이후의 성리학性理學이라는 것은 요컨대 우리들에게 본래 갖춰진 천명지성을 연구하는 것일 뿐이다. 유교철학을 성리학이라고 하는 것

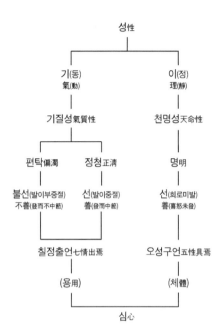

을 보더라도 유교가 얼마나 이것을 중시했는지를 알 수 있다. 더욱이 그것은 인도 이래의 불교가 여래장如來藏이라거나 진여眞如나 불성佛性이라고 말한 것과 다르지 않다.

성性이라는 글자를 동일하게 개괄적으로 논해서는 안 된다. 타고난 것을 성이라고 한 것은 품수稟受된 것에 그친 설명인 것이다. 천명을 성이라고 하는 이것은 성으로서의 이理를 말하는 것이다. (『유서遺書』 27)

성性에서 보면 서로 가깝지만, 습習에서는 서로 멀어지는 것이다. 성은 하나인데 어째서 서로 가깝다고 하는가? 말하자면 이것은 단지 기질지성을 말하는 것이다. (『유서遺書』 19)

이와 같이 이천은 공자의 "성에서 보면 서로 가깝다[性相近]"의 성性

도, 고자의 "타고난 것을 성이라 한다[生之謂性]"의 성도, 명도의 "소의 성, 말의 성[牛之性馬之性]"도 모두 장자張子의 기질지성과 다르지 않다고 보고 있다. 이천의 천명지성과 기질지성의 대립을 어떻게 이해해야 할까?『기신론起信論』식으로 여래장如來藏에 의해 알라야식[阿黎耶識]이 있다는 방식으로 이해해야 하는가, 혹은『유식론唯識論』식으로 진여眞如와 알라야식의 관계처럼 이해해야 하는가? 전자처럼 본다면, 천명의 성은 여래장에 해당하고 동動적인 것, 아니 동정動靜의 두 가지 성질을 아울러 가진 것이 된다. 후자와 같이 본다면, 진여에 해당하고 정靜적인 것이 된다. 앞서 서술했듯이 이천에게는 두 방면의 사상이 나타나지만, 그러나 성으로서의 이理라고 한 것을 보면 품수稟受된 기질지성에 본래 갖춰진 이로 보았다고 하는 것이 적당하다. 그렇다면 유식唯識의 방식이 될 것이다.

이천은 성선性善의 근거를 여기서 찾으며, 맹자에게 찬성하고, 공자가 본 곳은 여기에 이르지 못한다고 지적하면서 다음과 같이 말한다.

> 맹자가 성性이 선善하다고 말했는데, 이것은 성의 근본[本]이다. 공자가 성에서는 가깝다고 말했는데, 이를테면 그 품수稟受된 곳에서는 서로 멀지 않다는 것이다. (『유서遺書』22)

이 성리性理, 성본性本은 절대적인 것이고, 상대적인 것은 기질지성 이후가 된다면 이 성性을 선善이라고 하기보다는 선악善惡이 아직 구분되지 않은 또는 선악 이상의 것이라고 해야 할 것이다. 서언緒言에서 서술한 것처럼 주자朱子가 상총을 평가하면서 "그 근본을 탐구한다[探其本]"라고 한 것은 여기를 말한 것이다.

기氣에 청탁淸濁이 있고 여기서 상대성相對性이 나타난다. 상대성 이후에서 정情이라거나 재才라거나 사려思慮라고 하는 등 용어가 일정하지 않지만, 이것을 정이라고 할 때는 고래古來로 사용된 용어상의 약속과도 부합해야 한다. 『유서遺書』19에 "심心은 본래 선善하고, 사려로 드러나서야 곧 선이 있고 불선不善이 있다. 만약 이미 드러났다면 이것을 정이라고 해야 한다. 이것을 심이라고 해서는 안 된다"라는 말이 있다. 여기에서는 심, 정, 사려라는 세 가지 용어를 사용하는데, 심은 근본적인 것으로서 심이라는 본체本體를 말하고, 그것이 발동한 것을 정이라고 한 것이다. 성정性情의 관계는 동정動靜의 관계다. 동정은 이윽고 선악善惡의 관념을 수반한다. 당의 이고는 고요한[靜] 성을 선으로 삼고, 움직인[動] 정을 악으로 보지만, 이천에게서는 이에 대한 세 가지 해석이 있는 것으로 보인다.

첫째, 이천은 명도의 유선무악설唯善無惡說을 계승해서 성性이 움직인 정情을 불선不善으로 보지 않는다. 이것은 성리性理를 고조시킨 당연한 결과다. 성리를 고조시킨다면 불선이 발생할 근거가 없어지게 된다.

누군가 물었다. "성性은 선善하고 정情은 악惡한 것입니까?" 선생께서 대답했다. "정이란 성이 움직인 것으로서 그것을 정正으로 귀결시켜야 할 뿐 어째서 불선不善이라고 이름 붙이겠습니까?"　　　　　　　　　　　　(『수언粹言』)

둘째, 『유서遺書』19에는 "희로喜怒는 성性에서 나온 것인가 아닌가"라는 물음에 답하면서 "오로지 그렇다"라고 하며, 이것을 설명하기를 "태어날 표시[識]가 있자마자 곧 성이 있고, 성이 있다면 곧 정情이 있으며, 성이 없다면 정이 있을 리가 없다"라고 하여, 역逆으로 일체의 선악은 모두 천명성天命性의 발동이라고 한다. 전자인 첫째에서는 일체가 성이 나타낸 것으로서 불선不善한 것은 없다는 말인데, 후자인 이 둘째에서는 선善도 악惡도 모두 성이 나타낸 것이라는 말이 된다.

셋째, 성性은 선善하지만 기氣에 청淸과 탁濁이 있고, 기의 청탁에 의해 현賢과 우愚가 있으며, 또 기로 부여받은 재才에 불선不善이 있고, 또 심心의 사려思慮가 나타남으로써 선과 불선이 있다고 한다.

첫째의 경우는 선악善惡 이상의 천명성天命性에 일체를 통일한 것이고, 둘째의 경우는 선악을 인정하면서 나아가 이것을 천명성에 기초하고 있는 것이며, 셋째의 경우는 성性과 정情을 구별해서 하나는 평등 원리로 삼고 다른 것은 차별 원리로 삼은 것이다. 이것저것을 대조해 볼 때 그 사이에 괴리가 나타난다. 이 괴리를 어떻게 조화시켜야 할 것인가? 이것은 불교철학이 끊임없이 반복한 문제로서 그 입장의 차이는 다른 조직이 발생한 이유가 된다.

이천의 사상이 어떤 입장에 서 있는가? 이것을 결정하는 일은 곤란하다. 혹은 성리일원설性理一元說로도, 혹은 선악자연설善惡自然說로도, 혹은 이기이원설理氣二元說로도 보인다. 이천은 "순자와 양자는 성性을 알지 못하고, 맹자만 성을 안다. 양웅과 한유가 말한 성은 재才다"라고 할 정도로 그 성리설性理說을 자랑스럽게 생각했지만, 그러나 이것을 미루어 연구해 나갈 때는 수많은 어려운 문제에 부닥치게 된다. 경우에 따라서 입장이 다르게 보일 수도 있으므로 독단적으로 이를 결정할 수 없지만, 아마 형 명도와 마찬가지로 기질지성氣質之性에 중점을 둔 것으로 보인다. 그 이유는 『수언粹言』 중에서 "고자가 타고난 것이 성이라고 한 것은 사람[人]과 사물[物]을 통틀어 한 말이고, 맹자의 성선性善은 본원本原을 지극하게 말한 것이다. 타고난 것이 성이라는 그 말은 옳지만 그러나 사람에게는 사람의 성이 있고, 사물에게는 사물의 성이 있음에도 고자가 이것을 하나로 보는 것은 불가不可하다"라고 한 데서 그의 의도를 볼 수 있어서다. 그렇다면 절대유심설絶對唯心說로도 보이고, 또는 성리일원설로도 이해되는데 어떻게 해야 할까? 그는 당시 선가禪家에서 여래장심如來藏心을 정면으로 내세운 불교학계의 풍조에 대해 혹은 다시 그 영향에 의해서 주장했을 것이다. 이 때문에 두 계열 사이에서 충분히 조화하지 못하고 이기이원설인 것처럼 나타나지 않았을까? 이 이기이원설은 그대로 주자朱子에게 계승되었지만, 이理로부터 말한 사상과 기氣로부터 말한 사상 사이에 마찬가지로 괴리가 있어서 이것의 조화는 이후로 남겨진 큰 문제가 된 것으로 보이는데, 아마도 이러한 진상眞相을 알아야 할 것이다.

5. 수양설修養說

이천은 명도의 의방義方을 정좌靜坐로 대체하고, 경직敬直은 그대로 하면서 용경用敬이라고 하며, 식인識仁은 치지致知로 대체한다. 즉 정좌가 입문入門이고, 용경은 입도入道이며, 치지가 종국終局이 된다. 정좌는 용경의 방편이고, 치지는 용경의 결과라면 이천의 수양의 중심은 용경에 있다고 해야 한다. 경敬은 『역易』의 '경이직내敬以直內'에서 나온 것이지만, 이천은 이것을 심心 중의 주主로 삼고 이것에 주일主一 즉 집중해야 할 하나라는 의미를 부여하며, 나아가 하나[一]에 무적無

適 즉 옮겨 다니지 않는다는 의미를 부여한다. 주일무적主一無適 즉 하나에 집중하고 옮겨 다니지 않음이란 심을 텅 비게[虛] 하고 만물의 교감에서 오는 일체의 삿된 생각[邪慮]을 들어오지 않게 한다는 말이다. 그 순서를 『유서遺書』 16에서는 "마땅히 좌선坐禪해서 입정入定해야 한다. … 인심人心은 만물과 교감하지 않을 수 없고, 또 그러면서 사려하지 않기는 어렵다. 만약 이것을 벗어나고 싶다면, 단지 이 심에 주가 있으면 된다. 무엇이 주가 되는가? 경뿐이다"라고 설명한다. 이것은 좌선입정坐禪入定에 의해서 경에 집중하고, 경을 심 중의 주로 삼음으로써 외물外物의 자극으로부터 벗어나야 한다는 말이다. 이천은 심 중에 주가 있을 때는 텅 비게 되고 삿된 것[邪]이 들어올 틈이 없지만, 그렇지 않을 때는 가득 채워져[實] 있어서 외물 때문에 빼앗기게 된다는 생각을 표현하면서 다음과 같이 말한다.

주主가 있으면 텅 비고[虛], 텅 비면 삿된 것[邪]이 들어올 수 없다. 주가 없으면 가득 차고[實], 가득 차면 외물[物]이 와서 이것[之](심心)을 빼앗는다. 주가 있으면 텅 비고, 주가 없으면 가득 차는 것은 반드시 벌어지는 일이다. 경敬하면 곧 저절로 텅 비고 고요해지는 것이며[虛靜], 텅 비고 고요한 것을 경이라고 할 수는 없다.

(『유서遺書』 16)

허정虛靜이라는 두 글자는 이천이 매우 좋아하지 않는다. 허虛에 관해서는 "청허淸虛라는 하나의 큰 것[一大]을 만물의 근원으로 설정하는 것은 아마 아직 마땅하지는 않다"(명도의 말인지, 이천의 말인지는 분명하지 않다)라고 하고, 정靜에 관해서는 경敬은 정이 아닌가라는 물음에 대해서 "정이라고 말하자마자 곧 석씨의 말이 되어 버린다. 정이라는 글자는 사용하지 않고 단지 경이라는 글자만 사용한다"라고 말한다. 더욱이 심心 중에 허정의 함양을 중심으로 하면서 오직 석로釋老의 허정과 구별하기를 그 중심에 경이라는 주主가 있는가 없는가라고 하는데, 심에 있다는 주는 석로와 다르다고 해도, 석로의 함양에서도 역시 심 중에 어떤 주가 있다는 것은 틀림없다. 제3자의 입장에서 볼 때 이천의 수양법은 내용을 선禪에서 가져와 경이라는 한 글자로써 억지로 구분한 것이라고 보지 않을 수 없다. 이천은 경의 의미를 설명하면서 "경이란 하나에 집중하는 것[主一]을 경이라고 한다. 하나란 옮겨 다니지 않는다[無適]는 의미로 하나라고 하며, 아울러 주일主一에서 무자맥질[涵泳]하고자 한다는 의미다. 하나이며 곧 둘이나 셋은 없다"라고 말한다. 경에 주일무적主一無適의 의미를 부여한 것이 아니라 주일무적의 의미에 경 자를 해당시킨 것이다. 이천은 주일의 의미를 설명하면서 『역易』의 '직내直內'도, "감히 속이지 않고, 거만하지 않으며, 오히려 사람이 안 보는 곳[屋漏]에서도 부끄럽지 않다[不敢欺不敢慢尙不愧於屋漏]"도 모두 경이며, 그리고 "다만 이것을 보존하고 함양하여 오래 지나면 자연히 천리天理가 밝아진다"라고 말한다. 이것은 치지致知다. 이것을 비유적으로 "깨끗한 거울[明鑑]에 만물이 모두 다 비치는 것과 같다. 이 거울은 항상하다. 이것에 비쳐지지 않기는 어렵다"라고 말한다. 『유서遺書』19권의 정좌靜坐의 문답에서 "성인聖人의 심은 명경明鏡이나 지수止水와 같다"라고 한 것은 명경지수明鏡止水 중에 당연히 "움직여 천지의 심을 본다[動而見天地之心]"라는 큰 작용[大用]이 포함되어 있다는 것이다. 이 치지는 이욕離欲을 수반하며, 욕심을 버리게[離

欲] 된다면 선善에 이르고, 성性이라는 근본[本]으로 복귀한다고 여겨진다. 지선복성至善復性 즉 선에 이르고 성으로 복귀한다는 것이 성을 다 밝히는 것 즉 진성盡性이라면 이천의 수양修養은 궁리窮理에서 진성盡性으로 진행하는 것이 된다. 이것은 『맹자孟子』의 과욕寡欲, 진기심盡己心, 진인盡人, 진물盡物 및 『대학大學』의 격물치지格物致知를 채용하고, 수양의 최후에 치지를 배치한 것이다. 아마 수양의 목적을 치지에 둔 것은 명도가 식인識仁을 구극으로 삼은 것에 비해서 매우 다르며, 어쩌면 유교를 공허한 성리학性理學으로 만든 시초가 되는 것 같다. 식인이라는 말 속에는 불교의 대승大乘의 정신이 활약하지만, 치지라는 말 속에는 논리적 유희를 배태할 염려가 있다. 지知를 중시하면서 이것을 근본[本]으로 하고, 이것에 실천[行]을 부속시킨다. 이것은 지를 근본이라고 말하므로 지본설知本說인 것이다. 그리고 지에 이르면 행은 반드시 수반된다고 한 점에서 바로 주자朱子의 지가 먼저고 실행은 그 다음이라는 선지후행설先知後行說의 근원이기도 하고, 또 명나라 왕양명王陽明의 지와 행을 합일한다는 지행합일설知行合一說의 근원이 될 수도 있다.

마땅히 지知가 근본[本]이다. 지가 깊으면 곧 행行으로 반드시 이어진다. 지가 없어서 행하지 못하는 것과 지가 있어도 행하지 못하는 것은 단지 지가 얕아서다.　　　　　　　　　　　　　　　　　　　　　（『유서遺書』16）

군자는 아는 것[識]을 근본[本]으로 삼으며, 실천[行]은 그다음이다.
　　　　　　　　　　　　　　　　　　　　　　　　　　（『유서遺書』18）

이와 같이 이천의 수도修道는 정좌靜坐를 방법으로 삼고, 중심은 용경用敬으로 하며, 최후를 치지致知로 하고, 그리고 경敬의 내용은 주일무적主一無適이라고 한다. 이것을 곧 경을 심心 중의 주主로 삼고 일체의 동요가 없는 것이라고 한다면, 경을 고안한 선禪이라고 할 수도 있다. 정좌, 용경, 치지는 순서대로 정제엄숙整齊嚴肅, 주일무적主一無適, 지사중리至事中理(사사 중의 이理에 도달함)가 된다. 정좌는 수도의 방법으로서 용경과 치지는 정좌를 바탕으로 발생하며, 전자는 마음[心]을 명경지수와 같이 하는 것이고, 후자는 움직여서 천지의 심을 보는 것으로 간주된다. 그렇다면 용경이란 마음이 명경지수와 같이 즉 일체의 혼탁을 제거한 상태를 말하는 것이고, 치지란 그 명경과 같은 마음의 작용[用]으로서 천지의 심을 보는 것을 말한다. 일체의 사사로움[自私]을 떨쳐 버린 큰마음[大心]의 앞에서는 일체의 것이 진상眞相을 드러

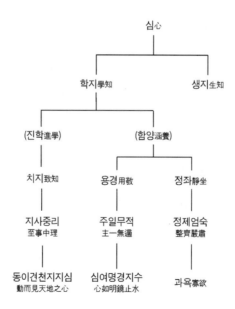

낸다. 여실如實한 관조觀照에는 오류가 있을 리 없다. 선善은 선이고 악惡은 악이므로 선악善惡이 그대로 진여眞如가 된다. 이 경우에는 이미 선악의 대립이 없고 그대로 여법如法한 것이 된다. 이천의 수양은 이상과 같이 선禪을 중심으로 했으므로 사상채에 이르러 더욱 그 선의 방면이 농후해지며, 제齊와 경敬에서 한층 선적인 해석을 추가한 것으로 보인다.

이천의 용경用敬과 치지致知는 불교의 지止와 관觀 또는 정定과 혜慧에 그대로 비교된다. 틀림없이 불교의 지관止觀 또는 정혜定慧를 유교에서 채용한 것이다. 더욱이 이천은 불교의 정定과 나의 지止는 다르다며『유서遺書』19에서 구별하려고 힘쓴다. 거기서 말하기를 "정定이라고 할 때는 하는 것은 없어도 사물[物]의 좋고[好] 나쁨[惡]은 그대로 있다. 지止라고 할 때는 사물의 좋음에 좋음은 머물고, 나쁨에 나쁨이 머물러 좋고 나쁨[好惡]에 맡긴 채 이것에 상관하지 않게 된다. 예로부터 정靜에 이르러서 천지의 심心을 본다고 하는데 그럴 리가 없으며, 정할 때에는 사물이 없더라도 지각知覺은 있고, 지각이 있는 것은 움직이게[動] 된다. 그렇다면 움직여서 천지의 심을 본다[動而見天地之心]고 해야 한다"라고 한다. 이렇게 이천은 하나는 불교의 정定과 다른 지止를 주장하고, 다른 것은 유교에서 정靜해서 천지의 심을 본다고 한 말에 반대하고 동動해서 천지의 심을 본다고 주장한다. 정좌靜坐에 마음을 다 바친 이천이므로 상당한 이유가 있는 주장이겠지만, 그 의미를 잘 알아낼 수는 없다. 첫째, '천지를 보는 마음'은 불교에서는 혜慧에 해당하고, 유교에서는 치지致知가 된다. 이것을 지止 안에서 말한 것은 이해하기가 어렵다. 둘째, '지각知覺은 움직임[動]'이라는 말은 치지의 작용[用]을 동이라고 한 것이다. 그러면 사실의 진상을 관조하는 작용을 동의 관념 속에 집어넣은 것인지 의문이 있다. 셋째, '정定이라고 할 때는 하는 것은 없어도 사물의 좋고 나쁨은 자연히 있다'고 하는데 그러면 '하는 것이 없음'은 정이고, 사물의 호오好惡가 그대로 있는 것은 혜가 되어야만 할 것이다. 넷째, '지止라고 할 때는 사물의 좋음에 좋음은 머물고, 나쁨에 나쁨이 머문다'고 하는데, 이것은 관조의 작용을 지라는 말로 설명한 것으로서 여기서는 지와 관觀을 혼동하고 있는 것으로 생각된다. 원래 지止라는 말은 『역易』의 간괘艮卦에서 진震의 동動에 대한 것이다. 이천은 지수止水의 비유에서 간艮의 지止를 연상함으로써 크게 자설自說을 주장한 것이다. 자설의 요점은 두 가지다. 하나는 불교의 정定과 다르다고 하는 데 있다. 둘은 같은 유교 중에서도 주자周子와 같은 주정설主靜說과는 다른 주동설主動說이라고 하는 데 있다. 불교의 정에 관한 비난은 "아마 불자佛者는 오히려 아직 사물을 호오하는 사심私心을 버리지 못한다. 나는 사물의 호오는 사물에 맡기고 이것에 마음이 없다"라고 말한 데 있다. 이천이 불교의 정에 의해 심을 연마하면서 불교가 오히려 사물을 호오하는 심을 버리지 못한다고 본 일은 『수언粹言』에서 "석씨가 말한 정定은 성인聖人이 말한 지止와 다르다. 아름다운 것[美]과 추한 것[惡]이 있으며 그로 인해 아름답다거나 추하다고 한다. 미악美惡은 사물에 있으며 나에게 그런 마음[心]은 없다"라고 한 데서도 나타난다. 이것은 명백히 정과 지를 도파道破해서 정에는 미악하는 마음이 있고, 지에는 미악하는 마음이 없다고 하는 것이다.

이에 대해 두 가지 의문이 발생한다. 하나는 정定과 혜慧의 혼동에 관해서이고, 둘은 호오好惡를 인식하는 것과 호오하는 마음의 혼잡에 관해서이다. 정과 혜의 혼잡은 앞서 서술한 것과 같다. 선가禪家에서 "사물[物]을 쫓아다니지 않고 사물에 쫓겨 다녀야 한다. 사물을 쫓아다 닐 때는 모든 일들[事事]이 다 잘못[非]이지만, 사물에 쫓겨 다닐 때는 모든 일들이 다 마땅한[如] 것이다. 사물을 쫓아다닌다는 것은 사물에 마음[心]이 있다는 것이고, 사물에 쫓겨 다닌다는 것은 사물에 마음이 없는 것이다"라고 한 논법을 그대로 받아들여 유교의 지止는 "좋음[好] 은 좋음에 머물고, 나쁨[惡]은 나쁨에 머물러, 좋고 나쁨[好惡]에 맡긴 채 이것에 상관하지 않는다"라고 한 것은 아무래도 자설自說을 주장하 기에 급급했다고 하지 않을 수 없다. 선자禪者는 정定에 의해 심心을 명경지수明鏡止水처럼 해서 일체의 진상을 관조하려고 한다. 진상眞相 이란 시비是非와 선악善惡의 여실如實한 모습[相]이다. 이것을 혜慧라고 한다. 정은 반드시 혜를 수반한다. 혜는 있는 그대로를 비추는 작용이 다. 사물의 호오好惡를 비추는 일이 곧바로 사물을 호오하는 마음과 섞일 리는 없다. 정좌靜坐의 경험이 있는 이천이 이러한 구별을 못 할 리가 없다. 더욱이 정定과 지止를 구별하려고 한 주장은 아마도 경敬 을 간괘艮卦로 설명함으로써 유교를 확장하고 불교를 얽어매려고 한 데 원인이 있을 것이다. 구별이 없는 것을 억지로 구별 지으려 하기 때문에 파탄을 초래한다. 구별이 없다기보다도 오히려 지의 내용을 불교의 선禪에서 얻어 놓고서도 그 선을 배척한다. 배불排佛을 위한 배불은 이 즈음부터 대두한다고 해도 틀리지 않을 것 같다. 이 경향은 주자朱子에 이르러 상당히 심해진다. 그 논법들에는 학문적 가치가 적 고, 그리고 논법이 불분명하기 때문에 학자를 곤혹스럽게 하는 것이 많다. 이천과 같은 석유碩儒에게서도 그러한 폐단이 조금 보이기 시작한 것은 유감이 아닐 수 없다.

6. 불교 비평

이천은 전체적으로 볼 때는 기氣에 중점을 두고 있다고 생각될 수도 있지만, 이理를 주장의 중추이자 근본적 의미[根本義]로 삼는다. 이理를 중시한 이천은 선가禪家에서 실증實證 즉 실질적 체험을 중시하고, 이담理談 즉 이에 대한 담론을 기피하는 것을 평가하면서 "배워서는 잘 숨는다. 만약 사람들에게 이理로써 말한다면 나는 반드시 수행도 증득도 없다[無修無證]고 할 것이다"(『유서遺書』 4)라고 말한다. 선가에서 기피하는 이담은 대립적 이理다. 이천이 근본의根本義로서 주장한 이理는 절대적 이理다. 제3자가 볼 때 양자 사이에 모순은 없다. 더욱이 만약 이천의 이담이 당시 선가에서 기피했던 것이라고 한다면 그 죄罪가 어느 쪽에 있는지를 판단하기는 힘들다. 이천은 이 절대적 이理에 입각해서 선가의 이장理障이라는 말에 대해 비평하면서 "천하에 단지 한 개의 이理가 있을 뿐인데, 이理를 장애라고 한 것은 자기[己]와 이를 두 가지로 보는 것"(『유서遺書』 19)이라고 말한다. 선가에서 기피하려고 한 이장은 본래부터 자기와 대립하는 이理라고 한다면, 이 비평은 마치 선가의 주장을 가지고 선가를 공격하는 것이다.

이렇게 볼 때 이천의 이理는 절대적인 것, 관념적인 것이 되지 않으면 안 된다. 이러한 것은 선가의 성性에 해당하고 또 심心에 해당하므로 그 사상은 유심설唯心說이라고 불러야 할 것이다. "사물[事]과 별도로[舍] 심은 없고, 심과 별도로 사물은 없다. 세상 사람들은 사물 때문에 휘둘리지만[役], 만약 사물을 사물로 놔둔다면[付] 사물을 부리게[役]된다"(『유서遺書』 19)라는 말 중에서 앞부분은 삼계유심三界唯心의 의미다. 이천은 이 삼계유심의 입장에서 "불교를 배우는 사람은 대부분 시비是非를 잊어야 한다고 말하지만, 시비는 도리道理인데 어떻게 이것을 잊겠는가"라고 말한다. 이천이 도리라고 하거나 시비라고 한 것은 삼계유심이라는 이理를 말하며, 심 외에 별도의 이를 말하는 것은 아니다. 이 때문에 이천은 심즉리心卽理라고도 한다. 이렇게 이천은 삼계유심의 사상에 입각해서 불교자가 시비를 잊어야 한다고 한 것을 비평하지만, 삼계유심이라는 것은 이론이고, 시비를 잊는다는 것은 유심唯心에 오입悟入 즉 오직 마음뿐인 실상으로 깨달아 들어가기 위한 실제實際다. 입장이 다른 것을 향해 비평을 가하더라도 얻을 것은 없다. 뒷부분의 "사물을 사물로 놔둔다"라는 말은 아我와 법法의 대립을 해소한 후에 따라오는 생활에서 가는 곳마다 주인[主]이 되는 경지로서 이천이 크게 자랑하는 것은 그대로 불교에서 기대하는 것이다. 요점은 이천이 사물을 사물로 놔두는 경지에 도달했는가 아닌가에 있을 뿐이다. 그렇다면 어떻게 해야 사물에 휘둘리지 않고 사물을 사물로 놔두며 가는 곳마다 주인[主]이 되는 경지에 도달할 수 있을까? 이천은 여기서 좌선입정坐禪入定을 통해 대립을 떠나서 일여一如의 깨달음의 경지에 들어가기를 기대한다. 이천은 좌선입정을 지止라고 이름 붙이고, 이것을 불교의 정定과 구별하며 "석씨는 자주 정이라고 말하는데 정은 곧 사물을 잊어버리고 하는 것이 없는 것이다. 성인聖人은 이에 반해 지라고 한다. 지는 사물을 각각 사물로 놔두어 각각 그곳에 있도록 하면서 하는 것이 없는 것이다"(『변정辨正』)라고 말한다. 지란 그 내용은 정이고, 선가禪家에서 기대하는 것을 환골탈태한 것과 다름 없다. 더욱이 이것에 의해 불교를 비평하고 있다. 이천이 불교의 정定과 구별해서 독자적인 선禪을 주장한 것으로서 주목할 것은 지止 외에 경敬이라는 글자가 있다. "정靜이라고 말하자마자 곧 석씨의 말이 되어 버린다. 정이라는 글자는 사용하지 않고 단지 경이라는 글자만 사용한다"(『유서遺書』16)라고 한 것을 보면 그렇다. 이에 이르러 경이라는 한 글자는 완전히 정신적 내용을 갖게 된다. 정靜을 대신해서 경敬이라 하고, 정定을 대신해서 지止라고 한다. 얼마나 이천이 선가禪家의 내용을 취해서 유교로 번역했는지를 알아야 하며, 요컨대 송유의 운동은 불교로부터의 해방을 당면한 문제로 삼은 것이다.

이천이 이토록 당시의 불교에 만족하지 못한 것은 교리敎理는 심원하더라도 실익實益이 변변치 않기 때문일 뿐이다. "석씨의 도道는 이치[理]를 지극히 미세하게 궁구하지 않음이 없지만, 신묘함을 궁구하여 변화를 아는[窮神知化] 데 있어서는 함께할 수 없다"(『유서遺書』27)라고 한 데서 나타난다. 신화무방神化無方은 장자張子가 유교의 장점이라고 힘써 주장한 것인데, 역시 원래 대승불교가 기대하는 것이다. 이천은 한편으로 석씨가 이담理談을 기피하며 시비是非를 잊어야 한다고 주장한 것을 배척하면서도 여기서는 "석씨의 도는 이치를 지극히 미세하게 궁구한다"라고 말하고 있다. 그 사이는 불일치한 것이다. 이것은 아마 선가禪家에 대한 것과 교가敎家에 대한 것의 차이일 것이다. 이천은 교가 특히 유식학唯識學에서 이기설理氣說의 조직에 대한 암시를 얻고, 선가에서 명경지수明鏡止水의 심심心을 천지天地의 심으로 보는 암시를 얻으며, 그리고 이것을 굴복시키려고 했다. 불가佛家의 고통을 알아야 할 것이다. 이천은 이러하다고 해서 불가에 아무런 장점도 인정하지 않는가라는 말에 대해 그렇지는 않고, 생사生死의 벼랑 끝[嚴頭]에 서서 초연超然할 줄 안다고 한다. 게다가 이천은 "그 밖의 것은 도리어 알지[理會] 못한다"(『상산전집象山全集』)라고 하며, 여기서도 불가를 비평하면서 석씨가 생사의 벼랑 끝에 서서 부동不動한 것에는 두 가지가 있는데 "하나는 영명英明해서 일[事]로 삼지 않는 것이다. 다른 하나는 혼우昏愚해서 사람들 때문에 잘못하는 것이다"(『유서』 4)라고 말한다. 그렇다면 이천은 생사의 벼랑 끝에 서서 부동한 불가 중에는 혼우해서 다시 말해 어리석어서 다른 사람들 때문에 잘못하고 있는 사람이 있다고 본 것이다.

이상은 이천의 불교 비평의 주요한 것들이다. 이 외에 불교와의 교섭관계는 곳곳에서 나타나므로, 해당 조목하에서 언급하기로 하고, 여기서는 생략하기로 한다.

제4절

정문사자程門四子: 정程씨 문하의 네 사람

양시楊時(1053~1135), 사량좌謝良佐(1050~1103), 유초遊酢(1053~1123),

윤화정尹和靖(1071~1142) 등 네 사람은 정程씨 문하의 뛰어난 인물들이다. 이 중 윤화정은 이천을 20년 동안 따랐고, 이천의 사후 20년째에 사망한다.[8] 이천은 "내가 죽더라도 그 바름[正]을 잃지 않을 사람은 오직 윤尹씨의 자손[子]만이 그러할까?"라고 했다는 말을 주자朱子가 전하고 있다. 더욱이 윤씨의 자손에 관해서 『주자어록朱子語錄』에서는 다음과 같이 말한다.

화정和靖이 호구虎丘에 있을 때 매일 아침 일어나 부처에게 머리 숙여 예배하고 『금강경金剛經』을 읊었다. 화정을 비난하던 사람이 『금광명경金光明經』을 볼 만한 가치가 있는지, 무슨 이유로 이 경經을 읽는지 물었다. 답하기를 "어머니께서 시키신 일이라서 어길 수가 없습니다"라고 했다.

윤씨의 자손이 그랬듯 다른 세 사람도 미루어 알 수 있을 것이다.

명나라 때 『이단변정異端辨正』을 지은 저자 첨릉詹陵은 세 사람을 비교하며 다음과 같이 말한다.

양구산楊龜山: 만들거나 짓는 데 매우 깊이가 있고, 실천은 순수하고 확고하다. 불씨佛氏의 말을 많이 좋아한다.
편안한 때에 오로지 조용한 채 허용되는 대로 스스로 깨닫는다.
사상채謝上蔡: 매우 총명하고 용감하며 결단력도 있고, 자기를 극복하며 예

---

8 [역주] 오늘날 일반적으로 알려진 윤화정(尹和靖)의 생몰년은 1071~1142년이고, 이천(伊川)은 1033~1107년으로서 윤화정은 이천의 사후 20년이 아니라 35년째에 사망한 것이 되므로 저자의 이 말과 차이가 있다.

禮를 지킬 줄 안다. 노자老子의 말을 많이 좋아한다.

이리理를 궁구하며 경敬에 머문다.

유정부遊定夫: 너그러운 도량과 재능으로 순수하며 학문은 날마다 진전한 다. 노老와 불佛을 모두 매우 좋아한다.

모두 젊었을 때는 다른 가르침에 먼저 들어갔다가 나중에 정程씨 문하에서 즐기며 심학心學을 깊이 공부했는데, 그렇더라도 병病의 뿌리를 제거할 수 는 없었다 등등.

주자朱子도 세 사람의 논의가 선학禪學에 해당한다고 평한다.

1. 양구산楊龜山[9]과 불교

구산龜山, 이름은 시時. 자字는 중립中立, 구산은 그의 호號이며, 복 건福建 장락將樂 지역의 사람이다. 명도에게 배웠으며, 학문을 이루고 돌아가는데 명도가 목송目送하면서 "내 도道가 남쪽으로 가네"라고 했 다는 일이 『송사宋史』의 본전本傳에 보인다. 명도의 사후 이천을 낙洛 에서 만나는데 그때 40세였다. 어느 날 이천이 명좌瞑坐하는데 구산과 유초가 시립侍立한 채로 있었고, 이천이 깨어난 후 두 사람에게 돌아 가 쉬도록 한다. 문밖에 눈이 한 척尺이나 쌓여 있었다. 이천이 이미 그러했다. 구산의 학문이 선禪의 풍미를 띤 것은 당연하다. 구산은 정 자와 주자朱子의 사이를 잇는 데 가장 주요한 위치에 있으며, 구산-나

---

9 [역주] 여기는 저본 322쪽의 소제목으로서 해당 쪽에서는 楊龜山(1046~1125?)라고 표기하 고 있다. 오늘날 일반적으로 알려진 양구산의 생몰년은 1053~1135년이다.

예장羅豫章-이연평李延平-주자의 전통을 형성하는 데 세 사람 중 가장 중요하다. 저서로『구산전집龜山全集』이 있다.

1) 불교와의 관계

『불법금탕편佛法金湯編』에서『자감資監』을 인용하며 "구산은 동림東林의 총總 선사禪師와 좋은 벗이다. 총(상총)은 1091년 67세로 입적하는데 구산이 46세 때였다. 구산은 '선학禪學에는 높지만 도리어 유학儒學에서는 아직 얻은 것이 없습니다'라고 한다. 선사[師]는 '유학의 긴요한 점을 조금 기억하고서 장차 군자의 길에 들어가면 자득自得하지 못할 것이 없습니다. 무엇을 얻겠습니까?'라고 말한다. 구산은 잠자코 있었다"라고 한다. 또 같은 책에서『서산독서기西山讀書記』를 인용하며 "구산은 맹자의 성선性善은 옳은지를 묻는다. 선사는 옳다고 한다. 구산은 또 무엇을 선善이라고 하는지 묻는다. 선사는 본연本然의 성性으로서 악惡과 상대적이지 않은 것이라고 답한다"라고 한다. 나중에 주자朱子는 "상총 스승[總老]의 이 말은 도리어 옳다"라고 한다. 이때의 문답에 대한 말일 것이다.『구산전집龜山全集』13권에서는 다음과 같이 말한다.

상총 스승[總老]의 말을 통틀어 보면('상총 스승이 통틀어 말하기를'의 잘못된 표기임) 경전 중에서는 10식十識('9식九識'의 잘못된 표기임)을 말한다. 제8('제9'의 잘못된 표기임) 아말라식[菴摩羅識]은 당唐나라에서는 백정무구白淨無垢라고 했다. 제9 알라야식[阿賴耶識]은 당나라에서는 선악善惡의 종자種子라고 했다. 백정무구는 곧 맹자가 말한 성선性善이다. 성선이란 말은 그 근본을 찌른 것이라고 할 수 있다. 선악이 섞여 있다는 말은 선善에서 이미 싹이 터 있는 악

惡을 본 것이다. 형공荊公은 아마 이것을 모른다.

　형공荊公은 왕안석으로서 상총이 "공[荊公]은 아마 이것을 모른다"라고 한 것은 왕안석의 『원성原性』에 관해서 한 말이다. 왕안석은 『원성』의 지어 한韓, 맹孟, 순荀, 양楊 등 네 사람의 성설性說을 비평한다. 한자(한퇴지)에 대해서는 "성性은 오상五常의 태극太極인 것이다. 그래서 오상을 성이라고 할 수는 없다"라고 한다. 이것은 한자가 오상을 성이라고 한 것이 불가하다는 지적이다. 맹자와 순자에 대해서는 그들이 선악善惡이 된다고 한 것은 불가하다고 논하는데 "성性은 정情에서 발생하고 정이 있은 뒤에 선악이 형성된다. 그래서 성에서 선악을 말할 수는 없다"라고 하고, 양자(양주)에 대해서는 "비슷하다. 그러나 여전히 습習을 성性이라고 말한 데서 벗어나지 않는다"라고 하며, 나아가 이를 총평하면서 "이 사람들의 성性이란 것은 정情이고 습習이며 성性이 아니다"라고 하고, 또 "그러므로 선악은 정으로 이루어진 이름일 뿐이다"라고 한다. 맹자의 성선설性善說에 대한 이 비평은 유가儒家를 상당히 곤혹스럽게 했던 것으로 보인다. 양구산이 상총에게 질문하고, 상총이 이에 대해서 불교의 9식설에 의거해 성선의 근본의根本義를 설명한 것은 왕안석의 『성설性說』과 관련된 것이다. 왕안석은 정이천과 동시대의 선배로서 이천이 55세 때 양구산이 42세 때[10] 사망하므로 상호 관계를 이상과 같이 고찰하는 것은 당연하다. 상총의 성선설

10　역주 여기는 저본 323쪽 오른쪽에서 11째 줄이다. 오늘날 일반적으로 왕안석의 생몰년은 1021~1086년이고, 이천은 1033~1107년, 양구산은 1053~1135년이다. 따라서 왕안석이 사망한 1086년에 이천의 나이는 54세, 구산은 34세로 저자의 말과 다소 차이가 있다.

에 대한 이러한 생생한 해석은 성리性理사상을 깊이 있게 하는 데 큰 힘이 되었음에 틀림없다. 이미 정자 항목에서 서술한 것과 같다.

2) 불교와의 조화설

양구산에게는 배불排佛의 말은 적은 데 비해 조화의 말이 많다는 것이 눈에 띈다. 조화사상 중에서 아래와 같은 네 조항은 주의해야 할 것이다.

① 형색形色이 곧 천성天性이다. 곧 천형踐形 즉 신체에 갖춰진 능력을 실현하는 것이 바로 진성盡性 즉 본성[性]을 다하는 것이다. 그 때문에 오직 성인聖人만이 석釋씨의 색공色空이라는 논의에 일치할 수 있다(『전집全集』 8): 이것은 형색과 천성을 같은 것[即]으로 보고, 천형에서 진성을 추구하는 것으로서 '색즉시공色即是空, 공즉시색空即是色'의 논법을 유교에 응용한 것이다. 나중에 주자朱子는 이것을 작용즉성作用即性 즉 작용을 곧 성性으로 보는 폐단에 빠졌다고 비난한다.

②『원각경圓覺經』에서는 작作, 지止, 임任, 멸滅은 네 가지 병病이라고 한다. 작은 이른바 조장助長하는 것이고, 지는 극진하지 않은 것[不藝]이며, 임과 멸은 곧 아무 일도 안 하는 것[無事]이다(『전집全集』 16): 이것은『원각경』과『맹자』의 조화설이다.

③ 미생고微生高라는 사람이 식초를 얻어다가 다른 사람에게 준 것에 대해 공자는 그를 정직하다고 하지 않았다고 한다. 『유마경維摩經』에서는 정직한 마음[直心]이 바로 대도량大道場이라고 한다. 유불은 여기서 보면 이치[理]가 둘이 아니다(『명도집鳴道集』에서 인용): 직심直心을 귀하게 여긴다는 점에서 유불에 두 가지 다른 이치[理]가 없다는 말이다.

④ 도道는 말로써 전하거나 살필 수 없는 것이다(『전서全書』 25, 논어의서論語義序). 옹자翁子의 『정서靜書』에서는 불교와 만나는 한 가지는 아마 마음[心]으로 전해서 저절로 도달하는 학문[學]이라는 점일 것이라고 한다(『전서』 18): 이것은 선종禪宗의 불립문자不立文字, 이심전심以心傳心 즉 문자를 내세우지 않고 마음으로 마음을 전한다는 사상이다.

3) 양구산의 배불排佛

구산에게는 배불排佛의 말이 매우 적다. 겨우 이하의 2~3가지뿐이다.

> 우리 유교의 성인[吾聖人]은 천하 자연의 이치[理]라 해도 일상적인 일[常事]로 말하기 때문에 가까운 말이어서 듣는 사람이 두렵지 않다. 이단異端의 학문[學]은 정미精微한 논의[論]로 그 무리들이 수많은 말을 하면서도 그 의미를 다 밝히지 못한다. 그래서 배우는 사람이 따라갈 수가 없을 정도로 도道가 더욱 멀기만 하다. 이것이 유교와 불교의 구분이다.   (『전집全集』 8)

이는 불교의 이론이 정미精微하다는 것을 인정하면서도 그 말이 많고 번잡하며 아울러 일상적인 일[常事]과 동떨어져 있다고 비난하는 것이다.

> 이른바 본성은 깨달은 상태로서 진실한 공[性覺眞空]이라는 말은 사람과 동떨어져서 한 말이 아니다. 만약 사람과 동떨어져서 하늘로 가는 것이라면 바로 이른바 완공頑空 즉 잘못 이해한 어리석은 공空이다.

유교와 불교가 깊이에 있어서는 거의 차이가 없다. 유자儒者의 도道는 분명하다는 점에서 보면 불교는 한 수 아래다. 오늘날 배우는 무리들은 유자의 도가 한 수 아래라고 한다. 이는 우리 유교의 도가 얼마나 큰지를 이해 못하는 것이다.

불교를 위하는 사람은 유교의 글을 읽은 적이 없거나 혹 읽더라도 그 의미를 깊이 알지 못한다. 도道를 위한다는 사람이 스스로도 작은 것이다. 그러므로 도가 어떻게 밝겠는가.   (『전서全書』10)

진공眞空과 완공頑空의 구별은 아마 불교의 사상을 완공에 빗댄 것이며, 사람과 동떨어져 있지 않다[不離人]와 그렇다[離人]의 구별은 바로 유교와 불교의 차이를 표현한 것이다.

유불이 깊이에서 거의 차이가 없다고 하며, 그리고 그 차이를 분명과 불분명으로 구분한 것은 앞 절에서 상사常事와 정미精微라고 상대적으로 본 것과 같은 궤도에 있는 것이다.

2. 사상채謝上蔡와 불교

상채上蔡의 이름은 양좌良佐, 자字는 현도顯道이다. 수춘壽春 상채上蔡 지역 사람이다. 그래서 상채가 호號가 되었다. 『어록語錄』이 있다.

명나라 첨릉詹陵의 『이단변정異端辨正』에서는 정정程씨 문하의 세 사람을 비평하면서 구산은 편안한 때에 오로지 조용하다[燕間靜一], 정부定夫는 너그러운 도량과 재능으로 순수하다[德器粹然]고 한 데 대해서 상채는 이리를 궁구하며 경敬에 머문다[居敬窮理]라고 평가하고 또 매우 총명하고 용감하며 결단력도 있다[英明果決]고 말한다. 아마 가장 철리哲理에 뛰어났고 이에 추가적으로 수선修禪을 했을 것이다. 첨릉은 또 구산이 불씨佛氏의 말을 좋아한다고 하고, 상채는 노자의 말을 많이 좋아한다고 하며, 정부는 노불의 말을 모두 몹시 좋아한다고 말한다. 그렇지만 상채의 말을 볼 때 선禪에서는 가장 우수하고, 그가 하는 말도 다른 사람의 의표意表를 찌른다. 기존의 말씀들 즉 성어成語를 이해하는 태도는 이른바 무방無方 즉 자유분방해서 완전히 독창적이고, 게다가 그 독창성은 선가禪家에서 얻어 온 것이다. 주자朱子가 "이천 문하의 상채는 선문禪門에서 왔다. 그 말도 역시 차이가 있다"라고 한 것은 적절한 평가다. 만약 기탄없이 평가한다면 상채가 성어에 부여한 내용은 선학禪學에서 왔으므로 유교의 입장에서는 기이한 말이 되며, 때로는 이단異端으로 치닫는다고 해야 할 것이다. 천재적이고 창조적인 이른바 매우 총명하고 용감하며 결단력도 있는[英明果決] 새로운 학설[新說]은 옳은 경우에는 매우 옳고, 아닌 경우에는 전혀 아니다. 만약 상채의 학풍이 전통으로서 이어진다면 유교철학에 있어서는 발전이고 괄목할 만한 것이 될 것이다. 안타깝게도 뒤를 잇는 사람은 없다. 아마도 그의 신설新說을 이해하고 체독體讀한 사람이 아주아주 드물기 때문일 것이다. 전조망全祖望(1705~1755)은 "사상채의 말은 탁려풍발踔厲風發한 경우가 많다"라고 비평한다. 상채에게서 나타나는 특색은 ① 성性의 철학화, ② 심성心性의 구별이다. ③ 심心을 인仁이라 하고, 인을 각覺이라고 설명한다. ④ 경제敬齊를 선화禪化한다. ⑤ 일여一如를 고양한다. ⑥ 그러면서도 도의道義를 주장한다. 그는 불교를 채용해서 성을 철학화하고, 경제에 선禪의 내용을 부여하며, 대립의 세계를 떠난 일여의 경지를 고양시켰음에도 불구하고, 스스로 노불 이상이라고 자임하고, 심성의 구별에서는 불교를 배척하며, 특히 도의를 주장하면서는 노불을 배척한다. 이 점에서는 다시 완연한 유교도가 된다.

상채를 단련시킨 것은 명도다. 상채는 처음에는 들은 내용을 받아 적는 데 힘쓰며 해박하다는 것을 자랑으로 여긴다. 명도가 "그대가 기억하는 것이 얼마나 많은지. 그 장난감 같은 것들에 치여서 뜻을 잃어버렸다고 해야 할 것이다"라고 타이른다. 상채는 순간 등이 땀으로 젖는다. 명도는 또 "이것이 측은한 마음이다"라고 말하면서 곧 일전一轉해서 언어를 배우는 일은 그만두고 정좌靜坐하며 수련해야 한다고 권장한다. 상채는 총명하고 기질은 진실로 굳세고 반듯했으므로 그 뒤의 분발은 그가 그토록 매우 깊이 있는 사상가가 되게 했다. 그의 직관적 체험은 명도를 잘 계승한 것이다. 그 밑으로는 주진朱震(1072~1138, 한상漢上)뿐이지만, 장횡포張橫浦(장구성)에게 영향을 주고, 육상산을 낳기에 이른다. 상채가 유학사상에서 갖는 의의는 크다고 해야 한다.

1) 성性의 철학화哲學化

그는 성性을 본체本體로 보며 자가自家 즉 유교의 보물 창고[寶藏]로 삼으면서 이것을 작용으로 나타나는 심心과 구별한다. 이 성은 불교의 불성佛性, 여래장如來藏으로서 성에 대한 심은 제8식에 배당해야 한다.

성性은 본체이며, 눈으로 보고 귀로 듣고 손을 들고 발을 움직이는 작용에서 나타나는 것은 심心이다. 우리 맹자는 천하의 학자들이 바깥으로 찾아다니며 자기 집[自家]의 보물 창고[寶藏]는 알지 못한다고 말한다.

예전에 진晉나라의 승조僧肇(384~414)가 『보장론寶藏論』을 지은 것도 역시 이 성性을 고양시키려던 것이었다. 상채는 이 보장寶藏을 실현해야 한다고 주장하면서 바깥에서 구하는 것을 배척한다. 이는 곧 선가禪家의 견성見性을 제시한 것이다. 여기서 사용하는 성性이라는 말의 뜻은 불교와 같다. 이것을 자가自家에서 찾도록 한 것은 선가의 이른바 회광반조回光返照이고, 바깥에서 찾는 일[外求]을 배척한 것은 완연히 선가의 어조다. 상채가 외구外求를 배척한 것은 나중에 육상산이 그대로 조술하는데, 원래 선가에서 나온 것이므로 여기서 조금 선가의 주장을 일별할 필요가 있다.

선가禪家는 교의敎義로서는 심불중생삼무차별心佛衆生三無差別 즉 심心과 불佛과 중생衆生 이 셋은 차별이 없다는 근본사상에 입각하고, 이 무차별을 실현하기 위한 방편方便으로서 무상삼매無相三昧를 제창한다. 삼무차별三無差別의 교의에 관해서 멀게는 제나라 양나라 때의 보지대사寶誌大士는 마음이 곧 부처[心卽佛]이고 마음이 곧 이것이다[心卽是]라고 하고, 양나라의 부대사傳大士는 이 마음이 바로 부처[是心是佛]이고 중생이 곧 이 세존[衆生卽是世尊]이라고 하며, 가깝게는 당나라의 육조六祖는 개개의 성性과 지智와 행行을 삼신三身이라고 하고, 마조馬祖는 이 마음이 바로 부처[是心是佛]이며 마음에 즉하면 부처에게 즉한다[卽心卽佛]고 하며, 또 일반적 표현방식을 벗어나 마음이 아니면 부처가 아니다[非心非佛]라고 하고, 남천南泉은 이를 이어받아 마음은 부처가 아니고 지혜는 도가 아니다[心不是佛智不是道]라고 말한다. 『황벽록黃檗錄』에는 마음에 즉하면 부처에 즉하고, 이 마음이 바로 부처이며, 깨달음을 눈앞에서 접하면 그 자리에서 해탈한다[卽心卽佛, 是心是佛, 觸目菩提, 當處解脫]고 하며, 『대달무업록大達無業錄』에는 교외별전教外別傳, 불립문자不立文字, 직지인심直指人心, 견성성불見性成佛이라고 한다. 지심指心과 견성見性을 대달大達(761~822)과 동시대의 남천이 처음 주창[始唱]했다고 보는 의견도 있지만, 아마도 대달과 남천의 스승인 마조부터일 것이다. 마조에 이르러 약진한다. 그리고 남선南禪의 종풍宗風에는 우두선牛頭禪의 영향이 있는 것 같다.

사람과 부처는 본래 천지 차이다. 천지 차이가 있는 중생[生]과 부처[佛]를 일여一如라고 한 것은 무상삼매無相三昧에서 온 견성見性에서 기인하지 않았을 리가 없다. 견성하기 전에는 천지 차이가 있고, 견성한 후에는 즉卽이고 시是인 것이다. 그러면 무상삼매란 무엇인가? 여기서 요구하는 점은 바깥에서 구하는 작업을 배척하는 데 있다. 바깥에서 구한다[外求]란 마음 바깥에서 부처를 보면서 12분교分敎에 마음을 쓰는 것을 말하고, 작업이란 간경看經이나 행도行道와 같은 것을 말한다. 요컨대 취사取捨하는 심心을 버리는 것이다. 이에 관한 역대歷代 종사宗師들의 말을 정리해 보자.

보지寶誌: 작업해서 구하지 않고 자신에게서 미루어 찾는다[作業不求向己推求].
법융法融: 진리를 구하면서 올바름은 등진다[求眞背正].
마조馬祖: 밖에서 구함을 빌리지 않는다/바깥을 빌리지 않고 구한다[不假外求].
단하丹霞: 불佛이라는 한 글자를 오래도록 듣기는 즐겁지 않다.
백장百丈: 부처는 구하는 것이 없는 사람, 이것을 구한다면 어긋난다.

부처를 구하지 않고, 앎[知]과 이해[解]를 구하지 않으며, 구하는 것
이 없음도 구하지 않는다[不求佛, 不求知解, 不求無求].

황벽黃檗: 부처로 부처를 구하지 않는다.

임제臨濟: 부처를 구한다면 부처라는 마귀[佛魔]에 사로잡혀 부처를 잃는다.
12분교分敎를 배척한다.

덕산德山: 이미 일[事]이 없는데 헛되이 구하지 말라. 헛되이 구해서 얻은 것
은 역시 얻은 것이 아니다[於已無事, 則勿妄求. 妄求而得, 亦非得也].
12분교分敎는 배척하고, 경전을 보거나[看經] 가르침을 살피는 일
[看敎]을 일거리로 삼는다.

영가永嘉: 가지거나 버리는 마음은 교묘한 거짓을 만든다[取捨之心成巧僞].

이와 같이 선禪의 생활은 결국 본래의 면목을 발휘하는 데 있다.

마조馬祖: 평상심이 바로 도道이다[平常心是道].

조주趙州: 지극한 도道는 어려움이 없다[至道無難].

육조六祖: 본래 단 하나도 없는 것이 본래의 면목이다[本來無一物, 本來面目].

이러한 것들을 통틀어 볼 때 사상채의 사상이 발생한 것은 하루아
침의 이유 때문이 아니라는 것을 알게 된다.

2) 심성心性의 대립

사상채의 생각에 의하면, 성性은 본체[體]이고 심心은 작용[用]이다.
나아가 의意는 심이 움직인 것이라고 말한다. 이것을 불교에 배치해
보면 성은 여래장如來藏이다. 심은 제8식識이다. 의는 제7식이다. 그
리고 성에 조금의 사의私意도 없다고 한다면, 진여眞如나 여래장에 해
당한다고 해야 한다. 사상채는 이 관점에서 불교가 성과 심을 구별하

지 않는다고 비평하면서 "심과 같다고 여겨지는 성은 진실한 성이 아니다. 내가 말하는 심이라는 것이다. 성보다 아래인 심은 내가 의라고 한 것에 해당한다"라고 말한다.

불교에서 말하는 성性은 유교에서 말하는 심心과 같고, 불교에서 말하는 심은 유교에서 말하는 의意와 같다. 하늘[天]의 이理라고 한다면 바로 성이다. 조금의 사의私意도 허용하지 않는다. 의가 개입하는 순간 하늘과 하나가 될 수 없다.

나중에 주자朱子가 강조한 "불자佛者의 성性은 유자儒者의 심心이며, 작용을 성이라고 할 수는 없다"라는 비평은 사상채를 계승한 것임을 알 수 있다. 갑작스럽게 이 글을 대한다면 무슨 의미인지를 알 수가 없지만, 이것을 설숭의 『전법정종기傳法正宗記』에 의거한다면 명료하게 이해할 수 있다.

이견왕異見王이 묻는다. "무엇이 부처입니까?" 바라제波羅提가 말한다. "본성을 보는 것[見性]이 부처입니다." 왕은 말한다. "그렇다면 스님은 본성[性]을 보셨습니까?" 바라제가 답한다. "저는 본성을 보았습니다." 왕은 말한다. "본성은 어디에 있습니까?" 바라제가 답한다. "본성은 작용作用에 있습니다." … 곧 게송[偈]으로 말한다.

태胎에서는 몸[身]이 되고, 세상에서는 사람이 되며, 눈에서는 보는 것이 되고, 귀에서는 듣는다고 하며, 코에서는 향기를 변별하고, 입에서는 담론하며, 손에서는 부여잡고, 발에서는 돌아다니는 것이다.

이렇게 사상채는 불자佛者가 지심견성指心見性이라고 한 것은 실은 진성眞性을 본 것이 아니라고 비평하면서 다음과 같이 말한다.

　불교를 배우는 사람은 이것을 알아야 한다. 즉 견성見性을 마지막으로 삼기 때문에 결국 허망하게 끝나는 것이다.

　사상채의 이 비평에서는 우리들은 그가 이성理性의 광채를 보았다는 것도, 게다가 널리 불교를 이해했다는 것에도 수긍할 수가 없다. 불교의 심心이라는 글자는 상식적인 경험經驗으로서의 심을 가리키기도 한다. 제8식識을 가리키기도 한다. 진식眞識을 가리키기도 한다. 만약 진식을 가리킨다면 심心과 성性은 같은 의미가 되지만, 이것이 불교자의 용어가 불완전하기 때문이라면 사상채의 비평은 이 점에서는 정당할 수 있다. 그래도 철학적으로 체體와 용用을 끝내 구별하려고 한 그의 사상은 개념에 빠진다. 불성佛性을 견문각지見聞覺知 그 이상에서 찾고, 이것을 여래장如來藏이라고 이름하며, 더욱이 그 여래장이 일상생활 속에서 나타나 견문각지가 된다고 하는 점에서는 불자佛者의 견해가 진보한 점이 있다. 이 점에서 심과 성의 관계를 명료하게 도파道破한 것은 황벽의 『전심법요傳心法要』다.

　더욱이 본심本心은 견문각지見聞覺知에 속하지 않으며, 또 견문각지를 떠나지도 않는다. 다만 견문각지를 바탕으로 견해를 일으키는 일은 하지 말라. 견문각지를 바탕으로 생각[念]을 움직이지 말라. 또 견문각지를 떠나서 심心을 찾지 말라. 견문각지를 떠나서 법法을 취하는 일도 하지 말라. 즉하지도 않고 떠나지도 않으며[不卽不離], 머물지도 않고 집착하지도 않으면[不住不着] 종횡으로 자재해서 도량道場이 아닌 일이 없다.

당대唐代에는 이와 같지만, 송대가 되면 말씀들이 산만하게 흩어져 버리게 된다.

3) 심心은 인仁이고, 인은 각覺이다

사상채는 성性의 구체화를 위한 첫걸음으로서 심心이라는 이것에 인仁이라는 글자를 배당하고, 인을 살아 있는 성이라고 하면서 살아 있는 이상은 각覺이 있으므로 이를 각이라고 한다.

심心이란 무엇인가? 인仁일 뿐이다. 인이란 무엇인가? 살아 있는 것은 인이 되고, 죽은 것은 불인不仁이 된다.

생명이 있다는 말의 뜻은 이 인仁으로 미루어 이해할 수 있다.

지각知覺이 있으면 통증이나 가려움을 인식하여 곧 인仁을 소환해 낸다.

유교의 인仁은 불교의 각覺이다.

여기서 인仁이라고 한 것은 살아 있는 동動적이고 구체적인 사실에 이름 붙인 것이다. 인이라는 글자를 이런 의미로 사용하는 것은 이미 일반적인 방식이 아니다. 사상채는 나아가 이것을 불교의 각覺에 배당한다. 이 각은 견문見聞을 통한 지각知覺이라는 의미의 각으로서 이 각이 있는 것을 인이라고 이름한 것이 된다. 그런데 불교의 각은 불타佛陀라는 뜻이다. 각을 이렇게 지각知覺의 의미로 사용하는 것은 일반적인 방식과는 멀다. 유교의 일반적인 사용 방식에서 벗어난 인과 불교의 일반적인 사용 방식에서 동떨어진 각을 일치시킨다는 점에서 학자들을 혼란스럽게 만든다고 해야 할 것이다. 유교에서 볼 때 이단異端으로 치달은 점이 있다고 한 것은 아마 이러한 부분을 지적했을 것이다. 주자朱子는 각을 인이라고 해서는 안 된다고 하는데 "도리道理를 각득覺得하는 것은 조금도 차이가 없지만, 바야흐로 이 심心의 덕德을 완전하게 한다면 인이 된다. 통증이나 가려움을 지득知得하는 것을 인이라고 할 수는 없다"라고 한다. 주자의 각도 지각을 의미한다. 그래도 각득의 의미라면 주자처럼 인과 각을 일치시켜야 한다. 사상채는 지각을 인이라 하고, 주자는 각득을 인이라고 하는 차이가 있지만, 모두 인과 각을 일치시키고 있다. 어느 경우든 인과 각의 일치에는 개념상의 혼란이 있다.

사상채의 인仁에 대한 견해는 활活과 각覺 이외에 천리天理라는 것이 있다. 인을 박애博愛라고 한 것은 고래古來의 방식[法]이지만, 정자가 한 걸음 더 나아가 애愛를 정情이라 하고 인을 정으로서의 애 이상의 근본적인 것이라고 한 이래 인의 의의는 깊어지게 된다. 이것이 차라리 일반적인 방식이다. 사상채의 천재성은 이러한 일반적인 방식을 떠나서 앞서 서술한 것처럼 이것을 활이라 하고 각이라 하는데 역시 일반적인 방식을 버리고 이를 원리적인 것으로 삼는다.

일찍이 여진백呂晉伯에게 세상 사람들은 인仁을 말하지만, 단지 애愛에 근거해서 어찌어찌 태어날 때부터 인을 갖고 있다고 좁게 말한다고 했다.

여진백은 사상채와 인仁에 대해 얘기한다. 진백이 깨달음에 의거해[因悟] 당신이 말한 인因은 존숙尊宿 문하에서 말하는 일반적인 선禪이라고 한다.

진백晉伯(1084~1145)은 선병禪病이 있으며, 결국에 선禪으로 들어가 버린 사람이다. 그런 사람이 사상채의 인仁에 대한 견해를 존숙尊宿의 일반적인 선화禪話라고 평評한다. 상채의 말은 상당히 의표意表를 찌르는 점이 있다는 것을 살펴야 한다.

인仁을 하늘[天]의 이理라고 하는 것은 잘못[杜撰]이 아니다. ⋯ 천리天理는 당연할 뿐이다. 당연하게 하는 것은 바로 하늘이 하는 것이다.

천리天理는 자연스러운 도리道理이며 터럭만큼의 잘못[杜撰]도 없다.

이理는 그냥 이가 아니고 하늘[天]이다. 어린아이를 언뜻 보고 속마음이 그대로 나오는데 곧 자연스러운 천리天理가 있다.

이것은 일상의 마음[心] 깊은 곳을 관통하는 천리天理를 인仁이라고 한 것이다. 이러한 의의를 인이라고 본다면 앞에서 심心을 인이라고 한 것과는 조화하기가 매우 어렵게 된다. 인을 철저하게 천리의 의미로 본다면 심은 진심眞心이 되고, 결국 성性과 일치하게 되는 것이다.

4) 경제敬齊의 선화禪化

사상채의 『어록語錄』 중에서 불교와의 교섭을 보여 주는 적지 않은 내용 중에 경제敬齊에 대한 견해만큼 선화禪化한 것은 보이지 않는다. 그는 다음과 같이 말한다.

경敬은 항상 정신을 바짝 차리고 있는 방법이고, 제齊는 여러 일들을 내려놓는 것으로서 그 이치[理]는 같지 않다.

『전등록傳燈錄』에서 서암선사瑞巖禪師는 "주인공主人公은 정신 차리고 깨어 있는가?[主人公惺惺否]"라고 말한다. 항상 정신이 깨어 있음 즉 상성성常惺惺이란 선가禪家의 말로서 성성惺惺이란 불매不昧 즉 어둡지 않다는 의미인데 이른바 텅 비고 신령해서 어둡지 않음 즉 허령불매虛靈不昧이다. 이천이 경敬을 해석하면서 주일무적主一無適이라고 한 것도 이미 선화禪化한 것이다. 한발 더 나아가 상성성법常惺惺法이라고 하고 있다. 경의 해석이라기보다도 차라리 여래장如來藏의 자각이고 견성見性한 심상心相을 무엇이라고 이름 붙일까를 찾다가 여기에 경이라는 글자를 붙였다고 하는 것이 적당할 것이다. 이것은 경이라는 글자를 해석한 것이 아니고, 심상에 경이라는 이름을 붙인 것이다. 여러 일들을 내려놓음 즉 사사방하事事放下란 덕산이 "마땅히 종전에 돌아다니던 곳에서 맺힌 것들을 일시에 놓아 버려야 한다[應是從前行履處, 一時放部]"라고 말한 것과 같은 의미다. 이천은 제齊를 정제整齊의 의미라고 하지만, 상채는 일체로부터 해방된 마음의 상태를 부를 때 제라는 말을 사용한다. 사상채의 성성惺惺과 방하放下는 어쩌면 자각自覺과 수순隨順으로 이해할 수 있을까? 어느 것이든 천마天馬가 하늘을 달리는 것 같은 기발함이 있다. 이 점에서 사상채는 고금古今의 독보적으로 천재적인 유자儒者라고 해야 한다. 사상채가 경敬과 제齊를 구별하고 그 이치[理]가 같지 않다고 한 데 대해 주자朱子는 다음과 같이 비평한다.

성성惺惺은 마음[心]이 어둡지 않다[不昏昧]는 말이다. 단지 이것이 바로 경敬이다. 정제엄숙整齊嚴肅이 본래 경이다. 그래서 마음[心]이 만약 어두우면 이치

[理]를 밝혀도 분명하지가 않다. 비록 억지로 붙들더라도 어찌 경이 되겠는가.

주자는 불매不昧를 경敬이라 하고, 정제整齊도 역시 경이며, 더욱이 불매가 없으면 정제가 없다고 하여 성성惺惺도 정제도 경으로 통일해서 일치시키는 것이다.

5) 일여一如의 세계

사사방하事事放下, 상성성常惺惺의 심경心境과 맞닿은 것은 일여一如의 세계다. 사상채는 이것을 고양시켜서 대승돈교大乘頓敎의 지극한 경지에 통하는 바탕으로 삼는다. 사상채가 이 심경을 체험하며 개발한 것은 그 말투[語風]에서 살펴야 한다. 이 점에서 보더라도 도저히 다른 유자儒者의 부류들이 따라가지도 못할 정도의 높은 곳에 있는 것으로 보인다.

자로子路와 염자冉子를 증점曾點은 차가운 눈으로 본다. 그는 단지 자애로운 스승의 가르침에 대해 좁은 시각에서 팔다리나 살갗 운운한 것이다. 혼탁함을 씻어 내 조금이라도 풀 수 있다면 어찌 쾌활하지 않겠는가.

"혼탁함을 씻어 내 조금이라도 풀 수 있다[渾洗些能解]"라는 구절은 일체의 지智적인 속박에서 벗어난 것 이른바 이장理障에서 벗어난 것을 말한다. 이것을 선禪에서 본다면 처음부터 끝까지 이理를 고조시킨 이천보다도 한 단계 높은 곳에 있다고 해야 할 것이다.

불가佛家에서는 대승돈교大乘頓敎로서 한 번 듣고 곧 깨닫는다고 말한다. 장차 어린아이를 언뜻 봤을 때의 속마음이라면 일체를 씻어 낸 것이므로 마땅히 그 안옹顔雍 이상의 자질에서 비로소 얻는 것이다.

사사방하事事放下를 안옹顔雍 이상의 자질에서야 비로소 얻는 것이라고 한다. 수선修禪하는 것이 아니라면 도파道破할 수 없으므로 그것만큼은 유자儒者의 영역을 벗어나는 것이다.

6) 도의관道義觀: 도의道義에 대한 관점

사상채는 선禪적이면서 도의道義를 말하는 데 이르러서는 유교의 입장으로 되돌아가 불로를 배척한다. 선의 지극한 점은 옳다[可]와 그르다[不可]의 대립을 떠나는 데 있다. 사상채는 이 경지를 구경究竟으로 삼고, 이에 대한 이해도 있으며, 체험도 한 것 같은데, 이 때문에 한편으로는 대승돈교大乘頓敎에 안옹 이상의 깨달음의 경지[悟境]를 인정하면서 더욱이 다른 한편으로는 무분별지無分別智를 성도聖道와 맞지 않다고 하며 도의를 주로 삼아야 한다고 말한다. 앞뒤가 일치하지 않는다는 점에서 아직은 벗어나지 못한 점이 있다. 적의 무기로 적을 치는 것은 전술적이라고 하더라도 그 태도에는 유감스러운 점이 있는 것 같다.

옳음[可]도 없고 그름[不可]도 없고, 참으로 무도無道함을 주로 삼는다면 제멋대로 미쳐 날뛰지 않겠는가? 불로佛老의 학문[學]은 스스로 말하기를 마음은 머무는 곳이 없어서 호응하며 변화할 수 있다고 한다. 그러나 죽어서는 성인聖人에게 죄를 짓는 것이다. 성인의 학문은 그런 것이 아니다. 옳음과 그름의 사이에 의義가 존재한다.

『반야경般若經』은 "어떤 것에도 머물지 않으면서 그 마음을 일으켜라[應無所住而生其心]"라고 하며, 색즉시공色即是空과 표리表裏 관계로서 반드시 공즉시색空即是色을 말하고, 유록화홍柳綠花紅의 세계 즉 있는 그대로의 현실에 수순隨順한 곳에 인간의 생활을 있게 한다. 상채의 이 비평은 제1의義 반야도般若道의 무가무불가無可無不可 즉 옳음도 없고 그름도 없다의 경지에 대해 제2의義 방편도方便道의 가불가역연可不可歷然 즉 옳음과 그름은 그대로 옳거나 그르다의 경지에서 한 것이다. 그가 안옹 이상의 지극한 경지를 불교에서 본 것은 불교가 유교 이상이라는 견해를 갖고 있다는 것을 말한다. 더욱이 또 태도를 확 바꿔서 불로의 학學이 성인聖人에게 죄짓는 것이라고 한다. 그 의미는 혹은 불교는 제1의 반야도에서 얻었더라도, 제2의 방편도에서는 얻지 못했다는 말이 될 것이다. 정자가 이理에서가 아니라 적跡 즉 자취상에서 배척한 것과 비교한다면 이 비평은 또 한 단계 높은 곳에 있다고 할 수도 있겠지만, 사상채는 그만큼 이해를 하고 있는 사람으로서 오히려 이러한 상투적인 사상에서 벗어나지 못한 것은 부사의不思議한 느낌이 있다. 다만 이것 때문에 유가儒家에 자리한다고 보아야 하므로 유가에서는 중요한 관계가 있지만, 철저히 사상으로서만 본다면 오히려 사상채에게는 아쉬움이 있다고 해야 할 것이다.

주자朱子와 불교 제6장

제1절

우주론宇宙論

주자朱子의 우주론宇宙論은 주자周子의 무극태극설無極太極說과 이천의 이기설理氣說을 합치고 여기에 명도의 도기상즉설道器相卽說을 추가하며, 그리고 이기理氣의 관계에 관해서는 이천의 이일분수설理一分殊說을 수용하고, 나아가 태극太極과 이기二氣의 관계에 관해서는 주자周子의 동정설動靜說을 수용한 것으로 보인다. 이렇게 분해해 보면 주자朱子에게 아무런 새로운 것이 없는 것처럼 보이지만, 앞선 여러 유자儒者들의 학설을 종합하여 대성한 점에서 굉장한 지위를 차지한다고 할 수 있다. 당시 육자 형제는 "주자周子의 통서通書에 무극無極의 학설은 없다. 주자朱子의 도해圖解에 이르러 처음으로 이것을 태극에 추가했다"라고 하며 주자朱子와의 사이에서 문제를 일으키는데, 만약 결과적으로 주자朱子가 주자周子는 말하지 않은 무극을 추가해서 태극을 한층 형이상학화했다면 주자朱子의 지위는 매우 명료해지게 된다. 가령 주자周子에게 무극이태극無極而太極이라는 문자가 있다고 해도 이것에 이론을 추가해서 태극과 무극의 관계를 명료하게 한 사람은 주자朱子인 것이다.

하늘이 하는 일은 소리도 없고 냄새도 없다. 그러나 실제 만물이 생성 변화하는 중추이며, 품류의 근저다. 그 때문에 무극이 태극이라고 한다. 무극과 별도로 다시 태극이 있는 것이 아니다. (『태극도설해太極圖說解』)

주자朱子는 여기에 이천의 이기설理氣說을 응용해서 태극太極을 이理라고 한다. 주자는 이기二氣가 교섭한다는 점에서 이理라는 이름을 부여하며, 주자는 태극을 이理라고 한다. 여기에 이르러 이理의 내용은 상당히 거대해지며 동시에 애매해지게 된다.

태극은 단지 이理라는 한 글자다. 태극은 단지 천지의 모든 이[萬理]의 이다. (『어류語類』1)

태극은 별도의 한 물건[一物]이 아니다. 곧 음양陰陽에서는 음양에 있고, 오행五行에서는 오행에 있으며, 만물에서는 만물에 있다. 단지 한 개의 이理일 뿐이다. (『어류語類』94)

비록 아직 사물[物]이 있지 않더라도 사물의 이理만큼은 있다. (『문집文集』46)

당초에는 원래 하나의 사물도 없으며, 단지 이理만 있다. (『전서全書』49)

그리고 이기二氣에 관해서는 이것을 형이상形而上의 도道와 형이하形而下의 기器라고 하며 다음과 같이 정의定義한다.

이理: 형이상의 도道, 만물을 낳는 근본. 정의 없음[無情意], 계탁 없음[無計度], 조작 없음[無造作].
기氣: 형이하의 기器, 만물을 낳는 도구. 응결凝結 조작造作 가능.

(『어류語類』1)

무조작無造作과 조작造作의 정의定義에서 볼 때 기氣는 만유萬有의 질료인質料因임과 동시에 동력인動力因이 되는데, 이 점에서 말한다면 이기理氣의 관계는 완연히 유식가唯識家의 진여眞如와 알라야[賴耶]의 관계 그대로라고 보아야 한다. 그리고 이기의 관계에 관해 "결단코 두 가지 물건[決是二物]"(『문집文集』46)이라고 하거나 "마땅히 앞뒤가 있다[須有前後]"(『어류語類』1)라고 하는데, 나아가 다음과 같이 분명하게 말한다.

이理가 있은 뒤에 기氣를 낳는다. (『어류語類』1)

요컨대 먼저 이理가 있다. (『어류語類』1)

기기氣는 이리가 낳은 것이다. (『어류語類』4)

이 말들은 이리를 동동動적으로 보고 기기氣와의 사이에 인과因果와 전후前後의 관계를 덧붙인 것이라고 해야 할 것이다. 다음은 명백히 이리理를 동적으로 본 것이다.

이리는 흘러 다니는데 다니면서 있지 않은 곳이 없다. (『문집文集』70)

유행流行하며 운용運用하는 일에 천리天理의 발현이 아님이 없다.

(『문집文集』59)

천지가 있기에 앞서서 반드시 먼저 이 이리理가 있다. 움직여 양陽을 낳는 것도 단지 이리理뿐이고, 고요하게 음陰을 낳는 것도 단지 이리理뿐이다.

(『어류語類』1)

음양陰陽의 이기二氣가 태극에서 발생하는 것이라고 한다면 태극 그 자체는 유동하는 것이 되어야 할 필요가 있다. 그렇다면 동적인 이리理가 되므로 앞의 무조작無造作이라는 정의와 모순된다. 이 모순을 피하기 위해 주자는 한 걸음 더 나아가 기기氣를 호출하게 된다.

사시四時나 오행五行은 다만 그 태극 중에서 나온다. 태극은 단지 한 개의 기기氣인데 이것이 연이어 나누어져 두 개의 기를 만든다. (『어류語類』3)

기기氣가 무극태극이라는 이리에서 발현한 것이라고 한다면 이 이기理氣의 관계는 앞의 이기의 관계와 다르고, 불교의 진여연기설眞如緣

起說의 진여眞如와 알라야[黎耶]의 관계가 되며, 육자의 심즉리설心卽理 說과 동조하게 된다.

> 반드시 이리가 있은 다음에 기氣가 있다고 하면 어떤가라고 묻기도 한다. 본 래 선후를 따져서 말할 수는 없는데, 기필코 근본[所從來]을 추적하고 싶다면 당연히 이리가 먼저라고 해야 한다. 그러나 이리는 또 별개의 일물一物이 아 니라서 곧 기氣 안에 존재하며 기가 없으면 이도 머물 곳[掛搭處]이 없다.
>
> (『어류語類』 1)

이것은 이기理氣에 불리不離 관계가 있어서 독존獨存할 수 없다고 한 것인데, 주자가 이리를 먼저라고 한 것은 명료하다. 여기서 주자의 이리는 동動적인 것인가 부동不動적인 것인가? 혹은 동과 부동을 종합 한 것인가라는 문제가 생긴다. 만약 합리화시켜 본다면 동과 부동 이 상의 것으로서 그 안에 동動과 정靜의 양면을 다 갖추고 있다고 해야 겠지만, 주자가 불교에서 성性을 작용으로 본 것을 몹시 공격한다는 점을 고려해 보면 대체적인 태도는 성리性理를 정靜적으로 본다고 이 해하는 것이 온당하다. 불교에서 성을 작용으로 본다고 한 것은 선가 禪家에서 보고 듣고 말하며 행동하는 것[視聽言動]을 불성佛性의 활용活 用으로 보는 것을 가리킨다. 시청언동視聽言動을 불성의 활용이라고 한 것은 설숭의 『전법정종기傳法正宗記』에서 보이며, 나중에 왕양명은 이것 등을 천리天理의 묘용妙用이라고 한 점에서 완전히 불교를 계승 한다. 육상산도 아마 그럴 것이다. 사상적 경향에서 주자와 육자가 대 체로 정반대라는 것을 고려한다면 아마 주자의 이가 어떤 것인지를 살펴볼 만한 점이 있다.

그러면 또 이기理氣의 선후 관계에서 주자는 때로는 본체本體로부터 말한 것과 현상론現象論으로 말한 것에 따라 얘기가 달라진다. 본체론에서 말할 때는 이理를 대본大本이라고 하지만, 현상론에서 말할 때는 기氣를 앞세워야 한다고 한다.

> 만약 본원本原을 논한다면 이理가 있은 후에 기氣가 있다. 만약 품부稟賦에 대해 논한다면 기가 있은 뒤에 이가 따라서 갖춰진다. 그 때문에 기가 있으면 이가 있고, 기가 없으면 이가 없다. (『중용대전中庸大全』 30)

> 재才에는 천명天命이 있고 곧 기질氣質이 있는데 서로 떨어질 수가 없다. 만약 하나가 빠지면 사물[物]을 낳을 수 없다. 이미 천명이 있으면 마땅히 기氣가 있으며 바야흐로 이理를 당연히 이어받을 수 있다. 만약 기가 없으면 이理는 어떤 식으로든 갑자기 흩어져 버린다. (『어류語類』 4)

그렇다면 주자는 이理를 근본[本]으로 삼는가 기氣를 근본으로 삼는가? 그의 사상을 대체적으로 보면 이理를 근본으로 삼는다는 사실은 틀림없는 것 같다.

> 이理와 기氣는 본래 선후를 따져서 말할 수는 없는데, 기필코 근본[所從來]을 추적하고 싶다면 당연히 이가 먼저라고 해야 한다. (『어류語類』 1)

이理로부터 어떻게 해서 기氣가 생기는가? 태극太極이 어떻게 해서 일전一轉하여 기가 되는가? 그 이유에 대해서는 불분명하다. 아마도 이를 천명天命으로 돌리고 자연의 조화造化가 그렇다고 하면서 태극 고유의 본능이라고 할 수밖에 없을 것이다. 즉 장자張子의 이른바 "어쩔 수 없이 그렇다"인 것이다. 이와 같이 이기理氣의 전후 관계라는 문제가 있지만, 이기가 교착交錯해서 현상으로 나타난 뒤의 눈앞에 있는 사물에 있어서는 양자가 일체一體이며 불리不離의 관계라는 것은 말할 필요가 없다.

이리와 기氣는 결단코 두 가지 물건[二物]이다. 다만 사물[物]에서는 붙어 있어서 즉 두 물건이 완전히 섞여서[渾淪] 떼어 낼 수가 없다.   (『문집文集』 46)

천하에 이리 없는 기氣는 없고, 기 없는 이도 없다.   (『어류語類』 1)

이러한 태극太極과 이기理氣의 관계는 다음과 같이 정리해 볼 수 있다.

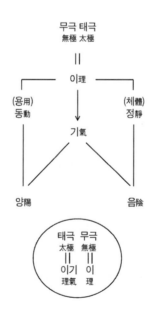

음양陰陽이라는 것은 만유萬有의 변화를 설명하기 위한 원리로서 민족 고유의 사상이다. 송유는 기氣로써 이것을 통일하고 나아가 이것을 이理로 추진해서 지극하게 한다. 음양에 관해서 주자는 다음과 같이 말한다.

음양은 시초가 없으며[無始], 선후先後를 구분할 수 없다.　　　　(『어류語類』94)

음양은 시초가 없으며[無始], 본래 선후先後로써 말할 수 없다. … 또 자체로 선후가 있는 것이다.　　　　　　　　　　　　　　　　(『문집文集』49)

음양은 단지 하나의 기氣이며, 음기陰氣가 유행하면 곧 양陽이 되고 양기陽氣가 응집하면 곧 음陰이 되는 것이지 두 가지 물건[二物]이 상대하는 것이 아니다.　　　　　　　　　　　　　　　　(『도해설圖解說』,『문집文集』50)

음양을 한 개라고 볼 수도 있고 두 개라고 볼 수도 있다. 두 개로 본다면 음陰과 양陽으로 구분해서 양의兩儀가 성립한다. 한 개로 본다면 단지 한 개가 소장消長하는 것이다.　　　　　　　　　(『주자전서朱子全書』1,『어류語類』65)

이에 이르러 음양陰陽의 학설은 매우 지극하게 교묘해진다. 원래는 태극의 체용體用일 뿐이었는데, 하나이면서 둘이고 둘이면서 하나라는 것을 알게 된다. 음양일이陰陽一二 즉 음양이 하나이면서 둘이라는 등의 이러한 주자의 논법은 완연히 불교의 논법이다. 주자는 이상과 같이 태극 그 자체 안에 체용이나 동정動靜의 양면을 나누고 이로부터 음양이라는 이기二氣를 도출하며, 더욱이 이것을 대립적인 것이라고 하지 않고 그 사이에 둘이면서 둘이 아닌 이이불이二而不二의 관계가 있다고 하며, 이기의 왕복과 순환으로부터 오행을 도출하고, 이기오행二氣五行이 합쳐져서 만물이 화생化生한다고 하며, 이렇게 우주를 조화造化시킨다 즉 만들어 낸다. 그리고 조화의 원동력을 하늘[天]이 자연히 그러한 것이라고 하며, 이로 인해 이렇게 있게 된 까닭[所以]을 달리 인정하지 않는다. 주자는 불교에서 자아[我]가 어떤 식으로 세계를 나타나게 한다고 한 것을 비난하고, 천지天地의 성性과 조화의 힘으로 설명한다. 인과설因果說로 보자면 필경 무인자연설無因自然說로 귀결하며, 인중유과론因中有果論이라고 보아야 할 것이다.

태극太極과 만유萬有의 관계에 관해 만물을 떠나서 태극은 없고 태극을 떠나서 만물은 없다고 한 것은 대체로 그렇다 쳐도, 또 마음[心] 외에 법法이 있다고 하거나 일심一心 외에 별도로 대본大本이 있다고 한다. 이렇게 만물 이상에서 항상 하나의 이[理]를 보려고 한 것은 벗어나지 못하지만 전체적인 사상에서 본다면 내재설內在說이라고 할 만하다. 교묘한 그 내재설은 아마 불교에서 얻었을 것이다.

태극은 오로지 천지만물의 이理다. 천지에서 말한다면 곧 천지 안에 태극이 있고, 만물에서 말한다면 곧 만물 안에 각각 태극이 있다.　　(『어류語類』1)

사람들은 한 가지 태극[一太極]을 갖고 있으며 사물들도 한 가지 태극을 갖고 있는데, 합쳐서 말하면 만물로 통합된 전체[統體]는 한 가지 태극이고, 구분해서 말하면 하나의 사물[一物]이 각각 한 가지 태극을 갖춘다.

(『학적學的』상 68, 『태극도설해太極圖說解』)

태극은 오로지 매우 좋고 지극히 선한 도리다. 사람들은 한 가지 태극을 갖고 있으며 사물들도 한 가지 태극을 갖고 있다.　　(『어류語類』94)

여기에선가 본체인 하나의 이[一理]가 현상으로 나타난다면 이일분수설理一分殊說이 된다. 주자는 이에 관해서 이천伊川을 계승하는데 다음과 같이 말한다.

이理가 기氣와 함께하는지를 묻는다면 답변으로서 이천伊川의 설명이 좋다. 이를테면, 이理 하나가 여러 개로 나누어진다[理一分殊]는 것이다. 천지의 모든 이[萬理]를 합쳐서 말하면 오로지 한 개의 이이고, 사람에게 이르면 곧 다시 각자 한 개의 이를 갖는다. (『어류語類』1)

그렇다면 태극이 분열되어 버리는 듯한 문제가 생긴다. 말하자면 분수分殊하는 이理도 하나의 태극[一太極]과 다르지 않다.

본래 단지 하나의 태극인데 만물이 부여받으며 또 각자 하나의 태극을 완전히 갖출 뿐이다. (『어류語類』1)

그렇다면 이일분수理一分殊는 일단 그런 것인데 만약 그 근본으로 소급한다면 하나의 이[一理]뿐이어서 분수分殊는 없는 일이 된다. 나중에 왕양명이 분수설分殊說에 반대해서 천리天理가 하나라는 점을 철저히 한 이유가 여기에 있다.

심성론心性論

주자는 이천의 이기설理氣說, 장자의 천지성天地性과 기질성氣質性을 아울러 계승하고, 이理에서 나온 것은 천지성이라 하고 기氣에서 나온 것은 기질성이라고 하며, 양성兩性의 사이에 둘이면서 둘이 아닌[二而不二] 관계를 부여하면서, 더욱이 이일만수理一萬殊의 관계를 인정하고 천지성은 유일하고 불변不變하는 것이지만 기질성은 기의 정편正偏이나 후박厚薄에 따라 사람과 사물의 차이를 낳을 뿐만 아니라 사람 사이에서도 범부[凡]와 성인[聖]의 구별을 낳는다고 한다. 성인聖人이란 음양이 합쳐진 덕[陰陽合德]과 오성이 전부 갖춰진[五性全備] 중정中正한 존재라고 한다.

천지의 성性과 기질의 성이 있다. 천지의 성은 곧 태극 본연의 묘妙이며 만수萬殊의 하나의 근본이다. 기질의 성은 곧 두 가지 기氣가 뒤섞이면서 발생하며 하나의 근본이면서 만수한다. (『주자어류대전朱子語類大全』, 성설性說)

양성兩性은 이론상 편의적인 구분일 뿐 현실에서는 천지성은 기질성 안에 깃든 이理로서 양자는 결국 나누어질 수 있는 것이 아니다.

천명天命인 성性은 만약 기질氣質이 없다면 도리어 안돈安頓할 곳이 없다.

(『어류語類』4)

그리고 성性은 이理를 의미하며, 두 가지 말[兩語]의 내용은 동일하고, 단지 사事에 있어서는 이라고 하며 심心에 있어서는 성이라고 할 뿐이다.

심心에서는 성性이라 부르고, 사事에서는 이理라고 부른다.　　(『어류語類』5)

그렇다면 성性이라고 할 때는 천지성天地性을 가리키고, 기질성氣質性은 적당한 의의에서 성이라고 부른다고 하더라도 사실을 설명하는 것으로서 중요한 의의를 가지므로 주자는 처음으로 기질성을 설명한 장자張子를 성문聖門에 공功이 있다고 칭찬한다. 주자는 또 천지성은 이理를 바탕으로 말하지만 기질성은 기氣 안에 이理를 섞은 것이라고 하며, 사람은 이기理氣가 합쳐져서 태어난다고 한다.

천지의 성性을 논한다면 곧 오로지 이理만을 가리키는 말이고, 기질의 성을 논한다면 이理와 기氣를 섞어서 말하는 것이다.　　(『어류語類』4)

사람이 태어나는 까닭은 이理와 기氣가 합쳐지기 때문일 뿐이다.

(『어류語類』4)

현실의 사람을 이기理氣가 합쳐진 존재라고 할 수는 있다. 천지성에 대한 기질성을 앞에서는 기에서 나온 것이라 하고, 지금은 이기가 합쳐진 것이라고 하는데, 그 사이에 일치하지 않는 점이 있다. 원래 이理와 기氣는 영원히 융합할 수 없는 두 개의 근원[二元]이 아니라 아직 나뉘지 않은 어떤 것이 때로는 이로 나타나고 때로는 기로 나타난다고 보아야 할 것이다. 이 경우 전체를 한 가지 의미로 종합하지 않으면 이기의 의의는 불명료해진다. "이理와 기氣를 섞어서"라는 말은 양성 兩性을 구별상에서 볼 때 불가不可하지 않을까라고 생각한다. 이 양성 의 관계는 "성性은 기질이 아니면 머물 곳이 없고, 기氣는 천성天性이 아니면 이루어지는 것이 없다"(『성리대전性理大全』 30)라는 것이므로 주 자朱子는 끝에 가서는 "기질지성이 곧 오직 천지지성이다"(『어류語類』 4) 라고 말한다. 기질성은 필경 천지성으로 환원되어야만 하는 것이면 된다. 양성의 성질은 천지성은 순선純善하지만, 기품氣稟에는 정편正偏 과 청탁淸濁이 있고 이로 인해 천명성天命性에 천심淺深과 후박厚薄의 의미가 생긴다고 한다. 아마 천명성이란 일반적으로는 천지성과 같은 의미로 사용하지만 세부적으로는 타고난 성性이므로 천지성과의 사 이에 다소 같거나 다르거나 한 점이 있다.

> 본원의 성性은 선하지 않음이 없다. … 사람의 기품氣稟에는 청탁淸濁이나
> 정편正偏의 차이가 있기 때문에 천명天命의 성에도 천심淺深이나 후박厚薄의
> 차이가 있지만 성이라고 하지 않을 수는 없다.　　　　(『성리대전性理大全』 30)

성性의 문제와 관련해서 빠지지 않는 것은 정情이고, 성정性情과 관 련해 떼 놓을 수 없는 것은 심心이다. 성정의 관계는 멀리 당의 이고를 계승하고, 세 가지의 관계는 장자의 '심통성정心統性情'이라는 학설을 계승하며, 현실적으로 본다면 성은 심 안에 저장되어 있지만 발전 과 정으로 본다면 성에 의해 심이 있다고 한 주자는 성을 태극에 견주고 심을 음양에 비교하며, 태극이 음양 안에 있더라도 태극은 그대로 태

극이고 음양은 그대로 음양이듯이 성과 심의 관계도 마찬가지고, 그래서 여기에서 하나이면서 둘[一而二], 둘이면서 하나[二而一]인 관계를 보았다.

성性은 태극과 같고 심心은 음양과 같다. 태극은 음양 안에 있으며 음양을 떠날 수 없는 것이다. 그런데 지극히 당연하지만 태극 자체는 태극이고 음양 자체는 음양이며, 생각건대 성과 심도 그렇다. 이른바 하나이면서 둘이고 둘이면서 하나인 것이다. (『전서全書』49)

성性과 정情의 사이에는 동動과 정靜, 체體와 용用의 관계가 있다. 체인 이理는 인의예지仁義禮智다. 이 이理가 심心을 통해서 나타난 사단四端은 정情이다. 인仁에 의해서 애愛가 있고, 의義에 의해서 오惡가 있으며, 예禮에 의해서 양讓이 있고, 지智에 의해서 지知가 있다.

인의예지仁義禮智는 성性이고 측은惻隱, 수오羞惡, 사양辭讓, 시비是非는 정情이다. 인仁에 의한 애愛, 의義에 의한 오惡, 예禮에 의한 양讓, 지智에 의한 지知는 심心이다. 성은 심의 이理이고, 정은 성이 작동[動]한 것이며, 심은 성과 정의 주인이다. (『어류대전語類大全』, 성설性說)

심心을 전체적으로 볼 때는 혼륜渾淪한 일물一物 즉 마구 뒤섞여 있는 하나의 물건이라고 하며, 혹은 또 유형有形에 깃들어 있다는 점에서 "심에는 선악이 있고, 성性은 선하지 않음이 없으며, 만약 기질의 성을 논한다면 역시 선하지 않은 점이 있다"라고 말한다. 성은 설명할 수 없고, 정情은 설명할 수 있는 것이 된다.

생각건대 심心은 허명虛明하고 통철洞徹하며 전후를 통합해서 하는 말일 뿐이고, 성性에 근거해서 말한다면 적연부동寂然不動한 곳에서 이 심도 얻으며, 정情에 근거해 말한다면 감이수통感而遂通한 곳에서 이 심도 얻는다.

심心의 전체는 담연湛然하고 허명虛明하며 모든 이[萬理]를 구족한다. … 심은 성정性情을 통일하는데, 단지 혼륜한 일물 속에서 그것을 가리켜 이발已發이나 미발未發이라고 말하는 것일 뿐이다.

형체가 있으면 곧 심心이 있는데 심은 천지의 이理에서 얻으므로 곧 성性이라 하고, 성은 사물[物]에 감응하여 작동하므로 곧 정情이라 한다. 이 세 가지는 사람이라면 모두 갖고 있으며 성인聖人이나 범부凡夫에 따라 있거나 없는 것은 아니다. 　　　　　　　　　　　　　（『어류대전語類大全』, 성설性說）

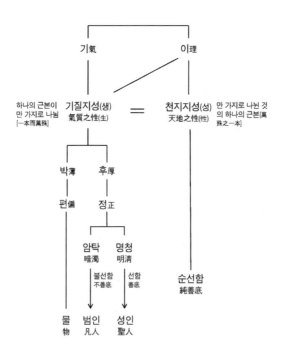

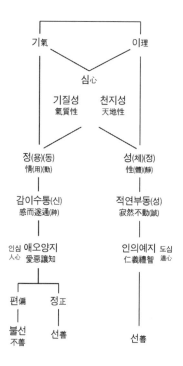

주자는 한편으로는 심心을 음양陰陽에 비교하거나 혹은 선악이 있다고 하며, 또는 성정性情을 통일한 혼륜渾淪한 일물一物이라 하고, 그리고 다른 한편으로는 허명虛明하고 통철洞徹해서 모든 이[萬理]를 구족한다고 한다. 심 개념은 두 가지라고 보아야 한다.

심성설心性說에서 가장 중요한 문제는 성선설性善說이다. 맹자의 성선性善에 관해 왕형공은 정情을 설명한 것이라 하고, 정이천은 성의 본질[性本]을 설명한 것이라 하며, 나아가 정명도는 성선무악설性善無惡說이라고도 부를 만한 사상을 나타낸다. 주자는 이에 대해 어떻게 보는가? 말할 것도 없이 맹자와 정자의 전통에 입각해서 성선으로 귀결하며, 그의 말은 매우 정밀해진다. 주자의 성선설이 정밀해진 것은 호오봉의 무선무악설無善無惡說과 교섭해서다. 호오봉의 무선무악설이 비롯된 연원은 멀다. 그것은 이미 제5장 이정자二程子와 불교 제1절 서설序說에서 서술했듯이 동림사東林寺의 상총선사에게서 출발한 다음과 같은 전통이 있다.

상총常總 ── 양구산楊龜山 ── 호안국胡安國 ── 호오봉胡五峰
(1025~1091)   (1053~1135)   (1074~1138)   (1106~1161)

주자는 이에 관해 "양구산이 상총에게 맹자의 성선性善이 옳은 말인지 아닌지를 물었다. 상총은 옳다고 답한다. 다시 성性을 어떻게 선악善惡으로 말할 수 있는지 묻는다. 상총은 본연의 성은 악惡과 상대적인 것이 아니라고 말한다"(『어류語類』101)라고 전한다. 이것을 앞에서 인증引證한『서산독서기西山讀書記』에 비교해 보면 양구산의 두 번째 질문에 다른 점이 있다. 이 점을 고려하면『독서기讀書記』에서 전하는 내용이 도리어 진상眞相을 꿰뚫은 점이 있는 것 같다. 만약 구산이 이미 성을 무선무악無善無惡이라고 했다면 이를 상총에게 물어볼 필요가 없으며, 그리고 또 상총이 구산에게 알라야식[阿賴耶識]과 아말라식[菴摩羅識]을 설명할 필요가 없어진다. "성을 어떻게 선악으로 말할 수 있는가?"라는 두 번째 물음은 아마 주자가 추가한 것이고, 양구산 당시의 물음은 "무엇으로써 선善이 됩니까?" 정도였을 것이다. 어느 경우든 상총이 말한 "본연의 성은 악과 상대적인 것이 아니다"라는 사상은 실로 유교의 성선설性善說에 대해서 구경究竟의 근거를 준 것이며 자타自他가 모두 전파한다. 주자도 상총의 이 설명에 대해 찬성의 뜻을 나타내며 "상총의 말은 근본[本]은 역시 아직 병病이 없다는 것으로 아마 본연의 성은 오로지 본래 악이 없다"(『어류』101)라고 하고, "성선의 선은 악과 상대되는 것이 아니다. 이것은 본래 구산이 승려[浮屠] 상총에게서 들은 것인데 이리저리 바꿔서 말해 보면 병이 없다는 것과 같다"(『문집文集』12)라고 한다. 상총의 이 사상은 전해져 호씨 집안[胡家]의 학문이 되고 무선무악설無善無惡說이 된다. 호문정胡文定(호안국)은 "맹자가 성선이라고 말한 것은 성이 선하다는 말이 아니라 단지 찬탄하는 말이다"(『어류』101)라고 하며, 호오봉은 "성이란 천지와 귀신의 안[奧]이다. 선으로 말하기도 부족한데 하물며 악이겠는가"라고 말한다. 이는 곧 상총이 "본연의 성은 악과 상대적인 것이 아니다"라고 한 것을 계승하고 불가佛家의 선악 대립의 알라야식보다 그 이상인 순정무구無垢한 아말라식에 입각해 성선을 주장한 것이다. 아말라식에는 악이 없고 따라서 선이라는 이름은 없다. 선과 악이라는 상대가 없는 경지, 이것을 지선至善이라고 하지 않고 무엇이라고 하겠는가. 그런데 주자는 어디까지나 성선설의 전통을 유지하기 위해서 이 무선무악설에 대해 크게 반대한다. 그 이유는 요컨대 무선무악의 사상은 ① 공적空寂에 빠진다, ② 본연本然과 이발已發의 사이를 이원二元으로 만든다, ③ 성에 악이 없다고 할 수는 있지만 상대[對]가 없다고 할 이유는 없다는 것이다. 주자가 무선무악의 사상을 공적하다고 비난한 것은 아마 고자告子, 양자楊子, 석씨釋氏, 소씨蘇氏의 아류에 빠지는 폐단을 피하기 위해서이며, 그의 의도는 천성天性은 지선이고 악이 없다고 하는 것은 가능해도 선이 없다고 한다면 선이 나오는 곳을 알지 못하게 된다고 말하려는 것이다. 즉 선善의 근거를 선善에게 찾는 것이다.

천명天命이 사물[物]에 구애받지 않는다고 하는 것은 옳지만, 선善에 구애받지 않는다고 하면 곧 천天이 천인 이유를 알지 못하게 된다. 악惡을 성性이라고 할 수 없다는 것은 옳지만, 선으로 성을 말하기는 부족한데 곧 선이 나오는 곳을 알지 못하게 되는 것이다. (호오봉이 쓴) 말 중에 이러한 논의들은 기타의 좋은 부분들과 모순이 매우 많다는 것을 알아야 한다. 도리어 고자告子, 양자楊子, 석씨釋氏, 소씨蘇氏의 말들과 거의 다를 것이 없다.

(『문집文集』 42)

말에 좋은 곳이 있지만 큰 차이와 손실이 있음을 알아야 한다. 성性에 대한 논의는 도리어 선악善惡을 변별할 수 없다거나 시비是非를 구분할 수 없다는 말이나 마찬가지다. 선악이 없다거나 시비가 없다면 곧 고자告子가 말한 급물살[湍水]의 주장일 뿐이다. (『어류語類』 101)

주자는 상대적인 선악의 선善보다 그 이상에 무선무악의 선을 말하는 것은 선을 이원二元적으로 만들게 된다고 하며, 본연의 선과 선악의 선으로 어떻게 두 가지로 나타나는지, 만약 두 가지라면 선악의 선은 어디서 나오는지 등 상당히 이 점에 비난의 칼날을 겨눈다.

이제 성性은 선善하며 처음에는 아직 악惡이 있지 않다는 것을 모른다. … 돌이켜 보건대 선과 악, 진眞과 망妄, 동動과 정靜이 상대하며 있는 것[對待]은 모두 성이라고 할 수 없고, 상대하며 있는 것 외에 별도로 상대가 없는[無對] 선과 정이 있은 연후에 천성天性의 묘妙를 형용할 수 있다고 한다면 이상하지 않을 것이다. (『문집文集』 75)

본연의 성性은 오로지 혼연渾然하고 지선至善하며 악惡과 상대적인 것이 아니다. 이에 하늘[天]이 나[我]에게 건네준 것은 그렇다. 그런데 사람에게서 지내다 보면[行] 곧 선이 있고 악이 있다. … 그런데 지내면서 얻은 선은 곧 저 본연의 성인 것이다. (『어류語類』101)

만약 본연의 성性이 있고 또 선악善惡으로 상대적인 선善이 있다는 말대로라면 두 가지 성이 있는 것이다. 바야흐로 하늘[天]에서 얻는 것은 이 성이고 지내면서[行] 얻는 선도 이 성인 것이다. (『어류語類』101)

상총常總의 말은 본래는 아직 병病이 없다는 것인데 아마 본연本然의 성性에 악惡이 없다는 의미일 것이다. 문정文定에게 이르러 이윽고 이것을 성을 찬탄하는 말로 여기고, 오봉五峰 등에게 전해지면서는 마침내 두 가지로 절단하게 되며 선善은 본질적으로는[底] 성이 아니라고 말하는데 만약 선이 본질적으로 본연의 성이 아니라면 대체 어디에서 이 선은 오는가? (『어류語類』101)

지금에 이르러 호胡씨들이 본연의 선善은 악惡과 상대적인 것이 아니며 악과 상대가 되는 별도의 선이 하나 있다고 한다. (『어류語類』101)

이렇게 주자는 성性에 악惡이 없다고 할 수는 있어도 악과 상대적인 것이 아니다라고는 할 수 없다고 한다. 성선性善은 어디까지나 악에 상대적인 말이 아닐 수 없다고 하는데 다음과 같이 말한다.

성性이라는 선善은 아직 상대가 되는 악惡이 있지 않다고 할 수는 있지만, 끝내 상대가 없는 것이라고 할 수는 없다. 대개 성은 하나일 뿐이다. … 마치 선이라는 이름을 얻는 이유가 악에 상대해서 한 말인 것처럼 성선性善이라고 한 것은 곧 인욕人欲과 별도의 천리天理이기 때문이다. … 역시 어쩔 수 없이 상대적인 것이 된다. 이제 상대적이지 않은[無對] 선이 틀림없이 별도로

있다고 말한다. 이에 또 본인[熹](주자)은 의문이 네 가지다.　　(『문집文集』 42)

그렇다면 주자는 본연本然의 무대無對인 선善과 이발已發의 상대相對인 선을 일치시키기 위해 철저히 상대선相對善에 입각하고 있다고 해야 할 것 같지만 또 그렇지 않은 점이 있다. 혹은 천리天理도 상대[對]가 없고 선도 무대無對라고 하며, 혹은 혼연渾然한 즉 순수하고 원만한 본체[體]에는 이름[名字]이 없다고 하고, 또는 이발은 선이라고 하더라도 성性은 미발未發이라고 한다.

본연의 성性은 오로지 혼연渾然하고 지선至善하며 악惡과 상대적인 것이 아니다. 이에 하늘[天]이 나[我]에게 건네준 것은 그렇다. 그런데 사람에게서 지내다 보면[行] 곧 선이 있고 악이 있다.　　(『어류語類』 101)

인욕人欲은 성性이 아니라는 이 말 또한 이치[理]에 바로 들어맞는다. 본인[熹](주자)은 다음과 같이 생각한다. 천리天理는 오로지 무대無對이지만 인욕이 있으면 천리는 곧 어쩔 수 없이 인욕과 더불어 사라지거나[消] 자라나게[長] 된다. 선善도 본래는 무대인데 악惡이 있으면 곧 선은 어쩔 수 없이 악과 더불어 왕성해지거나[盛] 쇠약해진다[衰]. … 다만 처음에는 선은 있어도 악은 없고, 천리는 있어도 인욕은 없을 뿐인 것이다.

(『문집文集』 42, 『어류語類』 101)

흔히 사람들은 성性을 말하면서 단지 계승[繼]이라거나 선善이라고 말하는데, 성을 말로 형용할 수는 없다. 그러나 선을 성이라고 말해도 잘못은 없으며 곧 발현한 단서를 말하는 것이다. 성이라는 이理는 오로지 묵지默識할 수 있다.　　(『어류語類』 95)

성性은 태극으로서 혼연渾然한 본체[體]이며, 본래 이름[名字]을 붙일 수가 없

고, 다만 그 안에서 모든 이[萬理]를 갖추게 한다.   (『문집文集』 58)

맹자가 말한 성性은 꼭 그렇게 이발已發한 경우에 대해서 말한 것인가? 미발未發은 성이고, 이발은 선善이다.   (『어류語類』 55)

"성性은 태극으로서 혼연渾然한 본체[體]이고, 그 안에 모든 이[萬理]를 갖추고 있으며, 이름[名字]을 붙일 수가 없다"라는 말은 성의 근본적의미[根本義]를 분명히 한 것으로서 근본의根本義에서 본다면 선악善惡이상의 것임은 주자도 대단히 인정하고 있다. "이름을 붙일 수가 없다"면 선악이라는 이름도 끊는 것이 원래 당연할 것이다. 그리고 또 "성은 이理일 뿐, 어떤 언어로 형용할 수 있겠는가"라고 하며, "천리天理는 원래부터 상대[對]가 없다"라고 한다. 이미 "하늘[天]에서 품부받은 이理에 아직 악惡은 없다", "본연의 성은 원래부터 악과 상대적인 것이 아니다"라고 하는데, 악이 없다면 어떻게 해서 이것을 선이라고 할 수 있을까? 주자가 "혼연하고 지선至善하다"라고 한 것은 결국 호오봉의 무선무악無善無惡과 다르지 않다고 해야 한다. 게다가 "처음에 선은 있어도 악은 없다"라고 한 말은 만리萬理를 포함한 지선하고 혼연한 이체理體 즉 이理라는 본체에 대해서 기용氣用 즉 기氣의 작용은 주목하지 않은 것인데 왜일까? 선에 관해서 주자 스스로 "선을 성이라고 하는 것은 발견한 단서로 말한 것에 지나지 않는다"라고 하며, "미발未發은 성이고, 이발已發은 선이다"라고 한다. 이발 이하에서 선이라는 이름[名]으로 혼연한 본연本然을 부르는 것은 주자 자신의 말이 이미 서로 어긋나 버리는 실수를 한 것이라고 해야 한다. 아마 주자가 억지스럽게 성선性善을 주장하게 만든 이유는 ① 전통을 중시하기 위해서, ② 불자佛者의 사상에서 벗어나기 위해서, ③ 상대선相對善의 근원으로 소급하여 도덕道德의 권위를 세우기 위해서 등이며, 이런 이유에서 이 주장을 하게 된 것이다.

이렇게 주자는 성性을 선善이라 하며 정명도의 유선무악설唯善無惡說을 계승하고, 성에는 불선不善이 없다고 하며 발동[發]해서 절도[節]에 맞으면 가는 데마다 선이 아님이 없다고 한다. 그렇다고 한다면 악惡은 어떻게 발생할까? 이에 관해서는 불교가 무명無明의 근원에 관해 곤혹스러운 것처럼 주자도 역시 이 문제로 고민했지만 결국 악은 선 안에서 곧바로 나오는 것이 아니라 단지 선이 되지 않을 때 한쪽에 치우친 것 이것을 악이라고 한다. 한 걸음 나아가 그렇다면 어떻게 해서 발동하여 절도에 맞지 않고 한쪽으로 치우치게 되는지가 문제인데 이에 이르러 성선설性善說의 난관이 용이하게 해결되지 않는다고 해야 하며, 정자가 석일습심설昔日習心說을 제시한 이유가 여기에 있다.

〈성도性圖〉

성선性善(성에 불선은 없다):

- 선善(발동하여 절도에 맞고 가는 데마다 불선이 없다).
- 악惡(악은 선 안에서 곧바로 나오는 것이 아니다. 단지 선이 되지 못하면 한쪽에 치우쳐서 악惡이 된다).   (『어류語類』 55)

이상과 같이 주자는 무선무악설無善無惡說이 성선性善을 이원二元에 빠지게 할 우려가 있다면서 배척하지만, 그럼에도 불구하고 성선과 악惡의 근원 사이에서 다시 이원에 빠질 우려를 벗어나지 못한다. 이것은 고금古今을 관통하는 의문으로서 굳이 주자에게서만 따질 일은 아니더라도 어디까지나 성선설性善說을 유지하려 한 것은 도리어 이 난점을 두드러지게 만들어 버리고 만다. 나중에 왕양명이 무선무악無善無惡을 지선至善의 경지[境]로 보고 일체를 다 없앤 곳에서 지극한 경지[極地]를 추구한 것은 이 이원의 폐해에서 벗어나려고 한 것이다.

제3절

주자朱子의 불교 비평

주자朱子의 불교 비평은 『어류語類』, 『문집文集』, 『별집別集』, 『학통學統』 등에 기록되어 있고, 여러 사상가들 중에 가장 많다. 이것을 분류하면 심체心體에 관한 것, 실리實理에 관한 것, 자사자리自私自利라고 한 것, 표절이나 윤색[潤飾]이라고 한 것 등 4종種이다. 여기서 식심識心, 관심觀心, 견성見性, 성性과 작용作用의 관계를 논한 것을 총괄해서 심체에 관한 것으로 하고, 적멸寂滅과 실리實理, 인의仁義, 의방경직義方敬直, 도리道理의 주변周徧, 선善이라는 이름[名]의 전도顚倒를 논한 것을 총괄해서 실리에 관한 것으로 한다. 이와 같이 불교에 대한 비평은 다방면에 걸쳐 있지만 가장 힘을 기울인 것은 불교가 심체를 알지 못하고 천리天理를 알지 못한다고 한 점이다. 『문집文集』59에서 제기

하고 있는 것은 대표적인 주자의 불교관佛敎觀이다. 편의상 먼저 이것
을 서술하고 다음으로 세부적인 말로 들어가기로 한다.

1. 총설

주자는 석씨가 자신만이 오직 일심一心을 밝혔다고 하지만 실은 심
체心體를 알지 못한다, 심心에서 만법萬法이 발생한다고 하며 심 외에
법法이 있음을 알지 못한다, 그 때문에 천하의 대본大本을 세우지 못하
므로 내외內外로 도道가 갖춰지지 못한다, 어떻게 일심 외에 대본이 없
겠는가, 선학禪學이 심사心思의 길이 끊긴 곳에서 천리天理를 다한다
고 보고(『학설學說』 51, 53) 이것을 오입悟入이라고 하는데 그렇지 않
다, 심사가 올바른 곳에 천리가 있다, 정사正思의 유행流行과 운용運用
은 천리의 발현이 아님이 없다, 심사의 길이 끊긴 뒤에 천리가 나타나
기를 기다리는 것이 아니다라고 말한다. 이에 주자는 인의예지仁義禮
智와 윤상倫常의 도를 천리라고 한다.

> 선학禪學의 오입悟入은 심사心思의 길이 끊겨야 천리天理를 다 본다는 것이
> 다. 이는 전혀 그렇지 않다. 심사가 바르면 곧 천리이고 유행하며 운용하는
> 일마다 천리의 발현이 아님이 없다. 어찌 심사의 길이 끊긴 다음에라야 천
> 리가 나타나겠는가. 또 천리라는 것이 어떤 것이냐면 인의예지仁義禮智가 어
> 찌 천리가 아니겠는가? 군신君臣, 부자父子, 부부夫婦, 형제兄弟, 붕우朋友가
> 어찌 천리가 아니겠는가?   (『문집文集』 59)

이 단락은 앞뒤 두 마디[節]로 구분된다. 앞 절節은 불교의 유심설唯

心說에 대한 비평으로서 주자의 의도는 대본大本은 심心 외에 있고 심체心體인 대본은 심에서 생기는 것이 아니다, 불교는 이것을 알지 못해서 도리道理에 등진 행위가 나온다고 말하려는 데 있다. 뒤 절은 선가禪家의 무념무상無念無想에 대한 비평으로서 주자의 의도는 천리天理는 무념無念에 의해 나타나는 것이 아니라 심사心思가 올바를 경우 나타난다, 심사가 올바를 경우에 발생한 윤상倫常의 도道는 천리의 유행流行이 아님이 없다고 말하려는 것이다. 앞 절의 심체라는 대본은 뒤 절의 천리와 다르지 않다.

불교의 유심설에 대한 주자의 비평은 아마도 사상채가 "불교는 심心을 알지 못하며, 불교의 심은 유교의 의意다"라고 한 말을 계승했을 것이며, 그 비평은 불교의 상대유심설相對唯心說에는 해당하지만 절대일심설絶大一心說에는 적당하지 않다. 이기이원理氣二元에 의해 일체를 설명하는 주자의 학설에서 본다면 심은 다음과 같을 것이다.

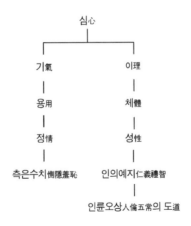

주자는 이 이理를 태극太極이라고 하며, 만유萬有의 각각에 내재하

는 것이면서도 이를 초월하는 것이라고 본다. 주자가 심心 외의 법法이라고 하면서 천하의 대본大本이라고 한 것은 성리性理다. 이 성리를 심 밖에 있다고 하여 심과 구별해서 본다면 주자가 말한 불교의 심은 상대심相對心으로서 절대심絕對心이 아니다. 그런데 당시 천하에 널리 통용되던 『기신론起信論』의 일심一心은 이런 것이 아니라 주자의 성리, 천리天理, 천하대본天下大本에 상당한다. 출발점에서 이미 이렇게 어긋난다. 끝에 가서는 여러 가지 변난辯難으로 공격하게 되는 것도 당연해 보이지만 그럼에도 불구하고 그 비평은 대개 과녁 없이 발사한 화살과 같은 감이 있다.

주자의 성리性理, 천리天理, 천하대본天下大本은 불교의 절대심絕對心에 비교되는 것이지만, 낱낱이 살펴보자면 그중에서 또 같거나 다름이 있다. 주자의 성리는 본래 동동적인 것인가 부동不動적인 것인가? 이것은 이미 본체론本體論 부분에서 의문이었던 점인데 이 부분에 와서 드디어 그 의문이 깊어지게 된다. 그의 이기설理氣說에서는 이理는 무조작無造作이고, 기氣는 조작造作하는 것이라고 정의한다. 이는 원래 당연한데 그 점에서는 마치 불교 유식설의 진여眞如와 알라야식[阿賴耶識]의 관계와 같다. 그런데 주자는 선종禪宗이 심사心思의 길이 끊겨야 천리天理가 나타난다고 한 것을 비난하기 위해 정사正思의 유행과 운용은 천리가 아님이 없다고 말한다. 이 천리는 당연히 동적인 것이 아닐 까닭이 없다. 동적인 천리는 육자의 심즉리설心卽理說과 가까운 것이다. 이렇게 주자는 이천의 이기理氣에 의거해 설립한 부분과 육자의 심즉리설에서 설립한 부분이 때로는 뒤섞이는 점이 있다. 그때그때 맞춰서 뜻한 대로 이것을 사용한 것처럼 보인다. 섞어서 사용하지만 주자의 본래 의도가 어디에 있냐고 한다면 성性을 작용이라고 할 수 없다고 논한 것을 고려하면 이理를 부동적으로 본다고 하지 않을 이유가 없다. 그럼에도 또 성과 육용六用(육근六根의 작용)의 관계에서는 논봉論鋒을 정반대로 전개하기도 한다. 결국 그의 진의가 어느 쪽에 있는지를 판단하기 어려운 점이 있다.

2. 심체心體에 관한 것

주자는 불자佛者의 식심견성識心見性은 맹자의 진심지성盡心知性과 같지 않다, 유석儒釋의 차기가 여기에 있다(『별집別集』 5, 『문집文集』 53)고 하며, 식심견성에 대해 매우 비난한다. 그의 논문 여러 곳에서 발견되며 때로는 여기저기 걸쳐 있으므로 편의상 식심識心과 견성見性으로 구분해서 서술해 본다.

1) 식심識心에 관해

식심識心에 관한 비난을 종합해 보면, (갑甲) 두 개의 주재主宰를 설정하는 것은 옳지 않고, (을乙) 관심觀心은 불가능하며, (병丙) 관심설觀心說은 표절이다 등 세 부분으로 귀결한다. (갑) 두 개의 주재主宰를 설정한다고 한 것과 관련해 주자는 불자佛者가 항상 이 심광心光이 빛나는 경지[爍爍地]를 본다고 한 것은 두 개의 주재를 설정하는 것이다, 빛나는[光] 것은 진심眞心인가 보는 것은 진심眞心인가, 두 개의 주재를 설정하기 때문에 외면外面에 아무 일이 없을 때도 이면裏面에서는 동요가 있을 수밖에 없게 된다, 유석儒釋의 차이는 여기에 있다(『이단변정異端辨正』)고 한다.

주자의 이 비난은 관심觀心에 대한 비평에서도 나타난다. 관심이란 심心으로써 심을 보는 것으로서 나누어질 수 없는 심을 양분한 것이다 (『문집文集』69, 『별집別集』5)라고 말한다.

(을) 관심觀心은 불가능하다고 한 것과 관련해 주자는 식심識心 또는 관심은 별도로 일심一心을 설정해서 이 심心을 알고[識] 이 심을 본다[觀]는 것이다, 이렇게 심으로 심을 찾는 것은 입으로 입을 깨물고 눈으로 눈을 보는 일처럼 본래 불가능한 일에 속한다, 심은 신身의 주인이고 하나이며 둘이 아닌 것이고 주인으로서 손님이 아닌 것이다, 심으로써 사물[物]을 관찰[觀]함으로써 비로소 사물의 이理를 얻는 것이지 심으로써 반대로 심을 관찰하는 일은 있을 수 없는 일이다라고 말한다.

> 심心은 사람의 몸[身]의 주인이며, 한 개지 두 개가 아니고, 주인이므로 손님이 아니며, 사물[物]에게 명령[命]을 할 뿐 사물로부터 명령을 받지는 않는다. 그러므로 심으로써 사물을 관찰하여 사물의 이理를 얻는다. 이제 다시 반대로 심을 관찰한다면 곧 이 심 외에 다시 하나의 심[一心]이 있어서 이 심에 대해 관리[管]할 수 있다는 것이다. 석씨의 학문은 심으로 심을 찾고 심으로 심을 부리는[使] 것으로, 입으로 입을 깨물고 눈으로 눈을 보는 것과 같다.
>
> (『문집文集』69, 『별집別集』5)

내관內觀하며 반성反省하는 데 노력한 주자가 이런 비난을 한 것은 이해할 수 없는 일이다. 이러한 비난은 아마도 비난을 위한 비난이다. 그렇지 않다면 주자에게 참된 의미의 내성內省이 없었다고 보지 않으면 안 된다. 주자의 함양涵養은 경敬을 주로 한다. 경은 정자의 주일무적主一無適, 사상채의 상성성常惺惺에 이르러 그 의의가 매우 깊어지며, 주자는 "내외가 숙연하면서 잊지도 않고 거들지도 않으며 마음[心]이 스스로 존재하는 것[內外肅然, 不忘不助, 而心自存]"(『이단변정異端辨正』)을 궁극이라고 한다. 만일 주일무적과 상성성으로 마음을 자존自存하게 하려면 항상 통일되지 않은 자기를 내성하고 엄숙하게 정돈하지 않으면 안 된다. 내성은 지름길[徑路]이고 자존自存은 결과다. 내성은 관심觀心이며 심으로 심을 관찰하는 것이다. 주자가 관심은 불가능하다고 한 비난은 결과인 자존으로부터 경로徑路인 관심을 비난하는 것이다. 게다가 앞 절의 총설總說에서 대조했듯이 심心 자의 용법이 혼잡한 점이 있다. 총설 부분에서 주자는 불교의 심을 유가儒家의 심체心體와 구별된다고 보고 불교는 심체를 알지 못한다고 비난한다. 그런데 여기서는 관심의 심을 주일主一한 것이라고 하면서 이것을 불자佛者에게 포함시키고, 오직 두 가지를 설정한다고만 비난한다. 주자의 진의는 어디에 있을까?

(병) 관심설觀心說은 표절이라는 비난에 이르러서는 더욱이 학자들을 어리둥절하게 만드는 점이 있다.

관심觀心의 방법[法]은 『장자莊子』(「달생편達生篇」)의 매미 잡이[承蜩]와 나무악기 깎기[削鐻]의 진술에 근거해서 교묘하고 정밀하게 다듬은 것이다.

(『별집別集』5)

승조承蜩란 중니仲尼가 초楚나라로 갈 적에 곱사등이[痀瘻者]가 매미를 물건 줍듯이 잡는 것을 보고 뜻[志]을 나누어 쓰지 않고 곧 한 가지 일에 집중하여 그 재주가 마치 귀신[神]처럼 느껴진다고 한 것(『장자莊子』 잡편雜篇 제19「달생편達生篇」 제3장)이고, 삭거削鐻란 목수인 경경慶이 나무를 깎아 거鐻라는 악기를 만들 때 반드시 재계齋戒하고 마음을 고요하게[靜心] 해서 사지四肢와 육체가 있다는 것조차 잊게 되면 비로소 손을 움직여 악기를 만든다고 한 것(「달생편」 제10장)을 말한다. 주자가 비평한 관심觀心은 천태종天台宗의 지관止觀을 비롯해 선종禪宗의 수선修禪을 가리킬 것이다. 관심이 후한의 안세고安世高가 『안반경安般經』을 번역한 이래 상당히 실행되며, 나집羅什의 『좌선삼매경坐禪三昧經』과 각현覺賢의 『달마다라선경達磨多羅禪經』이 번역되면서 대대적으로 성행하고, 남북조를 지나 수나라의 천태天台에 이르러 『마하지관摩訶止觀』으로서 이론과 실제를 겸비하며, 중당 이후 오대에 이르러 선종오가禪宗五家에 의해 천하에 보급되었다는 사실은 학자라면 다 알았으므로 주자가 몰랐을 이유가 없다. 혹 불교의 관심과 유사한 것이 불교 전래 이전부터 중국에 있었다고는 할 수 있다. 『장자莊子』에서 보이는 심재心齋나 좌망坐忘 같은 것은 명백히 불교와 관계없는 관심이다. 그렇다고 해서 불교의 관심이 곧바로 『장자』에서 나왔다고 한 것은 말할 필요도 없이 편견이다. 아마 관심에 대한 주자의 비난은 가장 천박하고 도리어 비난한 당사자를 실패하게 만든다고 해야 하며, 불교는 이러한 비난으로 인해 조금의 손실도 입지 않는다.

2) 견성見性에 관해

주자는 불자佛者에 대해서 (갑甲) 심心과 이理를 두 가지로 본다, (을乙) 참된 견성見性은 없다, (병丙) 성性을 작용이라고 한다, (정丁) 육용

六用을 성 외의 것이라고 한다와 같이 매우 혹독하게 비평한다. 그 의도는 불교자가 심체心體나 성리性理를 알지 못해서 혹은 작용으로 나타난 것을 심성心性이라 하고, 혹은 육용 이외에 심성이 있다고 한다라고 말한 데 있다. 비평의 중심은 성性 한 글자로 집중된다. 주자는 견성에 관한 논의에 가장 힘을 다하지만 글로 보면 기이해서 의도를 포착하기가 어렵다. 이에 관해 우선 주자가 불자의 성을 어떻게 이해하고 있는지를 알 필요가 있다.

　주자의 비평은 불자佛者는 성性을 작용이라고 한다에 입각해서 불자가 잘못된 길로만 달려가는 것은 여기에 있다, 이것이 유자儒者가 성을 이理라고 한 것과 근본적으로 다른 점이다라고 말한다. 성을 법성法性 또는 이성理性의 의미로 이해하는 것은 불자의 일반적인 방식 즉 상도常途다. 주자도 이것을 몰랐을 리가 없다. 그럼에도 불자가 성을 작용으로 본다 하면서 비평의 중점을 여기에 둔 것은 도대체 무엇을 의미하는가? 나는 그의 비평이 상당히 기발해서 놀랐을 뿐 그 의미를 포착하기가 곤란했지만, 설숭의 『전법정종기傳法正宗記』를 보고서 비로소 이것을 이해할 수 있었다. 사상채가 불자의 성은 유교의 심心이라고 한 것도 역시 동일한 입각점에서 한 말이다. 『정종기正宗記』의 달마達磨 부분에서 이견왕異見王과 바라제波羅提의 문답 중에 보고 듣고[見聞] 붙들거나 돌아다니는[捉奔] 것을 불성佛性의 작용이라고 하며, 불성은 작용에 있는데 아는 사람[識者]은 이것을 불성이라고 하지만 모르는 사람[不識者]은 이것을 정혼精魂이라고 한다고 서술한다.

　이견왕異見王이 묻는다. "무엇이 부처입니까?" 바라제波羅提가 말한다. "본성을 보는 것[見性]이 부처입니다." 왕은 말한다. "그렇다면 스님은 본성[性]을 보셨습니까?" 바라제가 답한다. "저는 본성을 보았습니다." 왕은 말한다. "본성은 어디에 있습니까?" 바라제가 답한다. "본성은 작용作用에 있습니다." … 곧 게송[偈]으로 말한다.

태胎에서는 몸[身]이 되고, 세상에서는 사람이 되며, 눈에서는 보는 것이 되고, 귀에서는 듣는다고 하며, 코에서는 향기를 변별하고, 입에서는 담론하며, 손에서는 부여잡고, 발에서는 돌아다니는 것이다.

수많은 세계[沙界]에 두루 나타나 함께 갖춰져 있고 하나의 미세한 티끌에도 들어 있는데 아는 사람[識者]은 이것이 불성佛性임을 알지만 모르면 정혼精魂이라고 부른다.   (『전법정종기傳法正宗記』)

『정종기正宗記』에서 성性이 작용에 있다고 한 이 성은 불성佛性으로서 그 의도는 불성은 현전하는 생활을 통해서 활약하며, 현재의 생활 밖에서 불성을 찾을 이유가 없다고 말하려는 것이다. 주자는 성정性情의 대립이라는 근본 개념으로부터 성을 부동不動의 것, 정을 동동動적인 것으로 보는 입장에서 성은 작용에 있다[性在作用]는 한마디를 가지고 불자의 성은 이理가 아니라고 하며 비난을 여기에 집중한다. 주자의 성정대립性情對立이라는 근본 개념에서 볼 때는 작용으로 나타난 것은 정으로서 성이 아니다. 이 점에서 주자는 성재작용性在作用의 성을 이성理性이 아니라 의意와 다를 바 없다고 보며, 그리고 불자는 의를 보는 것일 뿐 성을 보지 못한다고 비평한다. 그런데 불교자가 볼 때는 주자가 의미하는 성은 유식설唯識說의 진여眞如에 상당하는 것으로서 『정종기』의 성재작용의 성이 아니다. 『정종기』의 성은 불성이다. 진여다. 부동의 성이 아니라 동적인 성이다. 심즉리心卽理의 성이다. 절대絕對적인 일심一心이다. 주자의 논의는 불성이라는 문자를 버리고 단순히 성재작용이라는 한마디를 고집하며, 이를 자신의 성정대립의 개념에 의해 해석한 것이다. 나중의 학자들은 종종 이것을 그대로 그냥 사용하는데 그들에 이르러서는 더욱더 본래 의미를 알지 못한 채 단지 주자의 뒤를 답습한 데 지나지 않는다. 주자의 비평도 아마도 비난을 위한 비난인 것 같다. 하물며 주자에게는 성재작용의 사상도 있다.

> 그런데 그 지각知覺의 운동은 번성하거나 쇠락할 때도 꽃피거나 질 때도[榮枯開落] 역시 모두 그 이理에 따라 순환하며, 각각 자연의 이가 있다.
>
> (『중용혹문中庸或問』)

(갑甲) 심心과 이理를 두 가지로 본다고 한 것과 관련해 주자는 다음과 같이 말한다.

> 우리[吾]는 심心과 이理를 하나로 보지만 그들[彼]은 두 가지로 본다. 역시 이렇게 하려고 했기 때문이 아니라 보는 곳[見處]이 같지 않다. 그들은 심은 공空하며 이가 없다고 보면서 이에 심은 공하더라도 만리萬理를 다 갖춘다고 본다. 비록 심과 이理를 하나라고 하더라도 기氣를 부여받은[稟] 물욕物欲의 사사로움[私]을 살피지 않고서 진실[眞]을 볼 수는 없으며 도리어 석씨와 같은 병病에 걸린다. 『대학大學』에서 격물格物을 귀하게 여기는 이유다.
>
> (『학통學統』51)

주자는 이와 같이 불교에서는 심心과 이理를 대립시킨다고 본다. 이理란 성性이고, 성에 대한 심은 심식心識이다. 주자는 불교의 심에 관해서 심식 이외의 것은 보지 않는 것 같다. "유자儒者는 이理를 불생불멸不生不滅이라 하고, 석씨는 신식神識을 불생불멸이라 한다"라고 말한 것처럼 불교의 심 개념에는 의식意識도 있고, 말나식末那識도 있고, 알라야식[阿賴耶識]도 있고, 나아가 여래장심如來藏心도 있다는 것을 주자는 알지 못한다는 말이 된다. 주자는 어쩌면 알았다. 그럼에도 이런 말을 한 것은 아마도 육자의 심즉리설心卽理說에 대한 것으로서 육자가 이理를 알지 못해서 심즉리心卽理라고 하는데 내가 보기에는 심과 이가 두 가지라는 생각을 담고 있다고 한 것일까?

서자융徐子融에게 마른 나무[枯槁]에는 성性이 있는가 성이 없는가라는 논변이 있다. 주자는 "성은 오로지 이理다. 사물[物]이 있으면 이에 이가 있다. 자융子融의 착오는 심心을 성으로 인정한 것인데 바로 불씨佛氏와 서로 같다"(『어류語類』 26)라고 말한다. 주자의 이 말은 불교는 성을 알지 못하고 그들이 성이라고 한 것은 심이다는 말에서 출발한 것으로서 이것의 귀착점은 당연히 이어지는 불자에게 참된 견성見性이 없다는 말에 이른다. 주자가 불교의 견성은 실제 견성이 아니라 견심見心에 지나지 않는다고 비난하는데, 이 비난은 상당히 후세에 영향을 미쳤으며 그 말의 옳고 그름이야 어찌 되었든 유불관계사儒佛關係史에서 매우 주의해야 할 점에 속한다. 주자는 이것을 사상채의 "불씨가 말한 성性은 바로 성인聖人이 말한 심心이다. 불씨가 말한 심은 바로 성인이 말한 의意다"라는 말을 계승한 것인데, 불씨의 견성은 이 심을 다듬어 지극히 정밀하게 한 것에 지나지 않는다고 말하는 것이다. 지각운동知覺運動이 성이라는 말도 여기서 발생한다. 주자는 "이 심은 이理에 해당한다. 본다[視]에는 본다의 이理가 있고, 듣다에는 듣다[聽]의 이가 있다. 그리고 분명하게[明] 보는 것도 이理, 분명하게 보지 못하는 것도 이다. 밝게[聰] 듣는 것도 이理고, 밝게 듣지 못하는 것도 이다. 불씨는 이 이理를 알지 못해서 보고 듣고 말하고 행동하는 것[視聽言動]을 성性이라고 한다"라고 말한다. 주자가 유교에서는 심心과 이理를 하나로 본다고 한 이유가 여기에 있다. 이理는 만물萬物을 관통하고 물物을 물이게끔 하며 심心을 심이도록 하는 이유[所以]로서 물과 심을 떠나서 이것을 찾을 수 없다. 이 점에서 주자는 심과 이理를 하나라고 하는 것이다. 주자의 이러한 사상은 불교에서도 보편적인 것인데 선가禪家의 불성佛性은 바로 이것이다. 그럼에도 주자는 또 이에 대해서 불씨는 작용을 성으로 본다며 비난한다.

(을乙) 석씨釋氏에게 참된 견성見性은 없다고 한 것과 관련해 주자는 다음과 같이 말한다.

(가) 심心을 성性이라 하며, 이 심을 다듬어서 지극히 정밀하게 하여 정교한 빛이 나타나게 하는 것을 견성見性이라고 하지만, 진실로 심을 아는 것이 아니다. (『어류語類』126)

(나) 석씨釋氏는 단지 황홀한 사이에 심성心性의 그림자[影子]를 보는 것일 뿐 진실한 심성을 자세히 보지 못한다. 소견所見으로 나타내지 않은 것이 없지만 심성의 참모습[眞]은 얻지 못한다. (『문집文集』53)

(다) 성性의 본질[性本]을 보지 못하므로 물物에 감응하여 정情이 발동하면서 도리道理에 맞지 않는다. 그 때문에 이것을 자신[己]의 허물[累]로 여기며 완전히 끊으려고 한다. (『별집別集』5)

이상의 비평은 모두 앞서 제시한 성재작용性在作用에 대한 주자의 해석을 보았을 때 비로소 이해할 수 있을 것이다. 석씨釋氏가 견성見性한다고 하는 그 성性은 작용作用이며 의意다, 즉 심성心性이 아니고 성본性本이 아니며 본체本體가 아니라고 하는 것이다. 견성이 없다는 비평은 불자佛者의 이론理論에도 실제實際에도 모두 눈을 감고, 단순히 자기가 이해한 성에 입각한 비평일 뿐이다. 천태 이후 임제에 이르는 여러 선사禪師들의 제1의第一義였던 견성이 어찌 이런 것이겠는가. 주자의 이 비평은 최후의 목표인 불교가 윤리를 파괴한다[破理破倫]는 문제로 옮겨 가기 위한 준비에 지나지 않는 것이다.

(병丙) 불자佛者가 성性을 작용이라고 한다와 관련해 주자는 다음과 같이 말한다.

(가) 불자佛者의 성性은 사상채謝上蔡가 말했듯이 유자儒者의 심心이다. 불자는 지각운동知覺運動을 성이라 하고 이리理를 알지 못하기 때문에 이理라는 글자를 두려워하여[怕] 제거하려고 한다.　　　　　　　　　　(『어류語類』126)[11]

(나) 유자儒者의 성性은 이理고, 불자佛者의 성은 작용이다. 유자가 보기에 지각知覺은 성이 아니고 지각의 이理를 성이라고 해야 한다. 석씨釋氏는 이것을 알지 못해서 단지 지각은 알지만 이理는 없애 버리고 일체의 지각운동을 다 성이라고 한다. 그 때문에 효孝도 없고 불효不孝도 없다.

　　　　　　　　　　　　　　　　　　　　　　　(『학통學統』51 요약 발췌)

11　앞부분의 사상채의 말도 아마 『정종기(正宗記)』에 입각한 것일 테고, 뒷부분은 이천(伊川)의 이른바 이장설(理障說)을 말한다. 역주 이 내용은 저본 362쪽에서 해당 인용문 뒤에 긴 줄 표시(―)로 이어진 저자의 설명이다. 각주로 표기하는 것이 적절하다고 판단해서 각주로 처리했다.

(다) 견문각지見聞覺知와 같은 눈앞의 작용을 성性이라고 한 것은 고자告子의 "타고난 것이 성이다[生之謂性]"라는 것과 같은 부류다. 이것은 처음부터 이미 잘못된 것이다.

(『어류語類』126)[12]

(라) 작용作用을 성性이라고 하기 때문에 나아가 작용이 발생하는 정혼精魂을 성이라 하며, 죽음에 이르러도 이것을 버리지 않기를 바란다. 이는 성과 심心을 혼동하기 때문이다.

(『학통學統』51)[13]

(마) 유자儒者는 인의예지仁義禮智를 성性이라 하고 진실한 이[實理]라 하지만 불자佛者는 시청언동視聽言動을 성이라 한다. 이는 정교한 것[精]을 버리고 조잡한 것[粗]을 취한 것이고, 도심道心을 버리고 인심人心을 취한 것이다.

(『어류語類』126)

(바) "하나의 티끌도 받지 않고, 하나의 법도 버리지 않는다[不受一塵, 不捨一法]"라는 말은 옳다. 그러나 이 안에서도 다른 점이 있다. 유자儒者는 전체 속에서 수많은 진리眞理를 봄으로써 그 사이에서 시비是非를 분별하지만, 불자佛者는 무분별無分別의 혼륜渾淪에 기반해 사태[事]를 보기 때문에 굽었는지[曲] 반듯한지[直] 가로인지[橫] 세로인지[竪] 이理인지 비리非理인지를 전부 구별하지 않는다. 일체의 작용을 성性이라 하며 물 긷고 땔나무하는 보통의 생활[運水搬柴]에 신통한 묘용妙用이 있다고 한다. 이와 같다면 살인殺人도 성이 될 것이다.

(『어류語類』126)[14]

---

12 불자(佛者)의 성(性)과 고자(告子)의 성의 의미가 다르다는 것을 명확히 하지 않으면 안 된다. [역주] 이 내용은 저본 362쪽에서 해당 인용문 뒤에 긴 줄 표시(一)로 이어진 저자의 설명이다. 각주로 표기하는 것이 적절하다고 판단해서 각주로 처리했다.

13 성(性)을 작용이라 하고 또 정혼(精魂)이라고 한 것은 앞에서 제시한 『정종기(正宗記)』에 기반한 것으로서 『정종기』를 알지 못하면 거의 이해할 수가 없다. [역주] 이 내용은 저본 362쪽에서 해당 인용문 뒤에 긴 줄 표시(一)로 이어진 저자의 설명이다. 각주로 표기하는 것이 적절하다고 판단해서 각주로 처리했다.

이상 성性에 대한 비평은 혹은 지식이 얕아서[一知半解]이거나 혹은
말꼬투리를 잡고 있거나 한다. 이러한 비평은 어느 것이든『정종기正
宗記』의 성재작용性在作用의 사상을 배후로 하며, 주자는 그것을 배경
삼아 종횡으로 논란을 벌이는 것이다. 주자와 불교의 서로 다른 점은
① 이성理性을 정静적인 것으로 보는가 동動적인 것으로 보는가, ②
이것에 대한 지智를 분별分別이라 하는가 무분별無分別이라 하는가에
있다. 불자佛者는 이성을 동정動静의 양면을 모두 갖춘 것으로 보고 이
理와 지智가 일여一如인 묘경妙境을 수도修道의 궁극으로 삼는다. 거기
서 요구되는 것은 무분별지無分別智다. 무분별지 앞에서는 일체의 대
립이 없는데 효孝나 불효不孝가 없는 것이 아니라 효와 불효의 대립이
없는 것이다. 아니 이에 대한 분별이 없는 것이다. 분별이 없을 때는
일체는 그대로 이성理性의 유행流行이 된다. 이에 대한 주자의 비평은
진상眞相을 건드리지 못한 점이 있다.

(정丁) 불자佛者는 육용六用을 성性 외의 것이라고 한다와 관련해 주
자는 "불자는 육용이 발생[行]하지 않는 곳에서 성이 저절로 나타난다
고 하는데, 육용이 성이라는 것을 알지 못한다. 만약 육용이 발생하지
않는 곳에서 성이 있다고 한다면 성은 육용과 별도로 있는 것이 되어

---

14 "하나의 티끌도 받지 않고, 하나의 법도 버리지 않는다[不受一塵, 不捨一法]"는 위산(潙山,
771~853)의 게(偈)에서 "부처의 경지는 먼지 하나 붙어 있지 않은 자리여도, 중생을 돌보는
부처의 일에서는 누구 하나 버리지 않는다[實際理地不受一塵, 佛事門中不捨一法]"를 가리킨
다. 주자(朱子)는 이로부터 추론하여 불자는 일체에서 분별을 하지 않고 유자는 취사한다,
여기에 유불(儒佛)의 차이가 있다고 하는 것이다. 역주 이 내용은 저본 363쪽에서 해당 인
용문 뒤에 긴 줄 표시(一)로 이어진 저자의 설명이다. 각주로 표기하는 것이 적절하다고 판
단해서 각주로 처리했다.

서 성과 육용을 구분하여 절단하게 된다. 유교에서는 성의 공용功用을 천지에 가득한 것[充塞]으로 보지만, 석씨釋氏는 성은 보지 않고서 작용作用에 이르러서는 이루어지지 않는 바가 없다고 한다. 이는 성과 작용을 구분하기 때문이다"(『문집文集』 59)라고 말한다.

이 구절[節]의 논리는 앞 절節에서의 말과 완전히 정반대다. 앞 절에서는 불자佛者가 작용을 성性이라 하면서 성과 작용을 동일시한다는 점을 공격하며, 불자가 인륜人倫을 진멸殄滅한 것은 작용을 성으로 보는 착오에 기반하고 있다고 말한다. 이 경우의 성은 이理가 아니라 기氣다. 성이 아니라 정情이다. 그런데 이 구절에서는 불자가 육용六用과 성을 구분하여 둘로 절단하고 성과 육용을 별도로 보는 점을 공격하면서 불자가 육용을 잘못 본 것은 성과 육용을 구분한 오해에서 기인한다고 말한다. 이 경우의 성은 기가 아니라 이고, 정이 아니라 성이다. 결론에 가서는 모두 마찬가지로 인륜에 배치된다고 힐난하지만, 그 이로理路에 일정한 일관성이 없고 더욱이 성의 의미도 완전히 상반된다. 이와 같이 논의의 맥락상 서로 어긋나거나 성리性理에 모순이 있는 것은 어쩌면 심성心性에 철저하지 않아서일까? 혹은 각 방면들의 유일한 결론인 인륜의 진멸에 대한 비난을 유도하기 위한 이른바 의도적인 비난이기 때문일 것이다.

3. 실리實理에 관한 것

(갑甲) 이로理路는 제외하고, 적멸寂滅에 빠진다고 한 것과 관련해 주자는 다음과 같이 말한다.

석씨釋氏의 학문[學]에도 유교의 말[儒說]과 같은 것이 있는데 "하늘과 땅보다 먼저인 한 물건이 있으니[有物先天地]"라는 게偈라든지 "딱 맞아떨어져 남의 물건이 아니니[撲落非他物]"라는 게 등은 실로 유자儒者를 놀라게 할 만한 견식見識으로서 법안法眼 일파一派의 종지宗旨는 이와 같은 말을 한다. 그러나 묘희妙熹(대혜종고)가 한 말에서는 이와 같이 말함으로써 이로理路가 있고 형식적인 것[窠臼]이 되어 정당한 지견知見에 장애가 생길 것이라며 대부분은 마삼근麻三斤이나 건시궐乾屎橛 같은 말로써 형식에 빠지지 않고 이로에 떨어지지 않는다고 한다. 즉 분명한 부분을 도리어 부족하다 하고, 컴컴한 것을 긴요한 부분이라고 한다. 또 일전一轉해서 이와 같이 말하지 않을 때도 있지만, 요컨대 이로에 드는 것을 싫어한다.　　　　　　　(『어류語類』126)

이 이理는 도리道理의 이로서 인륜의 이와 다르지만, 주자는 도리를 그대로 윤리로 삼고, 인의仁義를 그대로 이의理義로 삼으며 철학과 윤리를 항상 동일하게 간주함으로써 선종禪宗이 이로理路를 피하는 것은 곧바로 윤리의 제약을 피하는 것이라고 힐난한다. 그 때문에 또 다음과 같이 말한다.

우주에는 하나의 이理가 있을 뿐. 하늘에서는 하늘이고, 땅에서는 땅이다.
　　　　　　　　　　　　　　　　　　　　　　　　　　　(『문집文集』70)[15]

천지 사이에 태어난 존재는 이것을 얻어 성性으로 삼고, 여기에 삼강오륜三綱五倫이 있다.　　　　　　　　　　　　　　　　　　　(『문집文集』70)[16]

15　이 이(理)는 근본 원리(根本原理)다. 역주 이 내용은 저본 365쪽에서 해당 인용문 뒤 괄호 안의 전거 표기 뒤에 작은 글씨로 쓴 저자의 설명이다. 각주로 표기하는 것이 적절하다고 판단해서 각주로 처리했다.

이理는 유행流行하므로 가는 곳마다 있지 않음이 없어서 소식消息하고 영허盈虛하며 순환을 멈추지 않는다. 만물[物]이 있기 전부터 만물이 다 사라진 뒤까지 일찍이 멈춘 적이 없다. 유자儒者는 여기서 심心의 본연本然을 얻는다.

불씨佛氏는 이 이理를 등지고, 한순간 이가 없을 때 스스로 거리낌이 없어지지[自肆] 못하는 것을 싫어하기 때문에 허무적멸虛無寂滅로 도망친다. 심心을 알지 못하고 성性을 보지 못해서 인륜을 모조리 없애고[殄滅] 금수禽獸의 영역에 떨어졌으면서 오히려 죄罪가 있는 줄도 모른다. 그리고 "하나의 법도 버리지 않는다[不捨一法]"라는 말이 있는데 둔사遁辭일 뿐이다.

(『문집文集』 권70)

정자가 석자釋子에게는 이장설理障說이 있어서 이理를 장애로 여긴다고 하는데 그래서는 안 된다고 한 것은 역시 이理를 도리道理나 의리義理로 본 것이다. 주자는 그 뒤를 계승해서 이로理路를 끊은 곳에 대안락大安樂이 있다는 말은 그럴 리가 없다고 한다. 이 이理는 인륜의 이다.[16] 이理라는 말에 두 가지 의미가 있다고 구별하지 않으면 안 된다. 주자의 논법은 두 가지를 구별하지 않고 천리天理에 대해 윤리倫理로 힐난한다. 주자의 천리설天理說은 가능하다. 그러나 인륜을 천리의 유행이라고 할 때는 입각점이 변해서 심즉리설心卽理說이 될 수밖에 없다.

(을乙) 공무空無를 귀추로 삼고 실리實理를 알지 못한다고 한 것과 관련해 주자는 다음과 같이 말한다.

---

16 이 이(理)는 윤리(倫理)다. **역주** 이 내용은 저본 365쪽에서 해당 인용문 뒤 괄호 안의 전거 표기 뒤에 작은 글씨로 쓴 저자의 설명이다. 각주로 표기하는 것이 적절하다고 판단해서 각주로 처리했다.

노자老子의 공空과 불교의 무無는 동일하지 않은데, 공은 무를 겸하는 것이지만 불교[佛]의 무는 도무都無 즉 아무것도 없는 것이다. 유무有無를 겸한다란 이전에는[前] 무이고 지금은[今] 유라는 말이다. 불교의 도무란 천지를 환망幻妄이라 하고 사대四大를 가합假合이라고 하는 것 등으로서 전무全無라고 해야 한다. 선자禪者가 하루 종일 밥을 먹으면서도 쌀 한 톨 씹은 적이 없고 온몸에 옷을 입었으면서 실오라기 하나 걸친 적이 없다고 하는 것은 전무가 아니면 무엇이겠는가? 석씨는 한결같이 공적空寂으로 돌아가지만, 유교[儒]는 이와 달리 심心을 허虛라고는 해도 이理에서는 실實을 본다.

(『학통學統』 51 요점 발췌)

불가佛家는 이 실리實理를 허虛라고 하므로 대본大本을 세우지 않는다. 대본을 세우지 않으므로 치우쳤다고 하지 않을 수 없다. 실리를 허라고 하므로 군신君臣이나 부자父子를 없애면서 도道의 정묘精妙함은 여기에 있지 않다고 말한다. (『어류語類』 126)

그러나 천명天命을 성性이라 한다는 구절은 공空하여 단 하나의 법法도 없는 것이 아니라 만리萬理가 마침내 갖춰진 것이다. (『문집文集』 31)

불자佛者도 완공頑空 외에 진공眞空을 말한다. 완공이란 불 꺼진 재[死灰]나 고목나무처럼 공空하여 사물[物]이 없는 것이다. 진공이란 여러 존재[衆有]를 포섭하며 변화에 호응하는 것으로서 유교의 말과 대략 같지만 그래도 단지 공일 뿐이다. 부모를 피하고 천지 사방을 신경 쓰지 않고 오로지 심心 하나만을 이회理會할 뿐이다. (『어류語類』 126)

오늘날 불교를 이끄는 사람은 모두 의義와 이利에 따라 이를 변별한다. 이것은 제2의第二義 즉 두 번째 의미다. 불교는 공空을 본다고 한다. 그 견해가 이미 착오가 있어서 모든 착오의 원인이 된다. 의와 이가 또 어째서 변별하

주자가 노자를 공空이라 하고 불교를 무無라고 한 것은 완전히 전도
된 견해다. 나중에 주자 스스로 말했듯이 불교에서는 완공頑空과 진공
眞空을 준별하고 완공은 진실한 공[眞空]이 아니라 유有에 떨어진 것이
며, 따로 공을 공하게 하지 않은 진공을 설정한다. 진공은 유무有無를
함께 포함하는 것이다. 주자는 불교의 이 공관空觀을 알고 진공을 성
리性理 안으로 흡수해서 이것을 자가自家의 것으로 삼으며 공하여 단
하나의 법法도 없는 것이 아니라 만리萬理가 마침내 갖춰진 것이라고
말한다. 이것은 전부 불교의 진공에서 얻은 사상이다. 그럼에도 이 완
공과 진공의 의미를 불교의 무와 노자의 공으로 적용해서 불교가 도
무都無나 전무全無라고 한다. 불교 쪽에서 본다면 황당하지 않을 수 없
다. 그리고 선자禪者의 초탈에 대해서 전무全無라고 한 비평은 매우 기
이하다. 대개 진공의 세계는 유의 영역에 입각한 것에는 이회理會하지
않고, 특히 선가禪家의 말에 따르면 문자에 의해 판단하지 않는 것이
다. 일체를 함유한 공의 묘미는 언어 밖에 있다. 주자가 혹 초탈의 세
계를 이해할 수 없었던 것일까? 앞 절에서 대혜묘희大慧妙熹를 지적하
며 탓하고 법안法眼 일파一派를 칭찬한 것도 이러한 속사정을 말해 주
는 점이 있다.

주자가 논의를 진전시켜 이리理를 제1의第一義로 삼고, 그리고 이것을
공리空理가 아니라 인륜이라는 실리實理라고 주장한 것은 매우 타당하
다. 그렇지만 항상 천리를 실체시하고 동시에 이리에 구속당할 수밖에
없다. 선가禪家 쪽에서 볼 때는 이장理障의 폐해에 빠진 것으로 보인

다. 주자는 나아가 그 논의를 진전시켜 천명성天命性이라고 한 구절은 공空하여 단 하나의 법法도 없는 것이 아니라 만리萬理가 마침내 갖춰진 것이라 하고 이것에 의거해 이백문李伯聞을 논파하며 상당히 득의 양양하는 것 같다. 앞에서는 이理를 인륜의 실리라고 주장한 주자가 여기에 와서 성性 안에 일체를 포함시키고 만리가 모두 갖춰진 것이라 하며 도덕적인 말에 형이상적 의의를 부여한 것은 불교철학의 영향일 텐데, 역시나 다음 절節에 이르러 불교가 완공頑空 외에 유교와 같은 진공관眞空觀을 갖고 있다고 말한다. 이와 같이 성리性理의 관념을 고양시키면서 또 갑자기 인륜을 모조리 없앤다며 불교를 비난한 것은 그 사이에 논리적 비약이 있다고 해야 한다.

마지막에서 유불의 구별을 의義와 이利에 의해서 나눈 것은 육상산이 으뜸이다. 주자는 의와 이로 구분하는 것을 제2의라고 보며, 공空에 잘못이 있다면 일체가 다 잘못이므로 공적空寂을 제1의라고 한다.

(병丙) 불자佛者는 도리道理의 주변周徧을 알지 못한다고 한 것과 관련해 주자는 다음과 같이 말한다.

불자佛者는 입으로는 도리道理가 주변周徧한다고 말하지만 실제로는 이것을 알지 못한다. 만약 실제로 안다면 행위상으로 나타나지 않을 리가 없다.

불자佛者는 혹은 치생治生 산업이 모두 실상實相에 위배하지 않는다 하거나 혹은 선재동자善財童子가 53명을 찾아다닌 것처럼 귀신이나 신선이나 사농공상士農工商이나 기예技藝에 이르기까지 모두 성性 안에 있다고 한다. 만약 이렇게 본다면 눈앞의 군신이나 부자나 형제나 부부에 대해서는 왜 이것을 적용하지 않는가? 이것이 주변周徧하지 않은 도리道理라면 어디에 주변이 있다는 것인가?   (『어류語類』126)

주자의 이 논법은 예리하고 도리道理가 있다. 주자의 입각점은 유교에서는 천명의 성性에 따르는 것이 도道이고 인성人性의 극치인 인의예지仁義禮智를 이理라고 한다고 말한 데 있다. 이 입각점에서 주자는 "불자佛者도 역시 이것을 진실이라 하며 감히 위배하지 않는다. 이미 이것을 진실이라 한다면 다른 것은 진실이 아닌데 불자는 왜 이것을 따르지 않는가?"라고 말한다. 유자儒者의 예리한 논봉論鋒이 항상 여기에만 집중하는 것은 출가하여 삭발하는 것을 인의예지에 위배된다고 본 데서 기인한다.

주자의 이 비난은 도덕적으로라면 매우 예리한 논봉이지만 철학적으로라면 가치가 낮을 수밖에 없다. 주변周徧한 도리道理는 인류 중에서도 당연히 두루 통하지만, 또한 인류을 초월한 것이 아니면 안 된다. 그리고 이 초월한 도리에 도달하지 못한다면 인류의 이理로서의 참된 이理를 얻을 수가 없다. 주자는 윤상倫常 이상의 도리를 고려하지 않고 하나같이 오직 윤상에서만 비난하며, 불자佛者의 자취[迹]가 유자儒者와 다르더라도 한 단계 높은 의미에서 윤상에 계합한다는 것을 억지스러울 만큼 보려고 하지 않고, 오직 출가삭발出家削髮이라는 자취에만 논봉을 집중한다. 그리고 또 주자는 이 논리와 관련해 불자에게는 인심人心이 있을 뿐 도심道心이 없다(『불법금탕편佛法金湯編』)고 한다. 그 이유는 윤상의 도道를 실천하는 사람에게 도심이 있는 것인데 불자는 차를 마시거나 밥을 먹는 일에 도가 있다는 등의 말을 하므로 인심이라고 보는 것이다. 이 비난 속에 나타난 도의 의의는 매우 협소하며, 또 인류을 깨뜨린 불자에게 인심이 있다고 한 것은 자기모순이다. 오히려 불자에게는 도심이 있고 인심은 없다고 하는 것이 타당하지만 윤상을 도라고 하는 주자는 이렇게는 말하려고 하지 않는 것이다.

이와 같이 주자의 도리道理는 그 의의가 협소해서 불교를 공격하기 위한 강조가 될 수밖에 없다. 그러나 정자를 시작으로 주자를 중간 삼아 그 후 모든 유자儒者가 활용한 이 비난에는 분명히 일면一面적인 진리眞理가 있다. 요점은 불교의 철리哲理와 유교의 도덕道德을 어떻게 조화할 것인가이다. 다시 말해 가정생활 중에서 어떻게 불교의 제1의第一義를 실현할 것인가라는 방도에 있다. 유교에서 본다면 왕양명에 이르러 이 문제가 해결된다고 해야 할 것이다.

(정丁) 인의仁義를 알지 못한다고 말한 것과 관련해 주자는 다음과 같이 말한다.

"본체와 작용은 하나의 근원으로서 드러난 것과 은미한 것에는 아무런 틈이 없다[體用一源顯微無間]"의 이리에서 본다면 인仁이란 사친事親이고 효제孝悌다. 불자佛者는 정각正覺이라 하고 능인能仁이라 하며 그 말을 고상하게 미화하지만 그렇다 해도 그것이 본래 편안하겠는가? 이의理義를 말해도 인의仁義를 알지 못하여 이의에서의 이리는 없다. (『문집文集』43)

인연이 없어도 자비를 베푼다 말하며 사랑하지 않는 것이 없다고 소리 높여 외치는데, 부모[親]에 대한 사랑 등에 이르러서는 인연에 따른 자비라고 하며 부모를 버리는 일도 상관없다 하고서 배고픈 호랑이에게는 자기 몸을 먹이로 준다. 어디에 의리義理가 있는가? (『이단변정異端辨正』)

노장老莊이 의리義理를 없앴지만 다 없애지 못했는데 불교는 인륜을 모조리 없애 버리고 선禪은 의리를 완전히 없앤다. 불교나 노장의 말은 깊이 따질 것도 없이 명백히 오로지 삼강오상三綱五常을 폐지하려는 것으로서 이미 지극히 큰 죄명罪名이며 다른 것은 소상히 말할 것도 없다.

(『어류語類』, 『이단변정異端辨正』)

여기에서도 말은 다르지만 비난의 요점에서는 동일하며 삼강오상을 폐지한다는 말이다. 그 논법의 예리함은 인의仁義가 없는 곳에는 이의理義가 없다고 한 데 있다. 이것은 정자가 "그 말을 궁구하면 궁구한 만큼 석씨가 되어야 한다. 자취[迹]상에서 단절해야 할 뿐이다"라고 한 논법을 답습한 것으로서 불자佛者를 곤혹스럽게 하는 것은 이 논법이다. 그렇지만 주자의 이 논리가 효과가 있기 위해서는 의리義理의 이理가 만리萬理를 모두 갖춘 것으로서 선악을 초월하며 일체의 대립을 떠난다는 내용을 갖게 하고, 주자가 앞 절에서 매우 비난했던 작용을 내포한 이理라고 함으로써 육용六用을 이理 안의 것이라고 해야 한다. 이렇게 할 때 앞 절에서의 불교의 작용성에 대한 비난은 무의미한 일이 된다. 이와 같은 난점을 자각했기 때문일 것이다. 주자는 가능한 한 철학을 피하고 전부 인륜상에서 불교의 아성牙城에 육박해 간다.

(무戊) 의방義方이 없고 따라서 경직敬直이 없다고 한 것과 관련해 주자는 다음과 같이 말한다.

만약 경이직내敬以直內할 수 있다면 의이방외義以方外하게 된다. 삼강오상三綱五常을 제외하고서 의義가 있을 리가 없다. 석씨의 어디에 의방義方이 있는가? 의방이 없다면 경내敬內도 없다고 할 수밖에 없다. (『문집文集』43)

어떻게 해서 이 구별이 있는가? 요점은 공空과 실實에 있다. 석씨釋氏의 경

중: 송유宋儒와 불교 167

이직내敬以直內란 오로지 공한 채 넓디넓을 뿐이고 나아가 일물—物도 없어서 방외方外할 일이 없는 데 있다. 유자儒者의 경이직내란 담연湛然하고 허명虛明하며 만리萬理를 구족해서 바야흐로 의방義方하게 되는 데 있다. 즉 실리實理를 비워 버린 것과 대본大本을 세운 것의 차이가 있다.

(『어류語類』126)

정자는 석씨에게 경이직내敬以直內는 있어도 의이방외義以方外는 없다고 한다. 주자는 의이방외가 없다에서 소급하여 의방義方이 없다면 따라서 경이직내도 없다고 말한다. 이에 따라 유정부가 기록한 정자의 말에 잘못이 있다고 생각하고, 나중에 『동견록東見錄』이란 것에서 "이미 방외가 없으면서 곧 직내라는 것이 어찌 있겠는가?旣無方外則其直內者豈有是也]"라고 한 것을 보고서 이에 의해 말의 의미가 비로소 원만해진다고 기뻐한다(『문집文集』53).

여기서의 논리는 매우 교묘하지만 역시 공空과 실實의 대비를 통해 실리實理를 근거로 공적空寂을 비난한 것일 뿐이다. 여기서도 또한 실리와 대본大本을 곧바로 동일시해야만 하는 것은 아니라는 점을 주의해야 한다.

(기ㄹ) 선善이라는 글자[名]를 잘못 이해한다고 한 것과 관련해 주자는 다음과 같이 말한다.

부처[浮屠]가 중국에 들어오면서 선善이라는 글자[名]를 잘못 이해하게 된다. 불교[佛]에서는 부처를 받드는 일[奉佛]을 선이라고 한다. 다리를 놓거나 길을 까는 등의 일이 오히려 사람에게 유익한데도 승려를 공경하고 절을 세우는 일을 선이라고 하는데 어디가 선인가? 천하의 사람들이 만약 불교에 빠지지 않고 자연스럽게 부모에게 효도하고 윗사람을 공경한다면 어엿한 좋은 사람[一好人]이 될 것이다. 이것이 선이다. (『학통學統』51)

주자는 이렇게 불교가 있은 이후로 도덕道德이 파괴되었다고 한탄한다. 불교에 의해서 유교의 도덕이 깊은 근저根柢를 얻게 되는 방면을 보지 않은 것은, 어쩌면 일부러 눈을 감은 듯이 그 논봉論鋒을 인륜 문제에서 끝맺는 것과 별로 다를 것이 없다.

4. 불교는 자사자리自私自利를 목적으로 한다

주자가 유교를 우주의 근본의根本義에 입각하여 생사生死가 없고 고금古今이 없는 것이라고 한 데 반해 불교는 개인적인 나[我]에 입각하여 자사自私나 자리自利에 빠진 것이라고 논한 내용은 연숭경連崇卿에게 답한 글 안에 보인다. 『학통學統』에서 다음과 같이 말한다.

"천지天地의 성性이 나[我]의 성이라면 죽어서 갑자기 없어지는 이치[理]는 없다"라는 말은 잘못된 것이 아니다. 문제는 천지를 주主로 하느냐 나를 주로 하느냐이다. "만약 천지를 주로 한다면 이 성은 천지간의 공공의 도리道理이며 나아가 사람[人]과 사물[物] 간에 피차彼此가 없고 생사生死나 고금古今의 구별이 없다. 죽어서 사라지지 않는 것도 나라는 개인[私]이 아니다." 그렇지만 "나를 주로 한다면 자기의 신상에 정신精神이나 혼백魂魄이나 지각知覺 등이 있다고 보고 이것을 성이라고 하면서 죽음에 이르러도 기꺼이 놓으려 하지 않는다. 그래서 죽어서 사라지지 않는다고 한다. 이것은 대단히 큰 사사로운 마음[私意]이다. 어떻게 생사生死의 말이나 성명性命의 이치[理]를 함께 얘기할 수 있겠는가? 석씨의 학문은 본래 이와 같다." … 천지성天地性 중에서 별개로 약간의 인人과 물物의 성이 있고, 성마다 각각의 세계[界]가 있어서 서로 섞이지 않으며, 이름을 고쳐서 성姓씨를 바꾸고, 스스로 태어나고 죽으며, 나아가 천지 음양의 조화에 말미암지 않는다면 천지 음양이라는 것 역시 조화를 펼칠 것이 없게 된다. 어찌 이러한 이치가 있겠는가?

(『학통學統』51)

이 일절一節의 유불 대립의 논리 역시 교묘해서 상당히 경청할 만하다. 그러나 유교가 천지성을 주로 한다고 하고, 불교는 개아성個我性을 주로 한다고 한 것은 실리實理에 근거해 공적空寂을 공격한 논리와 상응하지 않는다. 실리에 입각한 유교는 개아성을 주로 하며, 공적에 입각한 불교는 천지성을 주로 한다고 보는 것이 오히려 당연하다. 그렇지만 유교가 천지성에 입각해 생사를 일여一如하다고 여기며 고금을 일관하는 것이라고 자임한 주자의 포부는 대단한 것이다. 이 의기意氣와 포부를 지니고 이 철리哲理로 일관한다면 주자의 글[論草]에 많은 광채가 더해지겠지만, 불교를 공격하는 데 급급해서 갑자기 태도를 바꿔 천리天理라는 이름 아래에 실리를 설정한 것은 아쉬운 일이다. 더욱이 종종 천지성의 의미에 천리를 뒤섞어서 앞뒤 관계의 혼란을 초래한다.

주자가 여기서 논한 불교의 개아관個我觀은 원래 불교의 근본의根本義의 하나인 무아설無我說에 계합하지 않는 것으로서 상식적인 영혼설靈魂說이다. 때로는 알라야식[阿賴耶識]과 같은 점도 있고, 때로는 업감설業感說과 같은 점도 있지만 업業사상을 추가한 영혼설이다. 이는 불교에 대한 비평이라기보다는 불교를 잘못 전하는 범속凡俗한 신앙에 대한 비난이다. 그렇다면 이 유불 대립의 사상은 오히려 화엄華嚴이나 천태天台와 같은 불교철학과 불교에 대한 범속한 신앙의 대립이라고 보아야 할 것 같다. 단지 맨 뒤의 조화자연설造化自然說만 불교사상이 아니다.

이와 같은 내용이 『문집文集』 중에 이백간李伯諫에 대한 답서答書 중에서 보인다. "석씨釋氏의 진성眞性은 유가儒家의 천지성天地性과 같은가 다른가? 옛사람이 진심盡心하여 성性을 안다고 한 것은 죽어서도 항상 존재하고 싶어서가 아니다. 천지성은 그들의 진성과 같다고 할 이유가 없다. 그들의 진성은 망심妄心을 텅 비워 진성을 본 뒤 죽어서는 이것을 잃을까 봐 두려워하는 것이다. 자사자리自私自利가 아니고 무엇이겠는가?"(『문집文集』 43)라고 한다. 주자가 말한 것은 불교의 진성이 아니다. 앞에 말한 대로 범속한 신앙이다. 주자는 고의라고 생각될 정도로 불교사상을 스스로 창조해 가면서 비평한다. 이러한 의미의 자사자리설自私自利說은 결국 과녁 없는 화살이다. 또 불교의 관심觀心을 천리에 어두운 것이라고 단정하고 최후에는 이 때문에 자사自私라고 결론짓는다(『별집別集』 5). 자사의 의미는 앞의 영혼설과 달리 자기의 해탈을 위한다는 것이다. 이 자사라는 말은 정자를 계승한 것으로 주자의 창의적인 것이 아니지만 주자는 이것을 조금 남용하는 경향이 있다. 그리고 또 천지성과 아성我性을 대립시켜 자신은 천지성에 입각하고 아성으로써 불교를 공격한 것은 불교 쪽에서 볼 때 정반대인데 불교는 법성法性에 입각하고 유교는 인성人性에 입각한다. 이 점에서 불자佛者가 이理에서는 이겨도 사事에서는 항상 공격당하는 이유를 볼 수 있는 것이다.

5. 불교는 표절 또는 윤색潤色이다

주자는 여러 곳에서 불전佛典을 표절 또는 윤색된 것이라고 한다. 그 글[文]만 해도 최소한 8개가 있다. 다른 여러 사람들에게서는 절대로 보이지 않으므로 이 표절윤색설說은 주자가 고안해 낸 것이다. 그리고 주자의 불교 공격 중에서 가장 천박하고 아울러 불합리한 내용을 담고 있으며 이것 때문에 주자의 불교에 대한 지식이 빈약하다고 하거나 반대로 편견을 나타낸다고도 한다. 주자를 위해서도 매우 안타까운 일이 아닐 수 없다.

① 진송晉宋 사이에 강사講師를 내세워 서로 토론하게 하면서 경전을 작성했으며 대개 『노자老子』나 『열자列子』를 표절한다. 원사遠師의 여러 논의 등은 노장의 말[說]을 빌려와서 확장[鋪張]한 것이다(『어류語類』126).

② 근세의 간심법看心法은 장주莊周의 승조承蜩나 삭거削鐻의 이야기에 근거하여 정교하게 다듬은 것일 뿐이다: 간심看心이란 관심觀心으로서 주자의 의도는 선정禪定에 있는 것이다(『별집別集』 권5).

③ 『원각경圓覺經』에서 사대四大의 분산分散 부분은 『열자列子』에서 골해骨骸 운운한 말과 다르지 않다(상동上同).

④ 불가佛家의 육근六根은 『열자列子』의 이耳, 목目, 구口, 비鼻, 심心, 체體 등 육건六件을 훔친[偸] 것이다. 또 이 육근을 셋으로 구분하여 18계戒가 된다(상동上同): 18계戒는 18계界를 잘못 말한 것이다.

⑤ 불씨佛氏의 학문은 양씨楊氏에게서 나온다. 몸을 아끼지[愛] 않고 중생衆生을 구제한다는 등의 말은 묵씨墨氏에 가깝지만 이 말은 얄팍

한[淺近] 것이고, 나에 들어온 달마의 말은 가장 심오해서 이거 하나만
은 수행을 하지 않는다. 어떤 사람이 노장의 말을 가져다가 덧붙인 것
이다(상동上同): 주자는 선가禪家의 불수부증不修不證에 공감한다.

⑥『원각경圓覺經』의 앞 두세 권은 좋지만 뒷면은 무無라는 말에 지
나지 않는데 나중에 억지로 추가된 것이다.『능엄경楞嚴經』은 맨 처음
아난阿難의 일과 마등가녀摩鄧伽女의 주술[呪]만 알맞다. 나머지는 모
두 문장가가 덧붙인 것이다(『학통學統』 51).

⑦ 송대의 구양공歐陽公은 예법상에서 배불排佛하고, 이정二程은 이
理상에서 논했지만 송 경문공景文公이 장물臟物을 제 것인 양하는 불
서佛書를 중국인에게 유익하다고 할 수는 없다고 한 것만 같지 못하다
(『어류語類』 126).

⑧ 석씨에게『사십이장경四十二章經』이 있다. 단지 이것만 고서古書
이며, 나머지는 모두 중국의 문사文士가 윤색해서 만든 것이다.『유마
경維摩經』도 남북조시대의 작품이다(상동上同).

이상의 자료를 종합해서 몇 가지 결론을 도출할 수 있다.

첫째, 불교에 관한 주자의 지식을 알 수 있다. 그가 읽은 불전佛典은
『사십이장경四十二章經』,『유마경維摩經』,『원각경圓覺經』,『능엄경楞
嚴經』,『금강경金剛經』,『화엄경華嚴經』 등이다. 경전 외에는 혜원의
여러 논의들을 알고, 달마의 선禪을 안다. 선에 대해서는 다른 데서 서
술했듯이 대혜묘희를 알고, 법안 일파一派를 알며, 설숭을 알고, 위산
을 알며, 그 밖에 시대적 풍조로서 선가禪家의 어록語錄에 가장 많이
접촉했을 것으로 보이지만, 불교 일반에 관한 지식은 육근설六根說이
『열자列子』를 훔친 것이고 간심看心은『장자莊子』에 근거한 것이라고

하듯이 매우 빈약하다는 것을 알아야 하며, 특히『원각경』의 사대四大 분산이『열자』를 표절했다는 말 등은 지식 결핍이라는 말을 할 필요조차 없다.

둘째, 주자의 불전관佛典觀을 보자면『사십이장경四十二章經』에 대해서는 유일하게 고서古書라고 하며,『유마경維摩經』은 남북조시대의 위작僞作이라 하고,『원각경圓覺經』의 처음 두세 권과『능엄경楞嚴經』처음의 인연분因緣分만은 옳지만, 기타는 후세에 첨가되었다고 한다.『원각圓覺』,『능엄楞嚴』에 대한 비평만을 볼 때 상당히 관찰력이 있어 보이기도 하지만『유마維摩』를 위작이라 하고『사십이장四十二章』을 진짜라고 하며 육근六根과 사대四大 분산을 곧바로『열자列子』와 결합시킨 것 등을 고려하면『원각』과『능엄』에 대한 비평에도 학문적 근거가 있지는 않을 것으로 추론할 수 있다.

셋째, 불교와 중국사상의 관계에 대해서 경전 일반에 관해서는 진송晉宋시대에『노자老子』와『열자列子』의 생각을 표절하고 변환한 것이라는 말도, 또 진송晉宋시대에 노장의 말을 확장한 것이라고 한 말도 어떤 경經인지 말하지 않고 막연하게 대개 그렇다는 말이라면 단순한 주자의 감상으로서 그것들 사이에 유사성이 존재한다는 말에 지나지 않는다고 할 수 있을 것이다. 간심看心은『장자莊子』의 승조承蜩와 삭거削鐻 이야기에서 나오고,『원각圓覺』의 사대四大 분산分散과 육근 설六根說이『열자』를 표절했다는 논법에 근거해 볼 때 주자는 유사성이 있다는 점에서 곧바로 중국사상을 응용하여 중국사상의 입장에서 인도사상에 견주는 것이다. 또 양씨에게서 나왔다고 한 것도 있지만 어느 것이 그런지는 언급하지 않는다. 이상으로 볼 때 불교에 관한 주자의 지식은 낮은 비율을 차지하며 따라서 그 적은 지식으로부터 도출한 결론이 지극히 빈약하다는 것을 알 만하다. 주자가 그러한대 다른 학자들의 불교 지식은 어떤지 짐작할 만하다.

제4절

주자朱子와 불교의 교섭

주자朱子 자신이 "언젠가 15~16세 때 마음을 불교[釋學]에 둔 적이 있었다"라고 말한 것에 비춰 보면 시대적 풍조가 주자로 하여금 불교에 침잠하게 했던 것이다.

어느 날 유병산劉屛山이 있던 곳에서 한 승려를 만나 직지인심直指人心에 대한 그의 설명을 듣고 정신이 훤해지는 것[昭昭靈靈]을 체험[理會]했으며, 물러나 과거 시험을 보러 갔는데 문득 그 승려가 설명해 준 뜻을 성찰했다. 마침내 과거에 합격하여 동안同安으로 부임한 것이 24~25세 때이며 비로소 이연평李延平을 만났다.　　　　　　　　　　　　　　　　(『이단변정異端辨正』)

이연평李延平은 오로지 성인聖人의 말을 보라고 가르친다. 그의 의중에는 선禪도 자재自在하다고 말한다. 아울러 성인의 글을 읽다 보면 어느 순간 성현聖賢의 언어에 차츰 맛이 느껴지며, 돌이켜 보면 석씨의 말에 차츰 파탄이 있다는 것을 알게 된다. (『불법금탕佛法金湯』)

이렇게 주자는 이연평의 가르침에 따라 유교에 마음을 쏟게 되며, 어렸을 때 배운 불교와 시대적 풍조는 그 후 아마도 일생을 통해 불교 사상에 접촉하도록 만든다. 주자는 어렸을 때 『대혜어록大慧語錄』을 애독한다. 그가 과거 시험을 보러 갔을 때 스승인 유병산劉屛山이 그의 마음은 과거 응시에 있었음에도 책 상자에는 오직 『대혜어록』한 권[帙]이 있었을 뿐이었다고 말할 정도였다. 이와 같이 주자는 대혜종고를 매우 많이 사숙私淑했을 것이다. "종고[杲]는 불교의 태양 같으며 기백이 대단하다. 그 때문에 일세一世를 뒤흔들어 장자소張子韶나 왕성석汪聖錫 등의 사람들이 모두 북면北面한다"(『어류語類』권126)라고 한 것은 종고에게 매우 경도되었다는 것을 보여 준다. 대혜종고(묘희)는 1163년에 입적入寂하며, 주자는 1200년에 71세의 나이로 사망하는데 대혜의 입적은 주자의 나이 34세 때이므로 그가 『대혜어록』을 애독한 것은 대혜가 여전히 건강하게 생존하고 있을 때였다. 주자가 대혜의 사상에 크게 경복敬服했다는 것은 다음과 같은 한 구절이 대표적이다.

종고宗杲 스승도 그렇지 않다며 말한다. 이의理義의 의미[義]는 곧 인의仁義의 의미다. 어떻게 허공虛空으로써 두 개로 절단하겠는가? 묘희妙熹의 말은 곧 이렇게 옳다. (『어류語類』권126)

주자가 이의理義와 인의仁義가 하나라고 한 이론적 근거는 어쩌면 대혜의 이 설명에서 계발된 것인지도 모르겠다.

또 주자가 매우 좋아한 것은 당 위산영우溈山靈祐가 진제眞諦와 속제俗諦를 설명한 "하나의 티끌도 받지 않고, 하나의 법도 버리지 않는다[不受一塵, 不捨一法]"라는 게偈다. 위산의 게는 대혜의 이의理義와 인의仁義의 관계를 진제와 속제의 교섭을 통해 설파한 것으로서 불교 이론으로서는 그다지 진귀하지 않지만 이를 불교철학과 중국유교의 관계에서 볼 때는 중요한 의의를 갖는 것이다.

진제眞諦란 하나의 본성[性]이 본래 진실한 이理라는 것을 나타낸다. 이를테면 실제 이理의 경지에서는 단 하나의 티끌도 들이지 않고 시비是非가 함께 사라지며 능소能所도 다 같이 없다는 것이다.

속제俗諦란 하나의 본성[性]이 연기한 현상[事]을 드러낸다. 이를테면 부처의 일에서는 단 하나의 법法도 버리지 않으므로 신하는 충성하도록 하고 자식은 효도하도록 한다는 것이다. (『오등회원五燈會元』제9)

위산이 "단 하나의 법도 버리지 않는다[不捨一法]" 하면서 신하에게는 충성을 자식에게는 효도를 권장하는 일을 하나의 본성이 연기한 현상이라 하고 이를 능소能所가 함께 사라진 하나의 본성의 진실한 이理의 현현이라고 한 것과 대혜가 이의理義의 의미[義]와 인의仁義의 의미를 일치한다고 한 것을 아울러 고려해 보면, 주자가 불교의 공적空寂과 유교의 실리實理를 대비함으로써 불교가 초탈의 공적으로 내달리며 인륜人倫이라는 실리를 등지는 것에 대해서 있는 힘을 다해 배척하려고 한 이론적 근거를 발견할 수 있다. 주자의 공적 및 실리는 위산의 진제眞諦 및 속제俗諦나 대혜의 이의 및 인의와 다른 것이 아니다. 주자는 "단 하나의 법도 버리지 않는다"의 아래에 덧붙여진 충효忠孝에 대해서 얼마나 만족했을까? 이것은 실로 주자의 입각점에 대한 크나큰 보증이다. "현상 속에서 이理라는 본체를 볼 수 있다[卽事而理之體可見]"라고 하거나 "오로지 하나의 진실한 도리이다[只是一箇眞底道理]"라고 하거나 "두루 미치지 않음이 없다[無不周無不徧]"라고 한 것은 "단 하나의 법도 버리지 않는다"의 견지見地에서 얻은 바가 컸다는 것을 의미한다고 보인다. 그렇지만 불사일법不捨一法이라는 속제는 불수일진不受一塵의 진제에 기반해야 비로소 성립하는 것으로서 이 근거가 없는 속제라면 혼란스러워지고, 또 불사일법의 속제로 나타나지 않는 진제는 공적의 악평등惡平等에 떨어진다. 주자가 "시청언동視聽言動이 모두 성性이라면 살인도 성이 되어 버린다"라고 한 것은 한편으로 보자면 불사일법의 배후에 불수일진이라는 진제가 있음을 잊었다는 비난이라고도 볼 수 있고, 혹은 진제에 기반하지 않은 작용作用을 비난한 것으로도 이해할 수 있다. 주자는 공적을 버리고 실리로 나아가지 않는다며 극언極言하고, 불교가 평등에만 치우쳐 차별을 망각한다고 힐난하며, 또는 "유교는 인의예지仁義禮智를 기른다[養]. 불교는 시청언동을 기른다"라고 말한다. 불교에 대한 주자의 유일한 비난이라고도 할 수 있는 공적 대 실리의 형식은 아마도 위산의 진제와 속제의 대립 즉 시비가 함께 사라진 것[是非雙泯]과 신하는 충성하고 자식은 효도하는 것[臣忠子孝]의 대립에서 얻었으며, 그리고 양자 사이에 상즉相卽의 관계를 부여한 것은 대혜의 이의가 곧[卽] 인의라는 사상에서 얻었을 것이다. 한발 물러나서 그 사상은 주자에게 있었다고 하더라도 위산이나 대혜와 같은 대선사大禪師에게 이 사상이 있다는 것은 주자가 맹렬한 태도로 밀어붙일 수 있었던 이유가 되었다고 생각한다.

주자가 위산의 게어偈에 관해서 "자신의 주장을 얻은 바탕이 옳기 때문에 길러진 것도 옳다[箇本自說得是, 所養者也是]"라고 칭찬하면서도 "오직 차이점은 여기에 있다[只差處便在這裏]"라고 하며 불사일법不捨一法이라면서 인륜을 파괴한다고 지적(『어류語類』126)한 것은 대혜의 '이의理義가 곧[卽] 인의仁義'에서 말[語]은 얻고 그 뜻[意]은 얻지 않은 것 같다. 위산과 대혜의 뜻은 불성佛性이 유통하는데 시청언동視聽言動에서 나타난다는 말이다. 설숭의 『전법정종기傳法正宗記』의 '성재작용性在作用'이 이런 뜻이다. 그러나 주자는 이의와 인의를 둘로 나눌 수 없다는 말만을 취하고, 배후에 가로놓인 '성재작용'의 본뜻에는 도달하지 못한다. 이것이 '성재작용'을 매우 공격한 이유다. 더욱이 육용六用을 성性 이외의 것이라고 할 수 없다고 한다. 이를 통해 종고의 생각[意]을 얻지 못했다는 것을 살펴볼 수 있다.

주자는 비가 오랫동안 내렸을 때 재거齋居하며 송경誦經한 적이 있다. 시詩가 있다.

홀로 일 없이 단정히 지내며	端居獨無事
즐겁게 석씨의 책장을 넘기고 있으니	聊披釋氏書
잠시 세속의 티끌에 끌려가지 않고	暫息塵累牽
초연하게 도道와 함께하고 있네	超然與道俱

또 책을 종고의 후계자[法嗣] 개선도겸開善道謙(1093?~1185?)에게서 받으며 경계로 삼을 만한 한 말씀을 요청한다. 도겸은 어느덧 20년이라서 의심 없는 경지에 도달했겠지만 이후 문득 그렇지 않다는 것을

알고서 용맹하게 앞으로 나아가며 스스로 한칼에 양단하고 그 후 임운자재任運自在하게 되었다고 대답하고는 "일념으로 받들어야 할 가르침인 개에게는 불성佛性이 없다는 화두를 헤아릴 필요도 없고, 천착할 필요도 없고, 지견을 없앨 필요도 없고, 억지로 감당해 낼 필요도 없다[把這一念提撕, 狗子話頭, 不要商量, 不要穿鑿, 不要去知見, 不要强承當]"라고 말한다. 주자는 깨닫는 바가 있었다. 도겸이 죽었을 때 주자는 이를 제문祭文으로 삼는다(『불법금탕편佛法金湯編』에 인용된 『자감資監』).

또 여산廬山에 있었을 때 귀종歸宗에 있던 형상[像]을 보고 매우 놀라면서 만약 승려가 되지 않았다면 분명히 큰 도둑[大賊]이 되었을 것이다(『어류語類』)라고 말한다. 이것은 종고가 임제는 승려가 되지 않았다면 분명히 악당의 우두머리[渠魁]가 되었을 것이라고 말한(『학통學統』) 것과 동일한 행적이다. 역시 종고의 소견所見에 감복한다는 것을 보여준다.

여산廬山의 귀종歸宗이란 당시의 귀종사歸宗寺로서 지금의 첨운사瞻雲寺인데, 귀종에 있던 형상[像]이란 지상선사智常禪師의 형상이다. 지상은 당대唐代에 이곳에 있던 거장巨匠으로서 장경長慶 4년(824)에 백거이가 여기에 와서 선사禪師를 만났다. 주자가 귀종에서 간 것은 틀림없이 남강南康을 관리할 때였으며 남강은 여산 남쪽 파양호鄱陽湖 기슭에 있다. 여기 관리였을 때는 주자의 나이 50세로서 여산의 백록동白鹿洞 서원書院을 재흥再興하고 학규學規를 만든 것도 이때였다. 백록동 서원은 숭양嵩陽, 휴양睢陽, 악록岳麓과 나란히 송대의 사대서원四大書院의 하나로 손꼽히며 그중에서도 백록白鹿은 주자가 강학講學한 곳으로서 가장 유명하다.

백록白鹿이라는 이름은 당 정원貞元 연간(785~804)에 이발李渤이 형 섭涉과 함께 여기에 은둔하며 흰 사슴[白鹿]을 기르면서 즐겁게 지낸 데 따라 얻은 것이다. 보력寶歷 연간(825~826)에 이발이 강주江州 자사刺史 가 되었을 때 대사臺榭를 건립한 것이 서원書院의 발단이다. 남당南唐시 대에 백록은 국립학교[國庠]인 학관學館이 되고, 송대의 주렴계가 남강 南康의 지사知事로 부임했을 때 재흥再興하여 학문을 강의하며, 이후 로는 남송 때에 주자가 재흥한다. 때로는 육상산이 여기서 지내며 군 자와 소인의 차이를 변별하며 여러 사람들이 감격의 눈물을 흘리게 했다고 한다. 서원은 오로봉五老峰 아래에 있다. 1920년 12월 6일 저 자가 방문했을 때는 농림農林학교 산림국山林局 사무소가 들어서 있었 지만 여전히 서원의 유풍遺風을 방불케 했다. 녹동서원鹿洞書院이라는 이름이 붙은 제1문門으로 들어가며, 명교악지名敎樂地라는 이름이 붙 은 제2문을 지나고, 계곡을 따라 관도교貫道橋를 건너면 백록서원白鹿 書院이라는 이름의 제3문을 지나 서원이 된다. 그 안의 건축물은 다음 과 같이 여러 개가 있다.

누군가가 오늘날 사대부들이 만년에는 모두 선가禪家로 넘어가는데 왜 그런가라고 묻는다. 주자는 다른 사람들보다도 지위가 높은 사람 들이 그런다, 그들이 평생 독서한 것은 공명功名이나 녹봉[利祿] 때문 이며, 속마음은 모두 채우지 못한 것이다(『불법금탕편佛法金湯編』)라 고 대답한다. 이는 주자가 불자佛者에게 지조志操가 있다고 인정한 것이다.

또 주자가 불서佛書에 있는 6근根, 4대大, 12연생緣生 등의 말은 모 두 지극히 정묘精妙하다, 그 때문에 앞선 사람들이 이 점은 공자도 못

문회당文會堂	교실로 사용되고 있다.
선현서원先賢書院	
어서각御書閣	
주자사朱子祠	주자상朱子像을 안치하고, 14선생先生의 신위神位를 합사合祀한다. 곁에는 토지사土地祠가 있고 속에는 백록동굴白鹿洞窟이 있다.

예경문禮敬門 안에 공자孔子, 4철哲, 12현賢의 형상을 안치하고, 동서東西 양쪽 처마[廡]에 수많은 선현先賢의 신위神位를 안치하고 있다.

계성사啓聖祠	복도 벽에 왕양명王陽明의『수도설修道說』, 고본古本『중용中庸』, 고본『대학大學』등 많은 석각石刻를 새겨 넣었다.
보공사報功祠	당唐, 남당南唐, 송宋, 원元, 명明, 청淸 등 각 시대의 여러 선생들을 제사 지낸다.
소강절사邵康節祠	소자邵子의 소상小像을 안치하고 있다.

문門밖 관도교貫道橋를 경계로 앞뒤 위아래의 암벽에 석각이 매우 많고 그중에 주자朱子가 직접 쓴 '수구嗽口', '녹면처鹿眠處'라는 큰 글자가 있다.

미친다고 한다, 오늘날 학자들이 마땅히 절단하고서 기필코 그 말들을 궁구하려고 한다면 아마도 스스로 이미 나올 수 없을 것이다(『어류語類』)라고 한 것은 불교의 철학이 정묘하며 이것을 궁구하려 한다면 그 안에 빠져들어 나올 수 없을 정도로 깊이가 있다는 말로서 그 뜻은 정자가 그들의 말을 궁구하려고 한다면 부처가 된다 다시 말해 불교에 귀의하게 된다고 한탄한 것과 같다. 주자가 절단해야 한다고 한 것은 불교가 공적空寂으로 흘러가 실리實理를 떠나는 점에 관해서 절단해야 한다는 말이다. 정자의 오직 자취[迹]만을 따져서 자취가 옳지 않다면 이치[理]가 옳을 리 없다는 논리에 따른 것이다. 더욱이 주자는 자취만 가지고서 이기기는 어렵고 이론도 역시 그들이 위에 있다고 할 이유가 없다며 "내가 유교의 이理를 가지고 스스로 비천[卑汗]하게 여긴다면 마땅히 이것을 공격해도 이기지 못할 것이다"라고 하면서 당당하게 이의理義상에서도 공격한다.

주자의 이론에 대한 커다란 보증이 된 것은 앞서 제시한 종고 및 위산의 사상인 것 같다. 주자가 성공한 이유는 이 이론을 근거로 한 비난非難에 있다.

주자는 석씨의 학문이 우리 유교와 매우 비슷한 점이 있다며 다음과 같은 두 개의 게偈를 인용한다.

하늘과 땅보다 먼저인 한 물건이 있으니	有物先天地
형체도 없이 본래 고요하고 비어 있으면서도	無形本寂寥
거뜬히 모든 사물의 주인 되며	能爲萬象主
사시에 따라서 시들거나 하지 않네	不逐四時凋
딱 맞아떨어져 남의 물건이 아니니	撲落非他物
이리저리 다니지만 티끌은 아니네	縱橫不是塵
산이며 강이며 아울러 대지도	山河幷大地
부처의 몸을 그대로 드러냈네	全露法王身

주자는 이것을 보고 "심心을 알게 되면 대지大地에 조금의 흙도 없다. 보아라, 달리 이것이 무슨 견식見識이겠는가"라며 칭찬하고, 구구하고 비루한 소유小儒의 낮은 견지見地를 한탄한다(『어록語錄』, 『역해易解』).

앞의 게偈는 부대사傳大士가 말한 것이다. 뒤의 게는 영명연수永明延壽(904~975)의 타신게墮薪偈(장작 떨어지는 소리에 문득 깨달은 바를 읊은 게송)이다. 영명은 법안종法眼宗에 속한다. 주자가 대혜 일파一派에서 말에 따른 이로理路에 떨어지는 것을 피하기 위해 마삼근麻三斤이나 건시궐乾屎橛과 같은 글귀[句]를 제시하는 것에 만족하지 않고, 법안 일파에서 한 말을 우리 유교와 같은 점이 있다면서 칭찬한 것은 이와 같이 그 표현이 적극적이었기 때문이다.

육상산陸象山과 불교

제7장

1. 총설

상산象山(호號. 본명은 구연九淵, 자字는 자정子靜, 1139~1192)의 사상적 특색은 간이簡易하고 일원一元적이며 평등주의라는 것이다. 이것은 그 목적이 존덕성尊德性인 데서 비롯한다. 주자朱子는 일찍이 글을 지어 학자들에게 주면서 "육자정陸子靜은 오로지 존덕성만을 사람들에게 가르치므로 그 문하에서 지내는 사람 중에 실천으로 옮기는 사람[士]은 많지만 도문학道問學은 결여한다"라고 한다. 육자정은 이를 비평하면서 "존덕성을 알지 못한다면 어떻게 도문학이 있겠는가"라고 한다.

이렇듯 주륙朱陸의 학풍은 완전히 상반된다. 주자는 궁리窮理에서 진성盡性으로, 육자는 진성에서 궁리로 나아간다. 따라서 주자의 것은 번잡하고 어려운 데 반해 육자는 간명하고 쉽다. 육자는 간명하고 쉬운[簡易] 학문을 제창하면서 다음과 같이 말한다.

천하의 이치[理]를 간명하고 쉽게 배우겠는가, 번잡하고 어렵게 배우겠는가? 만약 번잡하고 어려운 것이 도道라고 하기에 충분하다면 노고를 다해서라도 이를 성취해야 한다. 실제 본질적으로[實本] 도라고 하기에 부족하다면 학자는 번잡하고 어려운 말로 괜한 고생만 한다. 간명하고 쉬운 것이 또 알기 쉽고 따르기 쉬우며 또 도라고 믿기에 충분하다면 왜 꺼리면서 간이簡易하다고 따르지 않겠는가? (『전집全集』 권34)

육자가 번잡하고 어려운[繁難] 학문이라고 한 것은 주자에 대한 비평으로서 주자에 대한 비평은 이천으로까지 소급한다.

원회元晦(주자)는 이천伊川을 닮았고, 흠부欽夫(장남헌)는 명도明道를 닮았다. 이천은 너무 폐쇄[蔽錮]적이고 명도는 반대로 소통적이다. (『전집全集』 권34)

이천에 대한 "너무 폐쇄적이다[蔽錮深]"라는 비평은 결국에는 육상산의 주자 비평이라고 볼 수 있는데, 육자는 장흠부와 정명도에게서 자신을 발견한다. 주자 역시 육자의 평등관平等觀에 만족하지 않고 이것을 고자에 비유한다. 고자는 "타고난 것이 성이다[生之謂性]"라는 학설로 유명한 사람이다. 주자는 이 학설을 빌려 와 항상 선가禪家에 대한 비평으로 삼는다. 주자가 육자를 고자에 비유한 것은 이윽고 육자의 학문이 선자禪者와 똑같다는 것을 의미한다고 보아야 할 것이다.

> 상산象山이 죽자 그가 이끌던 문인들은 절로 가서 곡소리를 냈다. 곡소리가
> 그치고 오랜 침묵[良久] 속에서 고자告子가 사라져서 안타깝다는 말이 나왔다.
>
> (『주자어류朱子語類』 권124)

두 사람의 차이는 사실상 그들의 철학의 차이에서 말미암는다.

2. 본체론本體論

육자가 본체本體라고 한 것은 심心이고 이理다. 즉 우주 그 자체를
심이라 하고 이라고 하며 우주에 가득한[充塞] 이理는 이윽고 나의 심의
중심 원리가 된다는 이유에서 우주심宇宙心과 개인심個人心의 사이에
일치를 인정한다. 육자가 이 심증心證을 얻은 것은 청년 시절이었다.

> 다른 날 고서古書를 읽다가 우주宇宙라는 두 글자를 보았다. 해석은 사방四
> 方과 상하上下를 우宇, 지난 옛날부터 지금까지[往古來今]를 주宙라고 했다.
> 문득 크게 깨닫는 바가 있었다. 이를테면 우주 내부의 일[事]은 곧 이미 내부
> 로 구분된 일이고, 이미 내부로 구분된 일이 곧 우주 내부의 일이다.
>
> (『전집全集』 권33)

이것은 대우주大宇宙와 소우주小宇宙 사이에 일치를 인정한 것으로
서 육자는 종신토록 이 심증心證을 철저히 한다. 육자의 간이簡易한 일
원一元철학은 이 한마디가 전부라고 할 수도 있으며, 그리고 그 간이

한 수양법도 전적으로 이 철학을 바탕으로 성립한다. 무엇에 의해서 대우주와 소우주의 사이에 일치가 있을까? 우주에 가득한 이理에 의해서다.

> 이 이理는 우주에 가득하며 누구라도 달아날 수 없다. (『전집全集』권21)

> 이 이理가 우주 사이에 있으며 일찍이 은둔할 곳이 없었다. 천지가 천지인 이유는 이 이理에 순응하며 사사로움이 없어서일 뿐이다. 사람과 천지는 나란히 삼극三極이 된다. 어찌 자신의 사사로움 때문에 이 이理에 순응하지 않겠는가. (『전집全集』권12)

천지인天地人이라는 삼극三極은 모두 이 이理에 의해서 두루 통하며 단 하나도 달아날 수 없는 것이라면 학자가 힘써야 할 것은 오직 이 이理를 명확히 하는 일 뿐이다.

> 우주에 가득한 것은 하나의 이理뿐이며, 학자가 배우는 이유는 이 이理를 밝히고 싶어서다. (『전집全集』권12)

그 이理라는 것이야말로 천지인天地人을 천지인이게끔 하는 이유라면 한량限量없다고 논할 것도 없다.

> 이 이理의 크기[大]에 어찌 한량이 있겠는가. … 이理로부터 말한다면 천지天地보다 크다는 말 정도가 가능할 것이다. (『전집全集』권12)

이러한 무한無限한 이理를 우리들은 어디에서나 볼 수 있는가? 우주는 매우 넓고 만유萬有는 매우 많지만 우리들은 개개의 것에서 이것을 찾을 필요가 없다. 가깝게 나의 마음[心] 안에서 찾아야 한다. 이 마음은 또 이理를 함유하여 이루어진 것이다.

사람의 마음[心]은 지극히 신령하고[靈] 이 이理는 지극히 밝다[明]. 사람은 모두 이 마음이 있고, 마음은 모두 이 이理를 갖추고[具] 있다. (『전집全集』권22)

만물은 마음속[方寸之間]에 빽빽하게 들어차 마음[心]을 꽉 채우면서 피어나는데, 우주를 가득 채우는 것은 이 이理가 아님이 없다. (『전집全集』권34)

"갖추다[具]"라거나 또 "만물은 마음속에 빽빽하게 들어차[萬物森然於方寸之間]"라고 한 것은 어쩌면 천태天台사상의 일념삼천一念三千을 응용한 것일까? 그렇다면 심心 중에 갖춰진 이理란 이 빽빽한 만물[萬物森然]과 다르지 않다. 이 이理를 함유한 개인심個人心이란 우주심宇宙心 자체가 개인에게서 나타난 것으로서 사심私心이 아니다.

마음[心]의 본체[體]는 매우 크다. 만약 나의 마음을 다한다면 곧 하늘[天]과 같아진다. 학문한다는 것[爲學]은 단지 이것을 깨달아 아는 것[理會]이다.
(『전집全集』권35)

육자가 본 심心은 이와 같이 개심個心에 즉卽한 우주심宇宙心이므로 이 심에 근거할 때는 고금古今이나 동서東西 사이에 차별을 보지 않으며, 일즉일체一卽一切이자 일체즉일一切卽一의 관계를 보게 된다.

마음[心]은 단지 한 개의 마음이다. 누군가의 마음이든 내 친구의 마음이든.

위로 수많은 세월[千百載]을 거슬러 있던 성현聖賢의 마음이 아래로 수많은
세월을 지나 다시 동일한[一] 성현이 있게 한다. 그 마음은 역시 오로지 이와
같다.   (『전집全集』권35)

육자는 이렇게 심즉리心卽理상에서 나[吾]와 우주宇宙 사이에 일치를
인정할 뿐만 아니라 나아가 우주 만유萬有의 상호 간에도 일치를 인정
하고, 더욱이 고금古今이나 동서東西를 통해서도 평등平等하고 일여一
如하다고 보고 있다. 이 생각을 표현한 유명한 문자가 있다. 그 어구語
句에서 비상한 자신감을 관찰할 수 있다.

우주는 곧 내 마음[心]이고 내 마음은 바로 우주이며, 동해東海에 출현한 성
인聖人도 이 마음은 같고 이 이理는 같다. 서해西海에 출현한 성인도 … 남해
南海 … 북해北海 … 아주 오래전[千百世之上]이나 … 아주 오랜 뒤[千百世之下]
에 출현한 성인도 이 마음은 같고 이 이理는 같다.   (『전집全集』권33)

당나라 이고의 『복성서復性書』에 의거하면 이 글은 이고의 친구인
오흥吳興 지역 육참의 말인데 이를 부연한 것이다. 이에 의거해 본다
면 육자의 본체本體는 우주심宇宙心이라고 해야 하며, 그리고 그 철학
은 이 우주심에 만유萬有를 수렴한 것이라고 한다면 전일주의全一主義
라고 할 것이며, 더욱이 이 우주심이 개심個心 중에 전부 수렴되어 있
다고 하므로 내재주의內在主義라고 해야 한다. 전일주의에서 바라본
세계와 인생은 온통 이理로서 동정動靜이 모두 이理의 발현이라면 천
天과 인人의 사이에 가치의 차이가 없게 된다. 주자는 심心을 이기理氣
라는 이원二元의 묘용妙用이라 하면서 그 안에 차별을 포함시키고, 육

자는 이理를 심이라 하며 이 심 안에서 차별을 몰각시킨다. 육자가 그의 일원一元철학으로부터 우주와 인세人世를 관찰한 것은 다음과 같은 한마디로 요약된다.

호랑이 굴[虎穴]이나 마귀의 궁전[魔宮]도 실은 부처의 일[佛事]이고, 음방淫房이나 주사酒肆도 전부 도량道場이다.　　　　　　　　　　　　(『전집全集』 권1)

『능엄경楞嚴經』의 마계의 여여如如함은 곧 불계의 여여함[魔界如卽佛界如]이다, 『유마경維摩經』의 탐진이나 사견은 곧 불성이다[貪瞋邪見卽佛性]라는 말을 방불케 한다. 육자는 천지에 가득한[充塞] 이理에 관해서 일체가 모두 이 이를 벗어날 수 없다고 하며, 이 이를 심心이라고 부르는 것 외에 또 도道라고 이름 붙이고 "도와 별도로 일은 없고 일과 별도로 도는 없다[道外無事事外無道]"(『전집全集』 권36)라고 하고, 그리고 이 도를 눈앞에서 찾으려 한다. 그는 유자儒者다. 그의 입각점은 유교에 있으므로 부질없이 천도天道나 지도地道를 말한 것은 그의 본지本旨가 아니고, 기대하는 바는 인도人道에 있다. 천하의 상도常道이다. 눈앞의 도리道理다. 그는 이 중에 천지의 이[天地理]를 내포시킴으로써 눈앞의 사물이 의의를 갖게 한다.

우리 유교의 도道는 곧 천하의 상도常道다. 어찌 별도의 오묘한 도[妙道]가 있겠는가. 이를테면 전상典常이고 이륜彝倫이다. 천하가 함께 말미암는 것이고 이 백성들이 일상에서 사용하는 것으로서 이 도는 하나일 뿐이다.
　　　　　　　　　　　　　　　　　　　　　　　　　　　　　　(『전집全集』 권1)

도리道理는 오로지 눈앞의 도리다. 성인聖人의 경지[田地]에 도달하는 것을

보더라도 역시 오로지 눈앞의 도리다. (『전집全集』 권36)

이에 이르러 육자가 전상典常과 이륜彝倫을 천리天理라 하고 천성天性이라 한 것은 다른 유자儒者와 다르지 않다. 그리고 이理에 관해서는 주자보다도 설명이 적고, 이에 반해 심심心에 관해서는 주자보다도 상당히 많다. 주자가 성性과 정情을 통합한 것을 대립적인 심[對立心]으로 여긴 데 반해, 육자는 성性과 이理와 심心을 일여一如라고 하면서 고금古今이나 동서東西도 내외內外나 동정動靜도 모두 이 일심一心 안으로 포섭시켜 천리天理와 인욕人欲의 사이에 또 도심道心과 인심人心의 사이에 구별을 두지 않는다. 이것이 주朱와 육陸 두 사람의 차이다. 육자의 것은 일원관一元觀에서 온 자연스러운 결론으로서 대립관對立觀의 타파를 요구하는 것이다.

천리天理나 인욕人欲이라는 말들은 역시 지극한 논의가 아니다. 만약 천天은 이理고 인人은 욕欲이라고 한다면 이는 곧 천과 인이 같지 않게 된다.
(『전집全集』 권34)

육자는 "천리天理와 인욕人欲의 구분은 「악기樂記」라는 책에서 사람이 태어나 고요한 것은 하늘의 성性이고 사물에 감응하여 움직이는 것은 성의 욕구[欲]라고 한 말에서 나왔으며, 그리고 「악기」는 노씨老氏에게서 나왔다"라고 말한다. 육자의 생각은 이理와 욕欲의 구별을 무시하려는 것이 아니다. 동動과 정靜의 사이를 구별 지어 동을 버리고 정으로 나아가려는 대립사상을 배척하는 것이다. 대립관對立觀을 버리고 일여관一如觀으로 나아간다. 육자의 생각은 정이 천성天性이라면 동 역시 천성이라고 말하는 것이다.

오로지 정靜이 천성天性이라고 말한다면 곧 동動은 어찌 천성이 아니겠는가?
(『전집全集』 권34)

동정動靜을 일여一如라고 하면서 천리天理와 인욕人欲을 일치시키며, 그리고 동일한 논법으로 도심道心과 인심人心도 일치시킨다.

『서경[書]』에서 인심은 위태롭고 도심道心은 미미하다고 한다. 해석은 대부분 인심을 인욕人欲이라 하고 도심은 천리天理라고 한다. 이 설명은 옳지 않다. 심心은 하나이며 사람에게 어찌 두 개의 심이 있겠는가. (『전집全集』 권34)

천리天理와 인욕人欲의 사이에 또 도심道心과 인심人心의 사이에 구별을 짓지 않은 것은 그의 일심설一心說에서 나온 것이지만 아마 주자가 차별에 입각한 데 대한 것으로서 주자가 이에 대해서 "성은 논했지만 기를 논하지 않았다[論性不論氣]"라고 평한 것은 당연하다고 할 것이다. 왜냐하면 육자도 역시 사람에게 병病이 있다는 것을 통감한다. 다만 육자도 기氣를 내관內觀했더라도 어떻게 해서 이것을 초월할 것인지에 주목했을 뿐이다.

3. 수양설修養說

육자의 일심설一心說에서 기인한 당연한 수양론은 이 심心의 본성을 찾는 것이다. 심에 그대로 나타나는 이理를 보는 것이다. 선종禪宗의 말을 빌려 말하자면 자기 마음[自心] 본래의 면목을 추구하는 것이다. 주자周子 이래의 복성復性은 이윽고 육자에게서도 보인다.

언계彦忱의 말로는 선생이 학생에게 준 첩帖을 보았는데 "돌이켜 생각하며 스스로 얻고 돌이켜 이것을 구하라[反思自得, 反而求之]"라는 교훈이 있었다고 한다.　　　　　　　　　　　　　　　　　　　　　(『전집全集』권36)

돌이켜 구하는 것은 무엇인가? 무사무의無思無意 즉 분별적 사유나 의도가 없어야 도달할 수 있는 적연寂然하고 부동不動한 심체心體 바로 이것이다.

분별적 사유가 없고 작위가 없이 적연하고 부동하며 감응해서 두루 천하의 사건[故]에 통한다.

심心은 한 가지 일에 머물지 않으며 단지 스스로 심을 세우는 것이고, 인심人心은 본래 아무 일이 없는데 사물 때문에 어지러워져 끌려간다.　　　　　　　　　　　　　　　　　　　　　(『전집全集』권36)

선가禪家에서 본래 일물一物도 없다고 한 바로 그 심체心體는 작위가 없고[無爲] 분별적 사유가 없는[無思] 것이다. 조용하고 고요한[靜寂] 것이 아닐 리가 없다. 여기서 주자周子의 주정主靜이 보인다. 분별적 사유가 없고[無思無慮] 적연寂然하며 감통感通한다란 이고 이래의 것이다. 이것에 관해서 육자는 순수하고[朴] 진실한[實] 오직 그러한[一途] 공부로 충분하다고 하며, 또 심을 사용하는 일이 매우 긴요한 것이 아니라 무심無心일 때가 되어야 한다고 말한다.

순수하고[朴] 진실한[實] 지혜[頭]에서 본 것에 의거해 스스로 공부하는 것만 못하다. (『전집全集』권15)

학자가 심心을 사용하는 일이 매우 긴요하지는 않으며, 깊은 산에 보물이 있어도 그 보물을 얻으려는 마음은 없다. (『전집全集』권34)

불교의 공무소득空無所得 즉 공空하여 얻을 것이 없다는 반야주의般 若主義와 상당히 잘 들어맞는 것으로 보인다. 무엇 때문에 공부하고 무엇 때문이 무심無心이 되어야 하는가? 심心을 해치는 것이 있고, 심을 가리는 것이 있으며, 심을 얽매는 것이 있고, 선천적 자질[資稟]이 있으며, 후천적 습관[漸習]이 있기 때문이다. 여기서 천리天理와 인욕人慾의 사이에 천지 차이가 있다는 것이 드러난다. 이에 이르러 돌이켜 보면 앞에서 천리와 인욕을 일여一如라고 한 것은 주자朱子에 대한 말과 다르지 않음을 알아야 한다.

악惡은 마음[心]을 해칠 수 있고, 선善도 마음을 해칠 수 있다.
(『전집全集』권36)[17]

우주 간에 있는 도道에 어떤[何] 일정한[常] 병病이 있겠는가, 단지 사람 자체에 병이 있을 뿐이다. (『전집全集』권36)

---

17 이것은 대립관(對立觀)이 불가(不可)하다는 말이다. 역주 이 내용은 저본 392쪽에서 해당 인용문 뒤에 긴 줄 표시(―)로 이어진 저자의 설명이다. 각주로 표기하는 것이 적절하다고 판단해서 각주로 처리했다.

단지 마음[心]을 얽매고 있는 것[累者]을 다 제거할 필요가 있다.

(『전집全集』 권35)

사람이 도道를 병病들게 하는 이유는 첫째 자질[資稟], 둘째 습관[漸習] 때문이다.

(『송원학안宋元學案』 권58)

  자질이란 기질성氣質性과 다르지 않다. 여기서 자질[資稟]과 습관[漸習]이라는 두 가지를 말한 것은 간명하기는 하지만 인심人心을 가리는 것에 대해 인정한다고 명백히 말하고 있다. 특히 "달리 선禪이 있다고 할 수는 없고, 단지 오히려 기질적 습관[氣習]이 아직 다 사라지지 않은 것이다"(『전집全集』 권35)라는 말에 이르러서는 육자도 역시 마찬가지로 기질氣質의 성性을 말한다고 해야 하며, 다만 자세하게 말하지는 않았을 뿐이다. 기질성을 보지 않는다면 공부도 수양도 필요가 없어지기 때문이다. 기질적 습관이 있는 이상은 순수하고[朴] 진실한[實] 오직 그러한[一途] 공부, 무심無心이 될 수 있는 방법이 무엇인지가 문제가 된다. 『송원학안宋元學案』 권58에서 섭수심葉水心(1150~1223)은 육자정이 곧바로 합쳐지도록 간단하면서도 빠른[徑要簡捷] 학문으로서 편안히 앉아서[澄坐] 내관內觀하는 것을 가르쳤다고 말하며, 진북계陳北溪는 상산이 사람들에게 온종일 정좌靜坐해서 본심本心을 보존하도록 가르쳤다고 전한다. 대체로 그랬을 것이다. 육자의 철학은 그렇게 간이簡易하고, 이것의 실현 방법도 역시 간이하지 않을 리가 없다. 간이한 방법[法]으로서는 정좌에 의한 자기 본심의 실현 그 이상의 것은 없다.

  육자는 이것을 "외면에서 들어간다[外面入去]"(견문見聞의 학學)라는 방법[法]에 대해서 "이면에서 나온다[裏面出來]"(회광반조回光返照)의 방법이라고 말한다. 본래의 면목을 발휘한다는 말이다. 심心 중에 이理를 그대로 갖추고 있는 이상은 이것을 다른 데서 찾을 필요가 없게 된다. 즉 앞에서 말한 "돌이켜 이것을 구하라[反求之]"이다. 육자는 이것을 고인古人에게서 찾는데 자하子夏와 자장子張(B.C.E. 503~?)에 대비되는 안자顔子(B.C.E. 521~B.C.E. 481)와 증자曾子(B.C.E. 506~B.C.E. 436)의 길[途]이라고 한다.

> 대개 안자[顔]와 증자[曾]는 이면裏面으로부터 나오고, 다른 사람은 외면外面에서 들어간다. 지금 전해지는 것은 자하子夏와 자장子張의 무리들의 바깥에서 들어가는 학문이며, 증자가 전하던 것은 맹자孟子까지는 이르렀지만 다시 전해지지 않았다. (『전집全集』 권35)

이것은 육자가 주자朱子의 학문을 자장과 자하의 도道라고 폄하하고, 자신은 맹자 이후의 한 사람[一人]이라고 자임하는 것이다. 육자는 또 이것을 "문자를 이해한다[理會文字]"에 대비시켜 "근본을 깨닫는다[理會根本]"라고 말한다. 선禪의 불립문자不立文字와 같은 의미다.

> 내 친구(이백민李伯敏)는 도리어 근본은 깨닫지[理會] 못하고 문자만 이해한다[理會]. 실제로는 목소리만 크다. 만약 근본이 튼튼하다면 부끄러워서 문자를 만들 수가 없다. (『전집全集』 권35)

육자는 또 '글자 풀이[解字]'와 대비해 '혈맥 찾기[求血脈]'로써 자기의 도道를 주장한다.

지금의 학자는 독서하면서 오로지 글자만 풀이하고 나아가 혈맥을 찾지 못
한다. 또 정情이나 성性, 심心, 재才와 같은 것은 모두 단지 일반적 사물[物事]
로서 단지 말만 어쩌다가 같지 않을 뿐이다.　　　　　　(『전집全集』 권35)

　육자의 학문은 분석을 멀리하고 총합적으로 근본을 직관하는 것이
주主가 된다. 이렇게 혹은 외면입거外面入去라고 하거나 혹은 이회문
자理會文字라고 하거나 혹은 해자解字라고 한 것은 어느 것이든 주자
일파에 대한 비판이다. 『주자어류朱子語類』124에서는 육자정에 대해
서 "사람들이 성에 대해 말하는 것을 좋아하지 않는다[不喜人說性]"라고
하고, "함양은 주인이고 성찰은 노비다[涵養是主人翁, 省察是奴婢]라고
말했다"라고 하며, "불립문자不立文字인 것이다"라고 하고, 『송원학안
宋元學案』(권58)에서는 사람을 가르칠 때 온종일 정좌靜坐하도록 하고
수많은 변설辯說에 수고스럽게[勞] 휘둘리지[攘] 않도록 했다고 한다.
문자로 치달음으로써 폐쇄[蔽錮]적이 된다고 본 육자는 마침내 다음과
같이 갈파한다.

　학문은 진실로 근본을 아는 것으로서 육경六經은 모두 나[我]에 대한 각주다.
　　　　　　　　　　　　　　　　　　　　　　　　(『전집全集』 권34)

　육경六經은 나[我]에 대한 주석인데, 무엇 하러 육경을 주석하는가?
　　　　　　　　　　　　　　　　　　　　　　　　(『전집全集』 권36)

이 견지見地에 선 육자는 주자 일파를 이단異端이라고까지 부른다.

　천하의 바른 이[正理]는 두 가지일 수 없다. … 만약 이 이理가 자기[私]에게

있는 단서임을 밝히지 못한다면 곧 이단異端인 것이며, 어찌 불로佛老만을 폐지[止]하겠는가.　　　　　　　　　　　　　　　　（『전집全集』권15）

비록 요순堯舜을 똑같이 스승으로 삼더라도 다른 계통[異緖]을 배워서 요순과 같지 않게 된다. 이것이 이단異端이 되는 이유다.　　　（『전집全集』권34）

이와 같으므로 육자의 입장에서 본다면 주자 일파에는 궁리窮理가 없고, 도리어 도道를 해치고 있다. 마치 보살불교가 이승二乘을 외도外道라고 부르는 것을 방불케 한다고 해야 할 것이다.

이理는 모름지기 궁구해야 하는데, 지금 궁리窮理하지 않는 사람에게 대체 언제 이 의미를 궁구할 날이 오겠는가?

학문을 담론할 수는 있지만 계승할 스승이 없거나, 있더라도 스승을 바르게 계승하지 못한 사람이 가장 도道를 해친다. 이런 사람과 논의하면 점점 물들어서 그릇되고[謬] 허망한[妄] 말에 빠지며, 다른 때에 씻어 내기는[洗濯] 어렵다.
　　　　　　　　　　　　　　　　（『전집全集』권15）

거꾸로 주자 쪽에서 육자를 볼 때는 이 간이簡易한 첩경捷徑에 의한 것은 본심本心을 보존하지 못하고, 오직 인심人心을 볼 뿐 도심道心을 보지 못한다. 그가 보는 것은 형기形氣의 허령虛靈한 지각知覺과 다르지 않다. 인심을 갈고닦아 광휘가 찬란해진 것을 천리天理라고 잘못 이해한 것과 다르지 않은 것이다(『송원학안宋元學案』권58). 이것은 주자의 문인門人 진북계의 말로서 그 의미는 전적으로 주자가 선禪을 비평한 것과 다르지 않다.

4. 불교 비평[18]

　육자가 왕순백王順伯에게 준 불교 비평[佛敎評]은 대표적인 것이다. 육자의 조직組織이 전부 불교라고 해야 할 정도임에도 불구하고 오히려 불교를 비평한 것은 유교 독립의 기운이 철학상에서 또 실제상에서 유교계 전반으로 세차게 퍼져 나갔기 때문이다. 장자張子와 정자程子 이후 사상채[謝], 양구산[楊], 호안국이나 호오봉[胡] 등 여러 학자들이 배불排佛에 힘을 썼음에도 불구하고 여전히 아직 유교의 지위를 확정하지는 못한 상황이었다. 주자朱子와 육자에 와서야 비로소 그 위치를 확실히 하고 그 후 주자학파의 배불에 의해 불교는 점차로 그 지위를 유교에 양보한다. 육자의 입각점은 본래 생사는 없다[本無生死], 본래 윤회는 없다[本無輪廻], 본래 번뇌는 없다[本無煩惱]는 말에 있다. 이것은 『반야경般若經』의 주장을 자기 것으로 빼앗아 와서 활용한 것과 다르지 않다. 이 입각점에서 본 육자의 불교 비평은 매우 간단하다.

유교	불교
의義로움을 생각하고, 공公적인 것을 생각하며, 그 때문에 세상을 다스린다 [經世].	이利로움을 생각하고, 사私적인 것을 생각하며, 그 때문에 세상을 벗어난다 [出世].
매우 알맞음[大中].	매우 치우침[大偏].

18 　역주 저본(394쪽)은 차례와 다르게 육상산(陸象山)의 불교 비평[佛敎評]으로 되어 있다. 여기서는 차례에 따라 번역했다.

육자는 도道를 얻어 밝게 깨닫는 불교에서는 대중大中을 알기는 하지만 통상적으로는 생사生死가 큰일이라고 하면서 이 하나의 큰일 때문에 발심發心해서 출세하는 것이 일반적이다, 이것은 대편大偏이다라고 한다. 또 석씨도 사람으로서는 인의仁義를 함부로 버리지 않고 출가했더라도 여전히 사은四恩에 보답하는 일을 잊지 않는데 그렇지만 그가 세운 가르침이 이 때문에 생긴 것은 아니다, 유교는 배움의 궁극은 결국 소리도 없고[無聲], 냄새도 없고[無臭], 정해진 것도 없고[無方], 형체도 없는[無體] 본체에 이르는 것이겠지만 그렇더라도 모두 경세經世를 주로 한다, 석씨는 생사의 바다에서 부침하는 것을 연민한다고 말하지만 부침하는 생사는 유교의 성현聖賢에게 없는 내용이며 그리고 유자儒者가 연민하는 폐해는 석씨에게 있지 않은 내용이라고 말한다.

시험 삼아 석씨와 성현聖賢을 『춘추春秋』의 법法대로 따르게 한다면 마땅히 벗어나지 못한다는 것은 어린애도 안다.

만약 한 가지 법法도 버리지 않는다[不捨一法]에 대해 논한다면 곧 호랑이 굴[虎穴]이나 마귀의 궁전[魔宮]도 실은 부처의 일[佛事]이고, 음방淫房이나 주사酒肆도 전부 도량道場이다. … 도道는 하나일 뿐이다. 개두환면改頭換面할 수 없다.

(『전집全集』 권1)

육자의 이 비평은 바로 대승불교의 견지에 입각한 것으로서 "중생을 돌보는 부처의 일에서는 누구 하나 버리지 않는다[佛事門中不捨一法]"라는 위산의 게偈에 의거해 출가를 공격한 것이다. 이 게는 실은 유가儒家에 불교 공격의 구실을 제공하며, 더욱이 배격할 가치를 부여한다고 해야 할 것이다.

주자는 육자의 이 말에 대해 "의리義利나 공사公私에 대한 논의가 모두 분명하지 않다. 대개 석씨釋氏가 말하는 견성見性이란 공허한 견해[虛見]일 뿐이다. 유자儒者가 말하는 성性은 오직 인의예지仁義禮智이며 모두 실질적인 일[實事]이다"라고 하며 "오로지 허실虛實을 다퉈야 한다"라고 하면서 육자가 허虛와 실實이 아니라 경세經世냐 출세出世냐를 다툰 것을 비웃는데, 그렇지만 허실의 비판은 유가의 말이고 불자佛者의 입장에서 본다면 반대로 심천深淺을 다퉈야 한다. 육씨가 경세와 출세로 따진 것은 어떠한 반대도 허용할 수 없는 점이 있다. 주자는 다방면으로 배불排佛하지만 귀착점은 단지 인도人道를 무시한다는 말에 있다. 그 점에서 두 사람은 일치한다. 아마 불교에 대해 이해하고 있는 두 사람으로서는 그 이외의 적절한 약점을 발견할 수 없었을 것이다.

유정부가 선禪의 말에 대해 "바른 사람[正人]이 삿된 말[邪說]을 하면 삿된 말도 바르다. 삿된 사람[邪人]이 바른 말[正說]을 하면 바른 말도 삿되다"라고 한 데 대해 육자는 "이것은 삿된 말이다. 바르면 곧 모두 바른 것이고, 삿되면 곧 모두 삿된 것이다. 바른 사람에게 어찌 삿된 말이 있을 것이며, 삿된 사람에게 어찌 바른 말이 있겠는가. 이것은 유교[儒]와 불교[釋]를 구분한 것이다"(『전집全集』 권35)라고 말한다. 육자의 말에 일리가 있다. 그럼에도 두 사람의 생각은 일치한다고 해야 한다. 육자가 "또 세계와 같은 것은 이와 같이 홀연히 생겨난 한 가지라고 선禪에서는 말한다. 바람이 없어도 물결이 일어난다거나 평지에

서는 언덕이 생겨났다고 한다"(『전집』권34)라고 말한 것은 선가禪家의
이러한 역리逆理적 논법에 대한 것이다.

육자의 사상과 불교의 관계를 요약하면 대략 다음과 같다.

① 절대일심絶對一心의 본체관本體觀: 우주는 곧 내 마음이고 내 마
음은 곧 우주다.

② 본유설本有說: 이면으로부터 나온다.

③ 무작설無作說: 분별적 사유가 없고 작위가 없이 적연하고 부동
하다.

④ 객진설客塵說: 인심人心은 본래 아무 일이 없는데, 사물 때문에
어지러워져 끌려간다.

⑤ 내관설內觀說, 반구설反求說: 도道는 돌이켜 구하는 데 있지, 바깥
으로 나가는 데 있지 않다.

⑥ 선정설禪定說: 온종일 정좌靜坐한다.

⑦ 무소득설無所得說: 깊은 산에 보물이 있어도 그 보물을 얻으려는
마음은 없다.

⑧ 대립타파설對立打破說: 악惡은 마음을 해칠 수 있고, 선善도 마음
을 해칠 수 있다.

⑨ 초지설超智說: 함양은 주인이고 성찰은 노비다. 사람들이 말하는
성性을 좋아하지 않는다.

⑩ 불립문자설不立文字說: 말로 할 수 없으며 말하면 곧 옳지 않다.
평생 말했지만 아직 한마디도 한 적이 없다. 육경六經은 나[我]에 대한
주석이다.

⑪ 사리상즉설事理相卽說: 도道와 별도로 일은 없고 일과 별도로 도

는 없다.

⑫ 제법실상설諸法實相說: 도리道理는 오로지 눈앞의 도리다. 음방淫房이나 주사酒肆도 전부 도량道場이다.

제8장

금金의 이병산李屛山과 불교

이병산李屛山의 이름은 순보純甫, 자字는 지순至純이며 스스로 병산屛山을 호號로 삼았다. 홍주弘州 출신이다. 승안承安 2년(1197)에 경의진사經義進士가 되며, 47세에 요절한다. 흥정興定 4년에 태어나 천원天元 2년에 죽은 것(1220~1223)[19]이다. 자질과 품성이 매우 뛰어났으며, 천하의 책을 안 읽은 것이 없고 무엇보다 『장자莊子』, 『열자列子』, 『전

---

19 역주 저본 397쪽에 해당한다. 이병산의 생몰년은 일반적으로 1185~1231년이라고 알려져 있다. 이에 따르면 47세에 사망했다는 말과도 일치한다. 한편 저자는 다른 글에서 이병산의 생몰년을 대략 1175~1231년으로 추정하고 있기도 하다(常盤大定, 「金の李屛山撰鳴道集說について」, 『續支那佛敎の硏究』, 東京: 春秋社松相館, 1941, 433~434쪽). 어떤 경우든 여기서의 1220~1223년과는 내용적으로 맞지 않는 것 같다. 오기인 것 같다.

국책戰國策』에 능통했으며 나중에 불서佛書를 보는데 이미 읽은 여러 사상가들의 글을 가지고 이것을 읽으면서 일단 그 마음에서 합쳐지는 점이 있었다. 이에 3가家를 합쳐서 하나로 만들며, 『명도집설鳴道集說』을 지어서 선대의 유학자들[先儒]의 말과 불교가 합치하지 않는 점에 대해 주해註解한다. 이 글은 유불 교섭사상에서 볼 때 중요한 위치를 점유하지만, 일찍이 산일되어 전해지지 않는다. 『송원학안宋元學案』에서조차 겨우 한 장[葉]밖에 없다. 아마 수색이 충분하지 않은 것 같다. 다행히 『불조통재佛祖通載』 제31권 중에서 총 217편 중 19편을 보존하고 있다.[20]

이병산의 사상은 『명도집설鳴道集說』 외에 다음과 같은 여러 문헌에서 나타난다.

· 소식蘇軾이 지은 사마광司馬光의 묘지墓誌 중의 일절一節에 대해 논한 것: 『불조통재佛祖通載』 제28에 수록.
· 정명도程明道가 이단異端을 논한 것에 대한 변론: 상동上同.
· 설숭契嵩의 『보교편輔敎篇』에 추가한 서序.

---

20 <u>역주</u> 이와 관련해서 참고할 만한 다음과 같은 사항이 있다. 즉 공간(公刊)된 『명도집설(鳴道集說)』은 다음과 같다. ① 李之純(純甫) 述, 赤松連城 校點, 『屛山李先生鳴道集說』, 京都: 淸水精一郎, 明治28(1895), ② 李屛山 著, 「鳴道集說」, 藍吉富 編, 『大藏經補編』 26, 台北: 華宇出版社, 民國73(1984), ③ 李屛山 著, 「鳴道集說」, 柳田聖山·椎名宏雄 共編, 『禪學典籍叢刊』 第2卷, 京都: 臨川書店, 1999, ④ 李屛山 述, 「鳴道集說」, 宗仰上人 主編, 『(庚辰年冬月)頻伽大藏經(續)』, 頻伽大藏經重刊委員會 編 195, 北京: 九洲圖書出版社, 2000. 한편, 도키와 다이조의 『중국의 불교와 유교 도교』라는 본 저서는 1930년에 초판이 발행되었으며, 이후에 출간한 본인의 저서 常盤大定, 「金の李屛山撰鳴道集說について」, 『續支那佛敎の硏究』(東京: 春秋社松柏館, 1941)에서도 이에 관한 내용이 있어서 참고할 만하다.

- 숭산嵩山 소림사少林寺의 중수면벽암기重修面壁庵記: 본 저자著者의 탁본拓本.
- 숭산 소림사의 신수설정서사기新修雪庭西舍記: 본 저자의 탁본.

이상의 것들을 통틀어 보면 병산의 입각점은 불교에 있다. 선유先儒가 이를 이단異端으로 본 데 대해 불교의 높고 넓은 입장에 서서 이단은 없다고 하고, 그 높고 넓은 입장에서 삼교三敎를 일치시키는 데 입각점이 있다. 송의 주자로부터 명의 왕양명으로 옮겨 가는 과정에서 중요한 역할을 한 것 같은데, 그 저서『명도집설鳴道集說』이 일찍이 산일된 것 같아서 유감이다.

『명도집설』이 어떤 배경하에서 만들어졌고, 어떤 사상에 입각했는지는 이 글에 덧붙여진 금나라 말기에서 원나라 초기의 중서령 담연거사 야율초재 진경[中書湛然居士移刺楚才晉卿]의 서序(『불조통재佛祖通載』제31 수록), 원나라 염상念常의 서설敍說(『불조통재』제31 수록), 이병산의 서(『불법금탕편佛法金湯編』에 인용된『황문헌집黃文獻集』) 등에서 나타난다. 『불조통재』가 19편의 최후에 내세운 결론을『보교편輔敎篇』의 관두冠頭에서 권5라고 한 것에 따르면 이 글이 5권으로 구분되어 있다는 것을 알 수 있다. 진경晉卿(1190~1244)의 서 및 염상의 서설에 의하면 이 저서는 다음과 같은 연기緣起가 있다.

병산屛山거사는 29세에『복성서復性書』를 읽고, 이습지李習之(이고)가 29세에 약산藥山에게 참여하고 물러나 글을 쓴 것을 알고 크게 분발한다. 날마다 만송萬松을 찾아가 격렬히 논쟁하고는 물러나 글로 정리하다가 세 성인[三聖人]의 이치[理]의 본질[性]을 깊이 이해하게 되었으며 결국 귀착점은 불조佛祖

에 두게 된다.

강좌江左 지역의 도학道學은 이천伊川 형제가 주도하고 이에 호응한 10여 명의 사상가[家]들이 유교에 입각해 불교를 비난하면서 『명도집鳴道集』 217종種의 견해를 피력한다. 어느 것이든 진실에 미혹하여 본성[性]을 상실하고 현상[相]에 집착하여 명분[名]을 따지면서 투쟁의 단초[端]를 일으켜 혹업惑業의 허물[咎]을 짓는다. 아마 법성法性이 융통하다는 것을 통달하지 못해서인 것 같다.

이에 병산屛山은 안타깝게 여겨 『명도집설鳴道集說』을 지어서 만세萬世의 견문을 넓히고 천하의 성명性命을 바로잡으려고 한다. 병산은 임종할 즈음 이 글을 경정신敬鼎臣에게 주면서 "이것은 내가 마지막으로 남기는 저작이다. 이것을 비밀로 지켜야 한다. 마땅히 지지하는[賞音] 사람이 있을 것이다"라고 말한다. 정신은 진경晉卿이 병산의 글을 절박하게 찾는다는 말을 듣고 몇 번이고 수백 리 길을 멀다 않고 걸어서 찾아가 연燕 지역에 이르러 글[藁]을 만송萬松 스승에게 헌납하며 진경에게 전해 달라고 부탁한다. 진경은 글을 읽으며 며칠 동안이나 감읍하고는 "예전에 내가 『명도집鳴道集』을 봤는데 몹시 평안하지가 않았지만 글을 써서 그 잘못을 규탄할 여유가 없었다. 어찌 병산이 나보다 먼저 채찍[鞭]을 휘둘렀다는 생각만 하고 있겠는가"라고 말한다. 이것을 가지고 진경은 앞장서서 강좌江左 지역 서생書生들이 잘 분간하지 못하는 고질병[膏盲病]에 일침을 가하고, 중원中原 지역에서 이런 질병이 있는 사대부들에게는 치료약으로 삼도록 한다.

이에 따르면 『명도집설鳴道集說』은 강좌江左의 여러 유자들이 불교에 대해 제기한 217종의 견해를 담은 『명도집鳴道集』에 대해 반박한 글이라는 것을 알 수 있고, 병산의 만년의 저작이다. 홍정興定과 천원天元 사이(1217~1223)일 것이다. 『통재通載』가 가태嘉泰 4년(1204) 아래에 이것을 게재한 것은 잘못이다. 형식은『불조통재佛祖通載』에 수록된 19편을 통해 판단해야 한다. 이러한 19편은 다음과 같은 여러 사상가에 대한 것으로 이들 모두에 대한 병산의 반박이 있다.

우수迂叟(사마광司馬光): 1편.　　원성元城(유안세劉安世): 2편.

횡거橫渠(장자후張子厚): 1편.　　구산龜山(양시중楊時中): 2편.

명도明道(정호程顥): 2편.　　　 남헌南軒(장식張栻): 1편.

이천伊川(정이程頤): 5편.　　　 회암晦菴(주희朱熹): 2편.

상채上蔡(사량좌謝良佐): 2편.　　안정망전安正忘筌: 1편.

이병산의 대체적인 사상은 정명도가 이단異端을 논한 것에 대한 변론에서 나타난다. 명도의 이단론異端論은 아주 적절하고 뼈저리게 느껴져서 상당히 학자들의 마음을 감동시킨다. 다음과 같은 내용이다.

도道가 밝혀지지 않는 것은 이단異端이 이를 방해[害]해서다. 예전의 방해는 얕아서 알기 쉽다. 요즘의 방해는 심오해서 알아보기 어렵다. 예전에는 사람의 미혹하고 사리에 어두운 점[迷暗]을 이용해 헷갈리게[惑] 했고, 요즘에는 높은 식견[高明]에 편승해 미혹[惑]시킨다. 스스로 신神을 궁구하여 변화[化]를 안다고는 하는데, 더욱이 만물의 의미를 깨달아 일을 이루기[開物成務]에 충분하지 않다. 말은 두루두루 번드르르[周徧]하지만, 사실은 곧 윤리倫理에 어긋난다. 깊이를 궁구하고 미묘한 것을 지극히 밝히지만 요순堯舜의 도道에 들어가지는 못한다. 천하의 학자들은 견문이 좁거나[淺陋] 고집스럽지[固滯] 않은데 곧 반드시 이것에 빠져든다. 슬플 뿐이로구나.

병산은 "여러 유자들이 불로를 배척한 말로서 이만큼 심각하고 아

픈 것은 없다. 나는 『주역周易』을 읽고서 이단異端이라도 괴이하다고
만 여길 수는 없음을 알았고, 『장자莊子』를 읽고서는 이단이 모두 기
뻐할 내용이 있음을 알았으며, 『유마경維摩經』을 읽고서는 이단이 아
니라는 것을 알았고, 『화엄경華嚴經』을 읽으면서 비로소 이단이란 아
예 없다는 것을 알았다. 『화엄경』에서 말하기를, 입법계품入法界品의
선지식善知識 53인은 모두 아주 오랜 동안[無量劫] 보살도를 행한 사람
들로서 국왕, 장자, 거사, 승니, 부인, 여자아이[童女], 외도外道, 귀신,
뱃사공[船師], 의사, 점쟁이, 죽향자粥香者는 법문이 아님이 없다. 무염
족왕의 잔인함, 바수밀녀의 음탕함, 승열선인의 고행, 취사동자의 희
극, 대천大天의 괴이함, 주야主夜의 깊은 그늘[幽陰]에도 모두 크나큰
해탈解脫이 있으며, 이 법계 중에 다시 이단이란 없는 것이다"라고 말
한다. 병산은 공자, 노자, 부처[佛] 세 성인聖人의 그 마음[心]은 같고 자
취[迹]는 다르며, 그 도道는 하나이고 가르침[敎]은 세 가지라고 논하며
다음과 같이 말한다.

글 짓는 일[翰墨文章]도 유희삼매遊戱三昧이며, 도사의 두건[道冠]이나 유자의
신발[儒履]은 모두 보살의 도량道場이다. 여러분[諸君]의 종합하는 지혜[總慧]
나 분별하는 재주[辨才]도 유래가 있는데 특히 다른 삶[他生]에서의 일 때문이
지만 이를 잊어버렸을 뿐이다. 하물며 정씨程氏의 학문은 불서佛書에서 나왔
고 또 성誠을 사람들에게 가르친다. 성리性理를 궁구하는 학설에 이르면 오
히려 가슴속에 이것[此物](불교)이 있는 것임에도, 진실로 잘 구분 못 하는 고
질병[病膏盲]에 걸린 것이다.

이병산의 변론은 몹시 지나친 점이 있지만, 화엄원교華嚴圓敎의 이

의義理에 입각한다면 이러한 사상에 도달하는 일이 부당하지는 않다. 병산은 이 입각점에 서서 이교二敎를 대승불교로 일치시키려고 하는 것이다. 병산이 화엄원교를 귀추로 삼은 것은『명도집설』19편 중에서도 몇 번인가 반복된다. 명도가 "불교는 대개 인륜을 끊는 것이다"라고 비난한 데 대해서 병산은 "정씨程氏는 소승小乘의 교상敎相의 말만 몰래 듣고서 이를 공격한다. 어찌『유마維摩』나『화엄華嚴』의 밀지密旨를 알겠는가"라고 말하며, 유원성劉元城이 "유교와 불교와 도교[儒釋道]가 그 마음[心]은 모두 하나이고, 각각의 문하[門庭]에서 시설한 것이 같지 않을 뿐이다"라고 한 데 대해서 병산은 "원성의 논변은 참으로 훌륭한[善] 것이지만 안타깝게도 아직 화엄원교의 뜻[旨]을 알지 못한다"라고 하고, 양구산이 "유교와 불교는 서로 위아래[軒輊]가 있다"라고 한 데 대해서 병산은 "『능엄경楞嚴經』을 읽으면 유교가 불교의 아래라는 것을 알게 되고,『아함』등의 경전을 읽으면 불교가 유교의 아래에 있는 것처럼 생각하게 되며,『화엄경華嚴經』을 읽게 되면 불교도 유교도 없고, 크다 작다도 없고, 높다 낮다도 없으며, 불교든 유교든, 크든 작든, 존재하든 사라지든 자재自在하게 된다"라고 말한다. 그래서 그가 귀추를 화엄원교에서 찾는다는 것을 알 수 있다. 19편 중에 인용된 것을 통해 병산의 불교지식을 판별해 보면『반야般若』,『유마維摩』,『화엄華嚴』,『법화法華』,『능엄楞嚴』,『원각圓覺』,『아함阿含』등 여러 경전에 관한 것으로서 이 점에서 주자朱子에 비해 특히 뛰어난 것으로 보이지는 않는다. 그럼에도 대승불교의 이상을 깨닫고[理會], 오묘한 문장으로 논의를 종횡으로 펼친 것은『화엄』의 교지敎旨에 통했기 때문이다.

19편 중에 나타난 내용을 개설해 보면 『명도집설』에서 논의된 것 중에 이론 방면에 관한 것은 적은 것 같다. 그중에서 비교적 이론적인 것을 열거하면 다음과 같이 5편에 지나지 않는다.

① 우수(사마광)는 "석釋에게서는 공空을 취하고, 노老에게서는 무위자연無爲自然을 취하는데, 이것을 버리면 취할 것이 없다. 공은 이욕利欲의 마음[心]이 없다는 의미를 취하는 것이다. 무위자연은 인임因任 즉 그대로 맡겨 둔다는 의미를 취할 뿐이다"라고 말한다. 이에 대해서 병산은 "석의 공은 불공不空이고, 노의 무위無爲는 하지 않음이 없는 것이다. 그 이치[理]가 자연스러워서 취사取捨할 것도 없다. 그는 애오愛惡의 염념念으로써 시비是非의 견해[見]를 일으킨다. 어찌 석로를 배운 사람이겠는가. 이욕의 마음이 없음을 취하는 것은 곧 이욕심利欲心이고, 인임을 취하는 것은 바로 유위有爲이며 자연自然이 아니다"라고 한다.

② 이천은 "『화엄경華嚴經』을 보는데 간괘艮卦 하나만 같지 못하다"라고 한다. 이에 대해서 병산은 "정자는 간괘를 가지고 머물러야 할 곳에 머무르지 않으며, 석씨에 대해서 불 꺼진 재[死灰]나 고목나무[槁木]처럼 되는 데 그치려 한다고 의심한다. 어찌 화엄원교의 뜻[旨]을 알겠는가. 하나의 법法이라도 있다면 비로毘盧도 진로塵勞에 떨어지고, 만법萬法이 만일 없다면 보현普賢은 그 경계를 잃는다. 이것을 세로로 말하면[堅說] 57성위聖位가 손가락 한 번 퉁기는 사이에 해인海印처럼 일시에 나타나고[頓現], 이것을 가로로 말하면[橫說] 53법문法門이 털끝 하나에서 제망帝網처럼 서로 펴진다. … 일찍이 이 글이 이르지 않았다면 도道를 배우는 사람은 구덩이에 빠지고, 현玄을 담론하는 사람은

사견邪見의 경계[境]로 들어갔다"라고 한다.

③ 남헌은 "천명天命의 전체全體가 유행하며 고금에 걸쳐 만물을 관통한다. 석씨가 만법萬法을 심心이 일으켰다고 한 것은 태극太極 본연의 전체에 어두워 거꾸로 자리自利나 자사自私를 위하고 있는 것이다. 이것은 역시 인심人心일 뿐이고 도심道心을 알지 못하는 것이다"라고 한다. 이에 대해서 병산은 "장식이 말한 천명의 전체는 석씨의 심이다. 장자張子의 말은 전적으로 불로에서 나왔고 털끝만큼의 차이도 없다. 그런데도 만법이 심에 의한 것이 아니라고 의심하며 이것을 태극에 귀결시키는데 이는 태극이 무엇인지를 알지 못하는 것이다. 감정과 지식[情識]으로 가늠하며 헤아리고, 입으로는 도심道心을 말하지만 사실 알지 못하며, 도리어 불교가 인심으로 자사한다고 말하는데 헷갈리고[惑] 있는 것이다"라고 한다.

④ 회암은 "성性은 고정적이며 움직이지 않지만 그럼에도 나타나지 않는 곳이 없다. 나타나지 않는 곳이 없는데 언제고[曷] 줄어들[虧欠] 일이 있겠는가? 석씨의 병病은 정신精神이나 혼백魂魄을 성이라고 잘못 안 데 있다. 과연 성을 보았다면 이것을 망견妄見이라고 할 리가 없다. 이미 망견이라고 한다면 성이 본래 공空하다고 할 수는 없다. 이러한 말들은 아직 밝지[瑩] 않은 것이다. 아마도 아직 분명하게 깨닫지 못한 것이다"라고 한다. 이에 대해서 병산은 "성性은 동정動靜이 없고 또 휴성虧成도 없다. 석씨가 어찌 정신이나 혼백을 성이라고 하겠는가. 성공性空을 보지 못한 것을 망견이라고 한다. 성공을 본다면 어찌 망견이겠는가. 견見을 볼 때 견은 오히려 견이 아닌데 어찌 분명하지 않겠는가. 아마도 아직 분명하지 않은 것은 주자의 말이고 아직 밝지[瑩]

않아서일 뿐인 것 같다"라고 한다.

⑤ 회암은 "근세의 학자는 성인聖人의 도道에 들어가는 실질적 학문
[聖門實學]의 근본根本과 차제次第를 알지 못하고 불로의 말에 빠져들어
천지天地나 만물萬物, 인륜人倫, 일상의 작용[日用] 외에 별도로 공허空
虛하고 묘妙하며 헤아릴 수 없는[不可測] 어떤 것[一物]이 있다고 하며
이것을 일견一見하는 것을 요행徼倖으로 여기면서 극치로 삼는데 아직
이에 빠져 보지 않은 사람은 없다"라고 한다. 병산은 "천지, 만물, 인
륜의 작용은 모두 형이하形而下의 것이다. 형이상形而上은 누구의 말
인가? 주자는 늙어 빠져서[耄] 이 말을 잊어버리고 불로의 말이라고 한
다. 나는 공자[夫子]의 도道가 쓸려 나가는 것[掃地]은 걱정하고 있다.
그렇지만 불교의 이른바 색즉시공色卽是空을 말하지 않을 수가 없다.
어찌 별도로 일물一物이 있겠는가. 주자는 기획적으로 두 가지라고 한
다. 이에 여기에 빠져 있다는 것을 자신이 모를 뿐이다"라고 한다.

④와 ⑤의 주자朱子의 비난에서 그 의미를 판명하지 못하고 있는
것은 아마 주자가 불교사상에 대한 이해가 부족한 탓이다. ④에서 석
씨가 성性으로 착각했다고 한 정신이나 혼백이란 아마 『능엄경楞嚴
經』의 여래장如來藏이라는 오묘하고 진실한 본성[妙眞性]을 의미하는
것일 테고, ⑤에서 별도의 공허空虛하고 묘妙하며 헤아릴 수 없는[不可
測] 어떤 것[一物]이 있다고 한 것도 바로 이것을 가리킨다. 이에 대한
성공性空, 망견妄見 등의 비난은 병산의 답변을 아울러 볼 때 불교에서
성공에 도달한 것을 견성見性이라 하고 성유性有에 정체된 것을 망견
이라고 한다는 것을 이해하지 못한 비난이다. 주자의 의도는 유有를
보는 것은 망견이라는 것이다. 견견이라고 말한다면 성공이라고 할 수

없다는 것이다.

병산은 글 짓는 재능이 있는[文藻] 인물[士]이다. 그의 오묘한 문장과 교묘한 말은 비할 데가 많지 않다. 더욱이 『화엄華嚴』, 『능엄楞嚴』, 『원각圓覺』 등 여러 경전을 근본 성전聖典으로 삼은 원교圓敎의 교지敎旨를 이해하고 종횡으로 여러 사상가의 학설을 비판하면서 핵심[肯綮]을 찌른다. 이상에서 열거한 5편을 통해 병산의 입각점과 이해의 정도를 가늠해 볼 수 있다.

『명도집설鳴道集說』에 추가된 자서自序를 보면, 노자·공자·장자·맹자 등 네 명을 성인聖人으로 보고 있으며, 열자에 대해서는 반박하고, 순자는 조잡하다고 하며, 양웅과 왕통은 분수없이 성인으로 자칭했다고 하고, 한유와 구양수는 방탕하게 글을 썼다고 하며, 성인의 도道가 전해지지 않은 1,500년을 한탄한다. 불교에 대해서는 "불교의 지극한 말씀과 묘한 이치[至言妙理]는 우리 옛 성인의 마음[心]과 은근히 [魄然] 부합하는데 돌이켜 보면 그 무리들이 그 취지를 드러내지 못했을 뿐이다"라고 하고, 그 뒤로는 여러 유학자들이 불교를 취하여 그 사상을 증명한다고 하면서 유불의 조화는 당의 이고로부터 시작해서 송대에 이르러 왕개보王介甫(왕안석) 부자, 소자첨 형제들이 앞뒤에 서서 『주역』·『시경』·『서경』·『논어』·『맹자』·『노자』·『장자』 등을 모두 불교에 의거해 해석했다고 서술하고, 다음으로 여러 유자들을 열거하면서 다음과 같이 말한다.

염계濂溪, 속수涑水(사마광), 횡거橫渠, 이천伊川의 학문이 잇따라 일어났다. 상채上蔡, 구산龜山, 원성元城, 횡보橫甫(장구성)와 같은 무리들이 여기에 가세

했다. 동래東萊, 남헌南軒, 회암晦菴 등의 글이 많이 나와서 그 말들이 마침내 방대해졌다.

마지막으로 "여러 선생들의 논의를 보고서 옛 성인聖人의 사멸하지 않은 대도大道에 장차 합치하려 한다는 것을 알았다. 장차 합치하려 하다가 또 떨어져 나갈까 봐 걱정돼서 이 글을 짓는다"라고 말한다. 병산의 목적이 유교사상을 불교철학과 합치시키려는 데 있다는 것을 알 수 있으며, 맨 뒤에 추가한 발문跋文에서 "논의가 이에 이르면 유불의 말은 일가一家가 된다"라고 한 것은 분명하게 유불의 일치를 앞장서서 외치는 것이다. 그러나 "그 공용功用은 출처가 다르고, 말로 한 경우와 안 한 경우 등이 다르기 때문에 분별이 생겨서 동이同異를 논하게 된다"라고 하면서 유자휘劉子翬(1101~1147)는 통달洞達했고, 장구성張九成은 정교하고 깊으며[精深], 여백공呂伯恭(여조겸)은 융통融通적이고, 장경부張敬夫는 한결같이 반듯하며[醇正], 주원회朱元晦는 엄격하고 고결하다[峻潔]는 등 이 다섯 사람을 열거하고 이러한 학자들의 불교 비평에 대해 다음과 같이 말한다.

불로佛老에 대해 논하는데 실제로는 함께하면서 글로는 함께하지 않으며, 양陽으로는 배척하고 음陰으로는 도와주는데 아마 숨은 의도[微意]가 있는 것 같다. (『거사전居士傳』, 『불법금탕편佛法金湯編』)

병산은 이러한 여러 유자들의 배불排佛을 표면적인 것으로 보고 있다. 천고千古의 절학絕學을 주창하고 말류末流의 해묵은 자취[塵迹]를 쓸어버려 그 학설을 세상에 널리 알리기 위해서는 바로 그렇게 하지 않을 수가 없어서라는 것이다. 그러나 호인胡寅처럼 헐뜯는 데 그치지 않은 백면白面의 서생書生들은 여러 노老선생들의 뜻을 알지 못하고서 표면상의 언어를 가지고 구실로 삼아 불교를 이단시異端視하기도 한다. 당시 이천의 학문은 강동江東으로부터 북쪽으로 점점 퍼지게 되며 고명한 자질을 지닌 진신縉紳의 복식을 갖춘 선비[士]들이 모두 기뻐하면서 이단異端을 규탄하는 소리가 점차 천하에 확산하게 된다. 이것이 병산이 이 글을 만든 이유다. 병산은 이와 같이 폭넓은 사상을 지니고 있기 때문에 유교도들에게 배척당했다고 한다.

이병산은 주자朱子와 동시대의 후배로서 송유의 여러 사상가들이 앞뒤로 배출되며 논의가 매우 정교해지고 불교사상과의 교섭이 많아지기가 전무후무하던 시대에 태어났다. 이 시대에 태어나 안팎으로 두루 살피고 명석한 두뇌를 겸비하여 창달暢達한 글솜씨를 발휘한다. 그의 저작에서 유불의 교섭을 논한 것은 매우 많고, 그 점에서는 앞뒤로 비할 바가 없어 보인다. 유불 양 교 사이의 적극적이거나 소극적인 관계를 본다는 점에서 이병산의 저작은 참으로 비할 데가 없는 자료다. 숭산嵩山 소림사少林寺의 면벽암面壁庵에 병산의 중수면벽암기重修面壁庵記 및 신수설정서사기新修雪庭西舍記가 있다. 흥정興定 6년(1230)에 세워진 것이라고 한다면 아마 병산의 짧은 인생 중에서도 만년晩年에 속하는 것이다. 이러한 두 가지 기記 중에 유불의 관계를 언급한 곳이 꽤 있다. 면벽암기面壁庵記 중에는 "부처[佛]는 곧 성인聖人이지만 성인이 부처인 것은 아니다. 서쪽에는 중국의 책[書]이 있지만 중국에는 서쪽의 책이 없다"라고 하면서 불교를 구경究竟으로 인정해야 한다고 말하며, 다음으로 교외별전敎外別傳의 선禪이 천하에 보급되면서 교리 중심의 사문[義學沙門]에게 점차 다가가고 학사學士나 대부大夫에게도 파급되었다고 서술하며, 끝으로 선禪의 영향을 논하면서 다음과 같이 말한다.

글을 저술한 사람으로서 청량淸凉은 『화엄華嚴』에 대한 소疏를, 규봉圭峰은 『원각圓覺』에 대한 초鈔를, 무진無盡은 『법화法華』에 대한 해解를, 영빈潁濱은 『노자老子』에 대한 석釋을, 길보吉甫는 『장자莊子』에 대한 주註를, 이고李翶는 『중용中庸』에 대한 술述을, 형공荊公 부자父子는 『주역周易』에 대한 논論을, 이천伊川 형제는 『시詩』와 『서書』에 대한 훈訓을, 동래東萊는 『좌씨左氏』에 대한 주注를, 무구無垢는 『논어語』와 『맹자孟』에 대한 설說을 지어서 성인聖人의 도道가 적멸에 빠지지 않도록, 허무虛無해져 사멸하지 않도록 했다.

설정서사기雪庭西舍記에는 이 면벽암기面壁庵記가 일단 나오는데 여러 유자들이 야단스럽게 병산을 공격하면서 "징관[觀]과 종밀[密] 두 분[師]은 원래 불교를 공부한 사람들이고, 이고李翶, 왕개보王介甫, 여혜呂惠, 소자유蘇子由, 장천각張天覺은 불교에 아첨한 사람들일 뿐이다. 이천伊川, 동래東萊, 무구無垢와 같은 여러 선생들은 불로를 원수처럼 여긴다. 당신이 부처가 도道를 얻었다고 하는 것은 역시 거짓이 아닌가?"라고 하자 병산은 이에 응수하며 "여러 선생들의 글은 이른바 양제음조陽擠陰助 즉 겉으로는 배척하고 속으로는 돕는 점이 많다. 호인은 이천의 문하에 있으면서 배불排佛을 심화시켜 『숭정변崇正辯』 70여 편을 지어 헐뜯지 않은 것이 없었지만 단지 상계像季 이래의 파계승破戒僧을 공격할 뿐이다. 요즘에 쓴 『독사관견讀史管見』을 읽어 보면 그 말은 여러 유자들을 두루 꾸짖고 있지 않은가?"라고 하고, "불서를 깊게 읽으면 그 범위[庭戶]를 알기가 쉽지 않고, 그 깊이[奧究]를 궁구하기 쉽지 않으며, 그 변론[辨]은 꺾기가 쉽지 않고, 그 정묘하고 지극한 [精極] 경지는 도달하기가 쉽지 않은데 어찌 노장老莊에 의거해 얻을 수 있겠는가"라고 하면서 자기의 입각점이 불교에 있음을 드러낸다.

병산은 또 설숭의 『보교편輔敎篇』에 서문[序]을 지어 "이고가 약교에게 참여하여 『복성서復性書』를 짓게 되자 장재와 이정자가 출현했고 그 무리들인 장구성, 유자휘, 장식, 여조겸, 주희 등은 모두 불조佛祖의 뜻을 빌려서 경서經書를 주석하여 스스로 일가一家의 말을 만든다"라고 말한다. 그러므로 이병산의 견해로는 당의 이고李翶(습지習之) 이하 송의 주돈이周敦頤(염계濂溪), 사마광司馬光(속수涑水), 장재張載(횡거橫渠), 정명도程明道, 정이천程伊川, 왕형공王荊公(개보介甫) 부자父子, 소철蘇轍(영빈潁濱) 형제, 장상영張商英(천각天覺=무진無盡), 사량좌謝良佐(상채上蔡), 양시중楊時中(구산龜山), 유안세劉安世(원성元城), 장구성張九成(횡포橫浦=무구無垢), 여조겸呂祖謙(백공伯恭=동래東萊), 여혜경呂惠卿(길보吉甫), 장식張栻(경부敬夫=남헌南軒), 유자휘劉子翬(병산屏山), 주희朱熹(원회元晦=회암晦菴)에 이르기까지 누구든 불교를 빌려서 유교를 설명하지 않은 사람은 없고 때로는 불교를 배척하기도 하지만 그것은 천고千古의 절학絶學을 일으키기 위해 어쩔 수 없이 한 일로서 이른바 양제음조陽擠陰助의 의미와 다름없는 것이며, 호인胡寅(치당致堂)이 헐뜯은 것까지도 속마음[內心]은 불교에 있다고 보는 것이다. 아무래도 불교에 치우친 관찰이기는 하지만, 이천과 주자 일파의 배불이 절학絶學을 부흥시키기 위해서 다시 말하면 오랫동안 불교보다 질이 떨어지는 것[下風]으로 간주당하며 그 뒤를 따르는 일[後塵]이나마 감사히 여기는 유교를 독립시키기 위해서 당당히 배불의 논진論陳을 펼쳤다고 본 것은 아마 공평한 논의다. 이렇게 보아야만 주자의 논법에 때로는 모순이 있고 일관적이지 않은 이유를 이해할 수 있을 것이다. 병산이 여러 사상가와 불교의 교섭을 논하면서 특히 그 이해가 있고 박람博覽했다는 것은 유불 관계를 보는 데 자료로 삼은 것이 이고의『중용中庸』, 양정兩程의『시詩』와『서書』, 왕형공의『주역周易』, 소자유의『노자老子』, 여길보의『장자莊子』, 장구성의『논어[語]』와『맹자[孟]』, 여동래의『좌씨左氏』 등으로서 어느 것이든 불교 특히 선禪을 통해 해석되었다고 말한 데서 나타난다. 아마 고금古今의 학자 중에서 이렇게까지 박람하거나 더욱이 사상의 근본을 이해한 사람은 찾아보기 힘들다. 안타깝게도 병산은 겨우 47세에 사망한다. 만약 천수天壽를 다 누렸다면 아마도 중국철학사에서 수많은 사상을 형성했을 것이다.

하

송유宋儒 이후
명유明儒와 불교

서설序說　　　　　　　　　　　　　　　　　제1장

명나라의 유자儒者 중에서 불교와 관계가 있다고 보아야 할 사람은 정주程朱를 조술한 사람으로서 먼저 호경재胡敬齋(1434~1484,[21] 51세)가 있고, 다음으로 나정암羅整庵(1465~1547, 83세)이 있다. 육자陸子의 뒤를 이은 사람으로서 먼저 진백사陳白沙(1428~1500, 73세)가 있고, 다음으로 왕양명王陽明(1472~1528, 57세)이 있다. 호경재는 진백사를 비평

21　**역주** 저본 409쪽 첫째 줄인데 1478로 되어 있다. 1484의 명백한 오기인 것 같아 바로잡았다. 일반적으로 알려진 호경재의 생몰년은 1434~1484년, 51세이기도 하고 더욱이 1478년이면 44세가 되므로 맞지 않기 때문이다. 또 뒤의 제2장 첫째 줄에서는 1484년으로 표기하고 있다.

하며, 나정암은 왕양명 비평이 예상된다. 이들 네 사람 중에서 불교에 대한 비평은 호경재와 나정암이 많이 했으며, 비평이 많지 않으면서도 불교와 많이 교섭한 사람은 왕양명이다. 왕양명 사상의 골격은 육상산이고 따라서 불교와의 교섭은 거의 육상산과 마찬가지고, 호경재와 나정암의 사상은 정주와 다르지 않으므로 따라서 불교에 대한 비평은 정주를 계승한 것일 뿐이다. 그렇지만 송대로부터 멀리 명대에까지 걸친 일로서 불교와의 교섭은 한층 절실해졌고 불교에 관한 비평은 명확하고 구체적이며 빈틈없이 정교해지기에 이른다.

호경재와 나정암의 불교평評은 대개 같은 데서 나왔는데, 장횡거의 "천지를 환망으로 보는 것은 잘못이다", 정명도의 "심心과 적迹을 둘로 삼는 것은 잘못이다", 정이천의 "자기[己]와 이理를 구분하는 것은 잘못이다", 주자朱子의 "공空하며 하나의 법法도 없다는 것은 잘못이다, 작용을 성性이라고 한 것은 잘못이다, 심광心光이 빛나는 것[爍爍]을 견성見性이라고 하는 것은 잘못이다"라고 한 것 등을 주요한 강령綱領으로 삼는다. 호경재는 앞선 유자[先儒]들의 뒤를 답습하며, 어디까지나 현세現世의 이 몸[現身]에 입각해서 정이천의 거경궁리居敬窮理를 학문의 중심으로 삼기 때문에 당연히 주일무적主一無適과 이일만수理一萬殊를 비평의 표준으로 삼는다. 그가 사심私心으로 천지天地를 포괄하며 천지를 환망幻妄이라고 한다는 비난은 장자張子에 따른 것이다. 천지를 등지고 내외內外나 심적心迹을 두 가지로 본다는 비난은 명도에 따른 것이다. 심心과 이理를 두 가지로 보고 심 안에는 주主가 없으며 공적空寂에 빠져서 만리萬理를 없애므로 궁리窮理가 없다는 말은 이천에 따른 것이다. 지각知覺 운동을 작용이라 하고 상상으로 모색한 도道를 희롱하며 광명光明이 있는 심心을 희롱하면서 전도된 채 이것을 도道라고 한다는 말은 주자朱子에 따른 것이다. 이러한 비평의 강령은 거의 선유先儒를 조술한 것이고 오직 제멋대로 행동하면서 환신幻身 외에 진신眞身이 있다고 하는 말에 대해 비난한 점은 새롭게 추가되었을 뿐이다. 또 나정암이 천지자연을 등진다고 말한 것은 정자를 계승한 것이다. 하나의 근본이 여러 갈래로 나뉘는 것[一本分殊]을 알지 못하여 격물치지格物致知가 없다거나 쉬운 길[簡易]로 나아가 돈오頓悟를 귀하게 여겨 궁리진성窮理盡性이 없다고 한 말은 이천을 계승한 것이다. 심心은 알지만 성性을 모르며 따라서 견성見性이 없다거나, 천리를 알지 못하고 오직 심을 알 뿐이다라거나, 천본天本이 없고 인본人本이다라거나, 인심人心은 알아도 도심道心을 알지 못한다는 말은 주자朱子를 계승한 것이다. 이렇게 나정암도 역시 비평의 강령은 선유를 조술하며 오직 진망眞妄이 혼효混淆해서 대중지정大中至正 즉 치우치지 않은 지극한 올바름이 없다고 한 점은 새롭게 추가되었을 뿐이다. 호경재와 나정암 두 사람의 비평은 타당한 점이 많음에도 불구하고 선유의 강령 이외에 더 나아간 것은 없으며 오직 세부적인 점에서 추가된 점이 있을 뿐이다.

또 왕양명이 심즉리心卽理를 주장한 것은 육자 그대로이기는 하지만 천리天理를 양지良知라 하고 이를 지행합일知行合一의 근본 원리로 삼아 정주程朱의 선지후행설先知後行說에 반대한 점은 한층 더 철저해진 것이며, 주일主一을 이일理一이라 하고 이일 외에 만수萬殊는 없다고 하여 정주의 이일만수설理一萬殊說에 반대한 점 또한 철저해진 것이고, 그리고 천리를 안에서 찾으며 바깥에서 찾기를 거부하고 천리 그 자체[當體]를 무선무악無善無惡이라고 한 것은 불교와의 교섭이 한 층 뚜렷했다는 것을 말해 준다.

이상으로 명유明儒 세 사람의 불교에 대한 적극적 교섭과 소극적 관계 일반을 서술했다. 이제 연대순을 따라서 호경재, 왕양명, 나정암의 순서로 상세하게 논술하기로 한다.

호경재胡敬齋의 불교 비평   제2장

　호경재의 이름은 거인居仁이며, 명나라 성화成化 20년(1484)에 51세로 사망한다. 진백사가 왕양명보다 앞이며 동시에 경재는 나정암보다 앞선다. 경재는 정주程朱를 조술한 오강재吳康齋(1391~1469)의 뒤를 따른 역시 정주의 무리[徒]로서 저서로는 『거업록居業錄』이 있다. 스스로 경재敬齋를 호號로 삼은 것에서 보이듯이 일생 동안 가장 힘쓴 것은 지경持敬 즉 경敬을 지니는 일이다. 경설敬說은 본래 정주에서 나온다. 거경궁리居敬窮理와 주일무적主一無適은 이천의 중심사상이고, 주자朱子가 그 뒤를 계승하며 조술하고, 이후의 학자들은 거경居敬을 함양법涵養法으로 삼지 않은 경우가 없다. 경재는 지경을 말하면서 단정하고 엄숙하며 엄격한 것[整齋嚴格]은 경의 첫 부분[入頭處]이고, 훈계하며 각성하는 것[提撕喚醒]은 경이 지속되는 부분[持續處]이며, 옮겨 다니지 않고 하나에 집중하는 것[主一無適]은 경의 효험인 부분[效驗處]이라고 하며, 만일 경을 주主로 한다면 저절로 잡다한 생각[雜慮]이 없어지지만 사려思慮를 막는다는 것은 경이 도달하려는 일이 아니라고 하는데, 만약 생각의 동요[動念]를 불식시켜 진애塵埃가 없기를 기대하는 불교를 소극적 방법이라고 한다면 경을 마음속에 주로 삼고 스스로 생각의 동요를 없애려고 하는 경재의 것은 적극적 방법이라고 해야 할 것이다. 마음속에 항상 주가 있을 때는 공적空寂의 근심이 없다고 하며, 정靜 가운데 항상 동動이 있다고 한 것도 지경의 소식을 전달하는 것이다. 경재는 동문인 진백사가 정좌靜坐를 수양법으로 삼아 정靜 가운데서부터 앎[端倪]을 길러 내야 한다고 말한 것은 선禪과 같다며 배척하는데 이는 동시에 불교를 배척한 것이라고 해야 한다. 경재의 불교평에 나타난 주장은 상당 부분 후대의 학자 특히 나정암과의 관계에서 중요한 위치를 차지한다. 『학통學統』51의 이학異學 중에 기재된 내용을 통해 이를 살펴보자.

경재의 불교 즉 선禪에 대한 비평은 다방면에 걸치며 또 이것저것이 연관되어 뒤섞여 있으므로 정리하기가 어렵지만, 대체로 다음과 같이 몇 가지로 개괄할 수 있으며 대부분은 거경居敬을 중심으로 하고 있다.

① 공적空寂에 들어 만리萬理를 감추고, 일찍이 이理를 궁구한 일 없음.

② 상상의 도道를 희롱하고, 광명光明이 있는 마음[心]을 희롱하며, 전도착란顚倒錯亂한 이것을 도리道理로 삼음.

③ 신식神識을 이理, 작용을 성性이라고 하면서 식심견성識心見性은 없음.

④ 심心과 이理는 두 가지로 보고 심과 적迹이 안팎의 두 가지 근본이라고 함.

⑤ 이理를 없앰으로써 마음속에 중심[主]이 없음.

⑥ 도道를 깨달았다 하면 언동이 모두 제멋대로가 됨.

⑦ 사심私心으로 천지天地를 포괄하며, 천지를 환망幻妄이라고 함.

⑧ 환신幻身 외에 진신眞身이 있다고 함.

이러한 여러 비난을 포괄하는 대표적인 것을 우선 다음과 같이 열거하여 경재의 불교평에 대한 총설總說로 삼겠다.

선가禪家가 도道를 가장 심하게 해친다. 그들이 하는 공부工夫는 유가儒家와 가장 비슷하다[相似].

그들이 좌선坐禪해서 입정入定하는 공부는 유가의 존심存心 공부와 비슷하다.

그들의 심공心空은 유가의 허심虛心과 비슷하다.

그들의 정좌靜坐는 유가의 주정主靜과 비슷하다.

그들의 쾌락快樂은 유가의 열락悅樂과 비슷하다.

그들의 성주법계性周法界 즉 '성性이 법계에 두루하다'는 유가의 만물일체萬物一體와 비슷하다.

그들의 광명적조光明寂照 즉 '광명이 고요히 비춘다'는 유가의 허령지각虛靈知覺 즉 허령한 지각과 비슷하다.

유가에서는 심신心身상에서 하는 공부를 말하며, 그들도 오로지 심신상에서 하는 공부를 요구한다.

유가는 성의誠意를 말하며, 그들은 곧 성심誠心을 일으켜서 한다.

사이비치고 선가만 한 것은 없는데, 그래서 도道를 가장 심하게 해치는 것이다.

어리석은 사람[愚]은 유교와 불교[儒釋]의 공부가 근원[源頭]에서 이미 같지 않다고 말한다.

유가의 공부는 소학小學에서부터 주변 정리를 잘하면서 웃어른의 부름에 응대하고[灑掃應對], 나아가고 물러나면서 몸가짐에 신경 쓰며[周旋進退], 시서詩書와 예악禮樂을 익히고, 부모를 사랑하고 어른을 공경하며[愛親敬長], 반드시 공손하고 반드시 경건한데[必恭必敬], 마음을 보존하며 본성을 기르는[存心養性] 방법이 아닌 것이 없다. 잘못되고 치우친[非僻] 마음[心]은 여기에는 이미 없다. 어른이 되어서는 경敬을 주主로 삼아 궁리窮理하고 아울러 교양을 기르며, 경계하고 삼가며 걱정하고 조심한다[戒謹恐懼]. 진실로 한 가지 일이라도 어긋날까[差] 걱정하므로 마음[心]이 있지 않음이 없고 이理가 있지 않음이 없다. 선가는 단지 잠자코 앉아서 마음을 깨끗이 하며[黙坐澄心] 사려를 절멸絶滅하고 곧바로 공적空寂을 추구해서 공적이 오래되면 마음이 신령하게 통할 수 있다고 한다. 특히 공적 중에서 만리萬理를 절멸絶滅하고는 어디에서 신령하게 통하는지를 알지 못한다. 이것은 단지 자기의 정신에 대한 의견일 뿐이고 전혀 도리道理가 아니다. 그 때문에 그들의 마음은 자기의 것[己]과 이리理의 두 가지가 된다. 이미 이리理와 별도의 두 가지이므로 동작은 임의적인 것이 되며 곧 신통神通하고 오묘하게 작용하지만 검찰檢察하지는 못하여 자연히 광대해진다. 또 오로지 이것을 지키는 것이 지극히 오묘한 근원에 도달하는 것[至元極妙]이라고 한다.

텅 비어서 즐겁다[空豁快樂]는 것은 이 때문이다. 본성이 법계에 두루한다[性周法界]는 것은 이 때문이다. 광명이 고요히 비춘다[光明寂照]는 것은 이 때문이다. 거리낌 없이 제멋대로 행동하는[猖狂自恣] 것은 이 때문이다. 하늘을 등지고 땅을 거스르는[背天逆地] 것은 이 때문이다.

만약 유가의 존심存心이 점점 더 익숙해진다면 궁리窮理는 점점 더 정밀해지고 오래 지내다 보면 심心과 이리理가 하나가 되어 움직이거나 정지할 때[動靜], 말하거나 침묵할 때[語默], 행동거지 하나하나[酬酢擧措]가 천리天理가 발현하여 유행하는 것이 아님이 없다. 그렇기 때문에 집안을 바로 다스리고 나라를 다스려 천하를 평안케 하며 천지와 같은 위치에서 만물을 기른다. 이는 그 공효功效의 자연스러운 오묘함이다.

어찌 전도착란顚倒錯亂한 선가가 비교나 되겠는가.

또 선가는 작용을 성性이라 하고 기氣를 이리理라고 하여 형이하形而下의 것으로 형이상形而上의 것을 만들어 낸다. 그래서 천도天道를 끊어 없애면서도 자신은 그런다는 것을 알지도 못한다.

대개 사람의 출생은 모두 건도乾道의 변화로부터 각각 성명性命을 바르게 머물도록 하는 것이다. 사람의 신식神識은 태화太和를 유지[保合]하는 이면적인 것이다.

그들은 여기서[此處] 조금 엿보고는 이것[此物]을 꼭 지킨 채 잃지 않도록 하면 곧 거듭 탈바꿈하면서 세상에 출현하다가 윤회에서 벗어날 수 있다고 한다. 결국에 그들은 별도로 하나의 진신眞身이 있고 부모에게서 태어난 몸은 단지 환신幻身일 뿐이라고 하기 때문에 부모에게 효도하지 않는다.

특히 건도乾道의 변화가 이미 부모의 몸에 있다는 것을 알지 못한다. 본래 [故] 기氣가 왕성하면 자식을 낳고, 기가 쇠약해지면 자식이 잇는다. 생생生生은 끝이 없다. 그 때문에[故] 이 몸과 이 이理는 모두 부모가 전해 준 것이다.

만약 그들의 말대로 이 진신眞身이 세상에 거듭 출현한다면 곧 건도乾道의 변화의 정도가 지나치게 된다.

글 중에서 유교와 불교[儒釋]의 공부는 근원[源頭]에서 이미 같지 않다고 하며, 유교가 현세現世의 이 몸[現身]에 입각해 심心의 경敬과 물物의 이理로써 경위經緯하는 것을 천도天道의 자연이라 하고, 불교가 유심唯心사상에 입각해 현세의 이 몸을 초월하는 것을 전도착란顚倒錯亂이라고 하는 등 비난하지 않는 것이 없다. 이 중에 ① 모든 이理를 절멸한다[萬理絶滅], ② 전도된 것을 지킨다[守此顚倒], ③ 작용을 본성이라 한다[作用爲性], ④ 심心과 이理를 두 가지로 구분한다[心理二分], ⑤ 공적空寂, ⑥ 동작이 임의적이다[動作任意], ⑦ 하늘을 등지고 땅을 거스른다[背天逆地], ⑧ 환신幻身이나 진신眞身과 같은 것은 여러 가지 문제를 포함하고 있다. 이러한 문제의 발생은 존심법存心法에서 유석儒

釋의 사이에 차이가 있다고 한 데서 기인한다.

경재는 "선가禪家의 존심存心에 두세 가지 형태가 있다. 하나는 무심無心이 될 것을 요구하며 그 마음[心]을 비우게[空] 한다. 다른 하나는 그 마음을 제어[羈制]한다. 또 다른 하나는 그 마음[心]을 관조한다"라고 하며, 이에 대해서 "유가儒家의 존심은 안으로는 성경誠敬을 보존하고 밖으로는 의리義理를 다한다"라고 하여 유가와 선가의 존심의 차이를 대조하는데 다음과 같이 세 가지로 대조를 이룬다.

유자儒者의 존심存心	모든 이리가 가득하게 다 갖춰져 있다[萬理森然具備].	......	적멸하며 이리가 없다[寂滅無理].	선가禪家의 존심存心
	주主가 있다[有主].	......	주主가 없다[無主].	
	살아 있다[活].	......	죽었다[死].	

그리고 "그렇다면 선가禪家에서 그 마음[心]을 잘 보존한다는 것은 잘못으로서 곧 그 마음을 비워서는 그 마음을 죽이고, 그 마음을 제어해서는 그 마음을 희롱하게 된다"라고 결론 내린다. 경재는 주일무적主一無適을 주장의 중심으로 삼으며, 천 마디 말로 불교를 비평하지만 그 취지는 이상의 세 가지 대조가 전부라고 해도 불가하지 않다.

경재는 또 "석씨의 존심存心에 두 가지가 있다. 하나는 허정虛靜 즉 텅 비워 고요해지는 것이다. 사려를 절멸함으로써 잡다한 동요가 없게 하는 것이다. 다른 하나는 상조常照 즉 항상 관조하는 것이다. 이 마음[心]을 머물게 해서 돌아다니지 않게 하는 것이다. … 석씨의 존심은 당연한 듯 그 마음의 본체[體]를 무너뜨리고 그 마음의 작용[用]을 끊는다"라고 말한다. 이것을 앞의 내용과 비교해 보면 허정은 공심空心 즉 마음을 비우는 것에 해당하고, 상조는 관심觀心 즉 마음을 관조하는 것에 해당한다. 그가 말한 제심制心 즉 마음을 제어한다란 관심이나 공심에 도달하기 위한 방편과 다름없음을 알아야 한다. 또 경재는 "다른 가르침인 불교[異敎]의 존심에 두 가지가 있다. 하나는 일심一心을 비춰 봄[照看]으로써 일물一物이 항상 여기에 있는 것처럼 된다. 다른 하나는 사려를 막아서 제거[屛除]하고 사물을 절멸함으로써 그 마음을 공활空豁하게 하고 바깥과의 교류[外交]가 없어지게 된다"라고 하며, 그리고 그 도道라는 것에는 상상으로 모색한 도와 지각운동知覺運動으로서의 성性이 있다고 한다. 이것을 앞의 내용과 비교해 보면, 일심을 조간照看하는 것은 그가 말한 관심에 해당하고, 사려를 병제屛除하는 것은 그가 말한 공심에 해당한다. 더욱더 그의 제심은 관심이나 공심에 들어가기 위한 방편이라는 것을 알게 된다. 경재는 제심을 관심에 들기 위한 계제階梯로 삼고, 관심은 공심에 들기 위한 계제로 삼는다. 그리고 또 "단지 그 마음을 붙들어 두고[繫制] 보존하려고 하는 것이 있다. 곧 그것을 죽여 없애 버리면[死煞] 주主로 삼을 것이 없어진다. 아마 그 마음을 붙들어 꿈틀대는 어떤 것[一物]처럼 여기는 데서 기인한다. 이것은 곧 낮은 선[下禪]이다. 진공眞空의 무심無心은 높은 선[上禪]이다"라고 말한 것은 제심이 공심보다 매우 열등하다는 것을 보여 주는데 앞서 제시한 유불의 차이를 나타내는 세 가지 대조 중 유교

의 활活에 대한 불교의 사死는 이 제심에 대한 비평이라는 것을 알게
해 준다. 또 "이 심心의 광명을 견득見得하는 것은 역시 불학佛學의 바
탕인데 만약 높거나 낮음[高底]이 있다면 마음을 연속해서 모두 없애고
마친다. 이제 진공보陳公甫는 이미 높은 곳[高處]에 도달했고, 극정克貞
은 아직 도달하지 못했다"라고 한 것은 관심이 공심보다 열등하다고
말하는 것이다. 여기서 진공보(진백사)를 거론하며 이미 불자佛者의 존
심법存心法의 가장 높은 곳에 도달했다고 한다. 진백사가 정좌靜坐를
통해 공심의 영역에 도달했음을 알게 해 준다. 이후로 진공보가 "사물
[物]은 다 사라져도 나[我]는 다 사라지지 않는다"라고 말한 것을 두 차
례 인용한다. 진헌장陳獻章(진백사)이 육합六合을 미진微塵이라고 해야
한다고 한 말을 한 차례 인용한다. 따라서 경재가 얼마나 진백사의 사
상에 반대했는지를 알아야 한다. 또 "지금 1등인 학문이 있다"라고 하
고, "지금 사람들은 학문이 일찍이 관통할 곳에 도달하지 못한다"라고
말한다. 아마도 진백사 일파를 가리키는 것이다. 이와 같이 경재의 불
교 비평은 진백사로 대표되는 불교를 목표로 하고 있다.

1. 공적空寂에 들어 만리萬理를 감추고, 일찍이 이리를 궁구한 일 없음

경재는 다음과 같이 말한다. "선가禪家의 존심存心에 두세 가지 형태
가 있다. 하나는 무심無心이 될 것을 요구하며 그 마음[心]을 비우게[空]
한다. 다른 하나는 그 마음을 제어[羈制]한다. 또 다른 하나는 그 마음
을 관조한다." "석씨는 그 마음을 제어하는 방법이며, 마음을 보존하

는 방법이 아니다. 안을 관찰하여 마음을 움직일 수 없고 하고, 사려를 병제屛除해서 마음이 나오지 못하게 한다. 혹은 구슬 개수를 세거나 혹은 불호佛號를 읊거나[念] 혹은 코끝을 응시하거나 호흡수를 세거나 혹은 사람 사는 일을 차단한 채 벽을 보고 반듯하게 앉거나[面壁端坐] 혹은 오로지 한 가지 생각을 지니고 거듭하면서 다른 생각이 없게 한다. 모두 이 마음을 통제해 두고 망동妄動이나 잡다한 생각을 하지 않음으로써 허정虛靜에 도달하려는 것이다. 제어를 오래 해서 곧 이 마음이 익숙해지면 돌아다니지 않게 된다. 아아! 마음은 만리萬理를 갖추고 만사萬事에 응하는 것인데 거꾸로 이렇게 제어하는구나. 이는 천리天理와 인륜人倫이나 사물事物을 멸절滅絕하고 하나같이 공적空寂으로 귀결하는 까닭이다. 그러나 마음은 바로 영물靈物이다. 이미 돌아다니지 않고 공적에 이른 지가 오래이더라도 수많은 광요光耀가 뻗어 나온다.” “석씨는 이理와 떨어져 심心이 있다고 한다. 그 때문에 끝내 공空으로 귀결한다.” “이理는 형체가 없이 심心에 갖춰져 있고, 심은 이 이理를 갖추면서도 그 흔적[迹]은 없다. 그러므로 허虛라고 해야 한다. 이것을 무無라고 할 이유가 없고, 공空이라고 할 이유도 없다. 공은 곧 무다. 심이 허가 아니라면 갖가지 이[衆理]를 다 포용하여 갖추고 있어야[涵具] 하므로, 심체心體가 본래 허한 까닭이다.” “이理는 사물[物]에 있다. 그래서 모름지기 격물格物해야 바야흐로 궁구할 수 있다. 석씨는 사물을 버린다[遺]. 이는 공을 내걸고 이理를 찾는 것이다. 그래서 어긋나 버린 것을 본다.” ― 심에 만리를 갖추고 있다는 것은 대승 불교 본래의 교의敎義다. 경재는 이 교의를 자가自家의 약롱藥籠 속에 있는 것처럼 해서는 불교를 비난하는데 “천리와 인륜이나 사물을 멸절"하는 잘못이 있다고 한다. 경재가 이 비평을 한 것은 불교의 삼계유심三界唯心, 심외무법心外無法이라는 교의에서 나온 것이 아닐 리가 없다. 경재는 '심외무법'을 문자 그대로 받아들여 불교가 일체를 부정하고 오직 심 안의 것만을 보존한다고 생각했다. 오륜五倫이나 오상五常이라는 사물상의 가르침을 세운 유교는 어디까지나 사물을 확립하고 그 안에서 천리의 유행을 인정하며, 이것을 실리實理로 삼아 이 이理를 궁구하는 것을 실학實學이라고 한다. 궁리진성窮理盡性은 불교에서 매우 힘쓰는 것이지만 그 차이는 사물상에서 이것을 관찰하는가 아니면 일체의 이理를 심心으로 환원해서 심상에서 이것을 관찰하는가에 있다. 경재는 이理가 심에 갖춰져 있으면서 동시에 사물[物]상에 있다고 하며, 이理를 갖춘 심이 만사萬事에 호응하는 것이라고 한다면 격물格物에 의해서 비로소 이것을 얻어야 하는 것인데, 이 방법에 따르지 않는 불교는 천리를 없애고 이理에서 떨어진다고 한다. 대승불교 세계관의 다른 일면인 "하나의 색깔이나 향기도 중도가 아님이 없다[一色一香無非中道]"와 같은 것은 경재가 고려하지 않고 있다.

심心을 구별해 허심虛心이나 공심空心이라 하면서 유교는 허심이지 공심이 아니며, 허虛는 만리萬理를 갖추지만 공空은 무無이고 이理를 떠난다는 논법과 같은 것은 전적으로 불교의 진공眞空과 단공單空의 사상을 빌려서 성립한 것인데, 그럼에도 이것을 가지고 불교를 논파한 것은 내용은 어떻든 간에 형식적으로는 성공이다. 한 걸음 나아가 이것을 생각해 보면, 만리를 갖춘 심이란 현심現心인가 허심인가? 아마도 허심이라고 말해야 할 것이다. 이는 사실상 대승불교의 심이다. 그렇다면 그 허심을 관조의 대상으로 삼는 불교에 대해서 사물을 절멸한다고 비평한 것은 무엇 때문일까?

2. 상상의 도道를 희롱하고, 광명光明이 있는 마음[心]을 희롱하며, 전도착란顚倒錯亂한 이것을 도리道理로 삼음

경재는 다음과 같이 말한다. "선백禪伯은 돌아다니거나 머물거나 앉거나 눕는 등 행위 하나하나에[行住坐臥] 도道가 있지 않음이 없다고 하지만, 일찍이 이理를 궁구하지 않았으며 본래의 도[本道]를 알지 못한다. 단지 상상으로 도를 모색한다. 그 때문에 낮밤도 없이 생각[想]은 점점 더 절박해져서 마음[心]이 점점 더 조급해진다." "선백은 한 가지 도리道理의 형상을 마음에 품어 두고 기꺼이 내려놓지 않으며, 그래서 조급함이 끝이 없다." "아직 일[事]에 따라서 이理를 관찰하지 않고 오로지 한 가지 도를 상상하면서 가슴속에 품어 두며, 아직 경건하게 엄숙한 적은 없고 오로지 한 가지 심心만을 찾을 것이라며 희롱한다." — 경재가 '도의 모색'이나 '도리의 형상'이라고 한 것은 무엇을 의미하는지 알 수 없지만 다음으로 '한 가지 심'이라거나 '심광心光이 빛난다[爍爍]'고 한 것에 따르면 관심觀心의 경과經過 중에서 나타나는 것으로서 일체의 동념動念을 이탈한 심지心地의 현현을 말한다.

또 "사람들이 선학禪學에 쉽게 빠져드는 것은 주경主敬하며 함양한 효과[功]가 나타나지 않고 그 심心을 보존하지 못함으로써 한가하고 고요할 때 사물[物]의 유혹을 벗어나지도 못하는데, 성인聖人의 존심存心 공부를 보고 드디어 이 심을 붙잡아 가슴속에 안정하게 풀어 두며 그러기를 오래 해서 만일 이 심광心光이 빛나는 것을 보면 그로써 진실로 심을 보존한다고 여기는 데 있다", "심은 영물靈物이라서 이미 돌아다니며 만들어 내지[走作] 않고 공적空寂에 도달한 지 오래되면 또한 수많은 광요光耀를 뿜어낸다"라고 말한다.

또 "석씨는 정혼精魂을 성性이라고 하며 오로지 이것을 지키고 이것으로 윤회를 초탈한다고 한다. 진공보가 사물[物]은 다 사라져도 나[我]는 다 사라지지 않는다고 한 것도 이런 의미다. 주자朱子는 그것은 단지 이 정신精神을 희롱하는 것이라고 한다. 그들은 당초에 이것을 버리려 정좌靜坐로 연습하고 사려를 막아 고요함이 오래되어 정신에 광채가 있다. 그 안에는 일물一物도 없다. 마침내 진공眞空이라고 하면서 도리道理는 오로지 궁극의 근원[極元]이자 지극한 오묘함[極妙]일 뿐이다, 천지만물 모두가 이것으로부터 나온다, 이것을 얻으면 천지만물은 무너져도 이 사물事物은 무너지지 않는다, 환신幻身이 사라져도 이것은 사라지지 않는다고 말한다. 망상이 점점 더 심해지는 이유다"라고도 말한다. — 선자禪者가 정좌靜坐를 오래 함으로써 심광心光이 빛나는 것을 도道라고 생각한다는 비난은 주자에게서 시작한다. 또 정혼을 성이라고 한다는 비난도 주자에게서 시작한다. 경재는 그 사상을 계승해서 심心을 영물靈物이라 하며 정사靜思가 오래되면 광요光耀가 있다는 것을 인정하고, 그리고 불자佛者는 여기에 현묘한 본체가 있으며 천지만물이 여기서부터 나오는 것으로 본다고 말한다. 이는 불교의 유심설唯心說이 발생한 근원이 여기에 있다고 본 것이다. 다만 진공의 현묘한 일물과 정혼 자체는 다르다. 정혼이란 아마 알라야식[阿賴耶識]을 말하며 진공현묘眞空玄妙의 일물이란 선가禪家에서 근본의根本義로 삼는 여래장심如來藏心일 것이다. 여기서도 다시 진공보를 인용한다.

이로써 진백사가 불교의 영향을 다분히 받았다는 것을 알 수 있다.

3. 신식神識을 이理, 작용을 성性이라고 하면서 식심견성識心見性은 없음

경재는 다음과 같이 말한다. "석씨는 신식神識을 잘못 알아서 이理라고 한다. 그래서 작용을 성性이라 하고 특히 신식은 영령英靈한 기氣라는 것을 알지 못한다. … 성性은 내 몸[吾身]의 이理이고 작용은 내 몸의 기氣다. 기를 보고 이라고 하는 것은 형이하形而下의 것을 형이상形而上의 것이라고 하는 것이다." "다른 가르침인 불교[異敎]의 도道에는 두 가지가 있다. 하나는 도를 상상으로 모색해서 앞에 있는 한 가지 사물처럼 여기는 것이다. 다른 하나는 지각운동知覺運動을 성性이라고 하며 동작하는 곳마다 이 도가 아님이 없고 항상 떨어질 수 없다고 한다." — 지각운동 즉 작용을 성이라고 한다는 비평도 주자朱子가 크게 사용하던 논법으로서 여기서 다시 말할 필요는 없다.

또 "석씨는 무심無心해야 한다지만 결국 무無가 될 수는 없다. 그래서 공空 안에 있으면서 한 가지 임시적인[假] 사물을 발견함으로써 식심견성識心見性이라고 하면서 불생불멸不生不滅이라고 하지만 사실은 아직 심心을 알지도[識] 성性을 보지도[見] 못한 것이다", "석씨는 심에 대해 말하면서 단지 한 가지 의사意思를 설명한다. 이는 진실로 이 심을 아는 것이 아니다. 석씨는 성에 대해 말하면서 단지 한 가지 인심人心 즉 사사로운 형기形氣를 설명한다. 아직 성명性命을 제대로 알지 못하는 것이다"라고 말한다. — 신식神識이나 작용은 앞에서 말한 상상의 도나 광명이 있는 심과 동일할 것이다. 기기氣를 이리로 본다는 말은 유자儒者 쪽에서 제기한 비평이다. 불자佛者 자신의 입장에서 본다면 그 이성理性은 주객이 혼일한 것이고 이기理氣 이상의 것이며 원래 형이상形而上의 것이다.

4. 심心과 이리는 두 가지로 보고 심心과 적迹이 안팎의 두 가지 근본이라고 함

경재는 다음과 같이 말한다. "대개 심心은 여러 이[衆理]를 갖추며, 여러 이는 심에 갖춰져 있다. 심과 이리는 하나다. 그래서 천하 사물의 이리는 바깥에 있더라도 이것을 거느리는 것은 나의 일심一心이다. 사물에 응접하는 흔적[迹]은 바깥에 있더라도 실로 내 마음[吾心]의 발현인 것이다. 그래서 성인聖人은 일심의 이리로써 천하의 사물[事]에 호응하며 안과 밖[內外]은 일치하고 마음과 자취[心迹]가 둘이 아니다[無二]. 이단異端은 허무하고 공적空寂해서 이 이리를 먼저 안에서 끊어 버린다. 무엇을 가지고 천하의 사물에 호응하겠는가? 오로지 안[內]은 섬기고 밖은 버리며 자취를 고려하지 않는데 이는 오로지 마음에서만 찾고 사물의 이리는 싫어하여 버리는 데서 유래하며, 오로지 본심本心의 허령虛靈만을 바라는 것은 안과 밖이나 마음과 자취를 구분해서 별개의 두 가지로 보는 것이다." "우리 유교는 심心과 이리를 하나로 여긴다. 그래서 심을 보존하면 이가 밝아지고 심을 놓치면 이가 어두워진다. 석씨는 심과 이를 두 가지로 여긴다. 그래서 심을 보존해도 이는 없다. 유자儒者는 경계하며 삼가고 조심하면서[戒謹恐懼] 마음을 보존하는데 경敬으로써 안을 바르게 하며 만리萬理를 함께 갖추고 사물[事]을 만나면 더욱 신중을 기한다. 그래서 심과 이가 떨어지지 않는다. 석씨는 사리事理에 대한 사려를 가로막거나 끊음으로써 내 마음[吾心]을 어지럽히지 않도록 한다. 오직 일이 없을[無事] 때는 이와 같다. 일[事]이 발생하여 일단 어지러워지면 곧 혼란해져 버린다. 이는 심心이 있을 때 이미 이理와 떨어져 두 가지가 되는 것이다. 심과 이를 두 가지라 하기 때문에 일단 움직이면 곧 혼란해진다. 혹은 석씨에게 체體는 있고 용用이 없다고들 한다. 내가 보기에는 달리 체가 없기 때문에 용이 없는 것이다." "불학佛學은 심을 지키는 한길[一路]로만 향해 가며 천하의 도리道理 따위는 궁구하지 않는다. 그렇기 때문에 배워서 성취하기가 쉽다. 오로지 한 가지 생각[念頭]을 지켜야 성불成佛한다고 한다. 이는 그 도道가 좁고 빠른 데다가 그 뜻[志]이 굳건하고 확실하여 그 심을 하나로 오로지하는 것이다. 유자의 지혜[智]는 만물에 두루하고 도는 천하를 구제하며 심은 항상 존재하면서 잘못이 없다. 유자의 심은 이理와 하나로 존재하고, 불학佛學의 심은 이와 떨어져 존재한다." "심이 보존된 후에야 천하를 관찰할 수 있다. 사물[事]에 따라 이理를 관찰한다면 곧 심은 더욱더 보존된다. 이에 심과 이理가 두 가지 것[二物]이 아님을 보게 된다. 석씨는 이理를 떠나서 심을 보존한다. 그 때문에 결국 공空으로 돌아가 버린다." "지금 사람들의 배움은 일찍이 관통하는 지점[處]에 도달하지 못했으면서 도리어 천지만물과 내가 본래 일체라고 하며, 본원本原을 엿보고 이를 흉중에 방치하고서 다시 격물格物 공부는 하지 않는데 이는 모두 이理와 두 가지가 되도록 조장하는 것이다. 오로지 거경궁리居敬窮理하면서 나를 완전히 실현해야 한다는 것이라면 천지만물의 이理가 여기에 있을 것 같지는 않다. 아마 이理에는 본래 두 가지가 없다. 만약 천지만물의 이理를 흉중에 품어 둔다면 이는 곧 안배하고 상상하는 것으로서 결국 도와 하나가 될 수 없다. 석씨의 행주좌와行住坐臥에 도가 있지 않음이 없다와 같은 것은 점점 더 도와 떨어지는 것이다." "석씨의 행주좌와에 도가 있지 않음이 없다는 말은 도가 점점 더 흐리멍텅[鶻突]해지게 한다. 이는 그들이 단지 좁게 상상으로 파악하고서 격물을 통한 궁리窮理는 하지 않는 것이다." — 경재의 이 논법은 당초에 석씨에게 도가 없다는 가정을 근본으로 성립한 것이다. "이단은 아직 도를 보지 못했고 단지 도가 있지 않음이 없다고 상상함으로써 가는 곳마다 도가 아님이 없다고 여기며 그래서 거리낌 없고 망령되게 행동[猖狂妄行]하여 항상 도와 떨어진다"라는 말은 바로 이것을 말한다. 내외가 두 가지라는 관점 즉 내외이본관內外二本觀이 오류의 첫걸음이고, 이 오류가 존재하는 한 동정動靜이 모두 정해질 수 없다는 말은 정명도가 장횡거에 대해서 논한 『정성서定性書』에 있는 내용이다. 자기[己]와 이理를 두 가지로 구분한다는 것은 이천이 선가禪家의 이장설理障說에 대해 가한 적절한 비평이다. 양자를 합친 것은 경재의 내외심적이본설內外心迹二本說로서 경재의 배불 논란에서 가장 이론적인 것이지만 그 의미를 이해하기는 곤란하다. 유가儒家를 내외가 일치한다거나 심적心迹이 둘이 아니다라고 한 이유는 "사물의 이理가 심에 갖춰져 있다"라고 함으로써 그 일심一心의 이理가 발현하여 사물을 응접하는 자취[迹]가 되므로 내외의 사이는 일치한다고 한 데 있다. "이理는 본래 둘이 없다"라고 한 것을 보더라도 사물의 이와 일심의 이는 대립하는 것이 아니며, 이理

에서 말한다면 천天과 인人, 인과 물物을 합일시키는 것이 아닐 수가 없다. "천지만물이 본래 나와 일체"라는 사상도 여기서 발생하고, "심心과 이理가 둘이 아니다"라는 사상도 여기서 발생한다. 이는 바로 육상산의 심즉리설心卽理說을 극력 주장한 것으로서 대개 대승불교와 의미가 통한다. 다만 유식唯識불교만은 식識과 여如를 영원히 대립시키는 경향이 있으므로 혹은 내외심적이본內外心迹二本사상으로 볼 수도 있다. 정주程朱를 계승한 경재의 사상 중의 하나는 근본적으로 심心과 물物을 대립시키고, 초목草木 하나하나에도 모두 이理가 있으며, 이것을 궁구하지 않으면 격물할 수 없다는 것이다. 원래는 이일분수理一分殊이지만 이미 분수分殊한 이상은 만물에 만리萬理가 있지 않을 수가 없다. 만약 그 만리를 일심에 취합해서 이 일심의 이理를 충분히 궁구한다면 격물궁리格物窮理를 고조시킬 필요가 없게 된다. 그의 격물설格物說은 내외나 심적이 두 가지[內外心迹二本]라는 데 기반해서 성립하는 것이 아닐 수 없다. 그런데 스스로 내외일치內外一致라거나 심적무이心迹無二라고 자임하면서 도리어 불자佛者에 대해 이본二本이라고 비난한다. 그의 논리를 이해하기 어려운 것은 이 때문이다. 그렇다면 어떤 이유에서 불자를 이본이라고 하는가? 그는 "공적空寂해서 이理를 먼저 안[內]에서 끊는다"라거나 "안[內]은 섬기고 밖은 버린다"라고 말한다. 이것은 불교의 유심설唯心說에 대한 비평이지만, 만약 유심설에서 본다면 심외무법心外無法 즉 마음 밖에 따로 존재하는 것은 없다. 일심 중에 갖춰진 이理 외에 따로 이가 있을 수 없다. 더욱이 경재는 이 유심설에 대해서 "사물의 이理를 싫어하여 버린다"라고 말한다. 유심唯心불교에는 싫어하여 버려야 할 심 밖의 이理는 없다. 원래 사물의 이理는 유가가 일심의 이理 외에 정립한 것으로서 이에 대해서 유심 불교가佛敎家는 책임을 느끼지 않는다. 혹은 "사리事理를 막고 끊어서" "한번 움직이면 혼란해진다"라고 말한다. 이는 오륜五倫의 도에서 볼 때 결핍된 부분이 있음을 말하는 것이다. 그렇다면 그 이理는 제2의義나 제3의적인 것이다. 혹은 "천지만물의 이理를 흉중에 품어 둔다면 이는 곧 안배하고 상상하는 것으로서 결국 도와 하나가 될 수 없다"라고 한다. 상상의 도는 이른바 심心이 본래 만든 것, 식識이 변한 것, 법法에 대한 집착[法執]으로 이뤄진 것으로서 불교가 수도修道의 주안점으로 삼는 것은 이러한 개인적인 집착을 타파하고 여여如如 즉 있는 그대로를 관조하려는 것이다. 경재가 불교에 가한 이본이라는 비평은 그 의미가 분명 "아직 도를 보지 못했다", "상상으로 파악하고서" 도라고 여긴다에 대한 것이 아닐 수 없다. 그렇지 않다면 그 논리를 이해하기 곤란하다. 더욱이 상상으로 파악한 도는 도가 아니라는 것은 경재가 아니더라도 지적할 수 있다. 경재의 이 비평은 아마도 "지금 사람들은 학문이 관통할 곳에 도달하지 못한다"라고 서술한 데서 나타나듯이 진백사를 상대하기 위한 것이다.

5. 이理를 없앰으로써 마음속에 중심[主]이 없음

경재는 다음과 같이 말한다. "유자儒者는 경敬으로써 심心을 보존하고 그 심체心體는 담연湛然하게 가슴속에 있는데 주인공이 집에 있으면서 가사家事를 잘 다스리는 것과 같다. 이것은 주인이 살아 있는 것이다. 석씨는 조용히 앉아 마음을 깨끗이[默坐澄心] 하며 사려를 막고 제거하기를 오래 해서 공활空豁한 상태에 도달한다. 이것은 주인이 없는 것이다." "심을 버리면서 경敬을 주主로 삼는다면 경이 도리어 심의 주가 될 수 있다. 심은 만약 경하지 않는다면 곧 놓쳐 버리고, 경할 수 있다면 곧 보존된다. 심이 주가 아닌 것은 왜인가? 석씨의 묵좌징심黙坐澄心은 이와 비슷하지만 잘못된 것이다. 그들은 단지 묵좌징심한다. 이것은 사법死法 즉 효과 없는 죽은 방법이다. 경한다면 곧 동정動靜을 아울러 관통한다. 이것이 활법活法이다. … 묵좌징심이 오래되면 사법이더라도 광명光明이 있는 의사意思를 볼 수 있다. 그러나 역시 진심眞心이 아니다. 주가 없기 때문이다." "정자는 심에 주가 있다는 말을 발명한다. 참으로 학문의 요체다. 이는 곧 허虛 중에 실實이 있는 것이다. 탁연卓然한 대본大本을 본 것이다. 그들이 공리功利에 빠지는 것은 잡다하게 동요하며 주가 없어서다. 공적空寂에 빠지는 것은 적멸寂滅하여 주가 없어서다. 오로지 하나로 거둬들여 집중해야 할 것은 이 주가 있는 도道이다. 주자朱子의 이른바 스스로 주재主宰를 만들어 스스로 조절하고 스스로 보존한다는 것이다. 이것이 1등 학문이다. 항상 하나의 심 내면에 있는 것을 비춰 본다. 이는 이교異敎의 반관내시反觀內視 즉 반성적으로 관찰하며 안을 들여다보는 방법이다. 이것에도 주가 없는 것은 매한가지다." — 앞에서 이理를 없앤다[滅理]고 한 데 이어서 여기서는 주가 없다[無主]고 말한다. 무주無主는 요컨대 마음속에 주일主一하는 즉 중심이 되는 경敬이 없다는 말이다. 활법과 사법의 대립은 유교에서 주안점을 두는 실생활의 규범으로 구별하여 불교가 활법인 이유는 다른 데 있다고 보는 데서 기인한다. 여기서도 "이것이 1등 학문이다"라는 말에서 나타나듯이 역시 주로 진백사를 향한 비평이 아닐까?

6. 도道를 깨달았다 하면 언동이 모두 제멋대로가 됨

경재는 다음과 같이 말한다. "배우다가 한번 어긋나서 곧 이교異敎에 들어가 성현聖賢의 뜻을 잘못 알게 된 사람이 매우 많다. 무위無爲라는 말은 사의私意로 조작함이 없다는 말이다. 그들은 결국 이것을 진실로 허정虛靜한 무위라고 여긴다. 심허心虛라는 말은 심心에 주主가 있어서 외부로부터 삿된 것[邪]이 들어오지 않기 때문에 혼미하거나 막힘이 없다는 말이다. 그들은 결국 이것을 진실로 공空해서 아무것도 없다[眞空無物]고 여긴다. 무사無思라는 말은 적연부동寂然不動한 가운데 만리萬理가 모두 갖춰져 있다는 말이다. 그들은 결국 진실로 무사 즉 사려가 없다는 말로 여긴다. 가는 곳마다 도道가 아님이 없다는 말은 도리道理가 곳곳에서 없는 경우가 없다면 마음을 다잡으며 성찰하는 일[操存省察]을 아주 잠시라도[造次顚沛] 멀리할 수 없다는 것이다. 그들은 결국 가는 곳마다 도가 아닌 것이 없다고 하며 제멋대로 거리낌 없이 행동[猖狂自态]하면서 돌아보지를 않는다." "불학佛學은 첩경捷徑이고, 유학儒學은 주변周徧 즉 두루두루 살피는 가르침이다. 이른바 첩경은 오로지 이 심을 지켜서 도를 깨닫는 것이다. 만일 깨닫는다면 모든 일이 다 끝나며 아래 단계의 배움[下學]이 없이도 저절로 위에 도달[上達]할 수 있다. 그래서 도가 있지 않음이 없으니 동작하는 곳에 도가 있지 않음이 없다고 여기고 자신을 단속하거나 일을 살피지 않은 채 제멋대로 임한다. 유자儒者는 심을 경敬으로써 보존하고 일 하나하나를 빠짐없이 성찰한다. 그 때문에 궁리窮理하고 힘써 실행[力行]하는 공功이 있고 인륜人倫을 실현하며 사물에 두루해서 그 효과는 삼강三綱을 바로 세우고 모든 일이 다스려진다." — 앞에서 말한 주일主一은 하나하나의 일[事事]에 대해서 성찰하고 궁리하며 역행力行하는 이유다. 여기서는 이 유자儒者에 대해서 불도佛徒가 가는 곳마다 도가 아님이 없고 하는 일마다 도가 아님이 없다고 하면서 자유분방하게 죽이거나 살린다[活殺]고 말한다. 경재는 이것을 창광자자猖狂自恣라고 비평한다. 도학자道學者와 선백禪伯의 사이에는 근엄謹嚴하거나 진솔[脫白]한 차이가 있더라도, 의심할 것도 없이 창광자자猖狂自恣는 지나친 말이다.

7. 사심私心으로 천지天地를 포괄하며, 천지를 환망幻妄이라고 함

경재는 "인심人心은 공公적인 것이 되면 곧 천지와 동체同體이고, 조금이라도 사私적인 것이 되면 곧 천지만물과 틀어진다[睽隔]. 석씨는 사사로운[自私] 심心으로써 억지로 천지만물을 포괄한다. 그래서 천지를 등지고 사람이나 사물[人物]을 절멸絶滅한다"라고 말한다. — 이는 곧 만법유심설萬法唯心說에 대한 비평이다. 그리고 유심唯心의 심을 경험적인 개인심個人心이라고 보는 점에서 이 비평은 성립하는데, 상식적이라는 점에서 도리어 사람들이 이해하기가 쉽다.

"세상의 어리석은 사람치고 노불老佛보다 어리석은 사람은 없다. 지극히 어리석은 사람도 천지天地, 부모父母, 처자妻子를 알아보고 또 자기 자신도 알아본다. 이제 선가禪家는 천지를 환망幻妄이라 하고, 자신은 환신幻身이라 하며, 부모를 떠나고 처자를 버리며, 천지나 육합六合

이 아무리 크다 해도 알아보지를 못한다. 그래서 좁쌀 한 톨 안에 세계가 들어 있다고 말한다. 진헌장도 육합을 티끌이나 먼지[微塵]로 여긴다고 한다. 어찌 어리석음이 심하지 않은가"라고 한다. — 이는 『화엄경華嚴經』의 삼계는 오직 한마음[三界唯一心]이다와 『유마경維摩經』의 겨자 속에 수미산須彌山이 들어 있다는 사상에 대한 비평으로서, 진백사를 인용한 것은 진백사의 사상이 얼마나 불교적이었는지를 보여주는 것이다. 유심唯心사상에 대한 경재의 비평은 아무래도 천박한데 그가 사상가라기보다는 실천가였기 때문이다.

"노씨老氏는 성인聖人의 도道를 등졌지만 아직 함부로 성인을 모욕하지는 않았다. 장자莊子는 성인을 모욕한다. 장자는 성인을 모욕해도 아직 함부로 천지天地를 모욕하지는 않았다. 석씨釋氏는 천지를 모욕한다"라고 말한다. — 경재는 본체와 현상을 구별하지 않고 막연하게 천지라고 말한다. 그의 입장에서는 현상을 중시하고 환망설幻妄說에 대해 크게 반대하지만, 경재가 천지라고 한 말 속에 본체적인 의미가 가미된 것은 곳곳에서 나타난다. 일단 천리天理의 유행에 착안할 때는 현상으로서의 천지 그 자체에 가치를 인정해야만 하는 것은 아니다.

8. 환신幻身[22] 외에 진신眞身이 있다고 함

경재는 다음과 같이 말한다. "천하에서 고금을 통틀어 잘못하여 전

---

22   역주 저본 427쪽 해당 부분에서는 차례와 달리 현신(現身)이라고 되어 있다. 환신(幻身)과 의미는 같다. 차례에 따라 환신으로 번역한다.

도착란顚倒錯亂한 것으로서 불씨佛氏보다 심한 것은 없다. 노장老莊은 그다음이다. 자기 몸[己身]을 범신凡身 즉 보통의 몸이라 하고 별개로 있는 진짜 몸 즉 진신眞身을 찾아야 한다는 것처럼 그 어리석음이 이 지경이니 애달플 따름이다. 또 먼저 나[我]가 있고 그 후에 성性이 있고 명命이 있다고 한다. 이것도 틀렸다는 것은 매한가지다. 잘못 알고서는 별도로 하나의 진신이 있는데 항상 불생불멸不生不滅한 것이며, 성명性命도 나에서 비롯하여 나중에 있는 것이라 하므로 성명도 아낄 만한 것이 못 되고 그래서 기꺼이 몸을 버려 호랑이의 먹이가 된다. 그 뜻은 진신이 있으며 다시 진짜 성명[眞性命]이 있고, 태어난 성명은 모두 임시적인 가짜[假底]라서 만약 이것을 버린다면 반드시 나의 원초적인 진짜[眞底]를 찾아 드러낼 수 있다는 것 같다." "석씨釋氏는 나[吾]에게 진성眞性과 진신이 있으며 천지 사이에 있고 불생불멸한다, 단지 이것을 사람들이 깨닫지 못할 뿐이라고 한다. 성性에 어찌 진짜와 가짜[眞假]가 있고 사람에게 어찌 두 개의 몸이 있겠는가, 견성見性이란 그 말은 헛소리다[妄]." "기氣에는 취산聚散이 있고 허실虛實이 있고 생사生死가 있다. 이것은 유무有無로 말하는 것이 오히려 옳다. 이理는 유무로 말할 수 없고, 심心은 유무로 말할 수 없다. 노씨老氏는 모든 존재[萬生]가 허虛에서 나온다고 한다. 이것[虛]은 무無에서 생긴다고 한다. 그래서 허를 도道라 하고 무를 종宗이라고 한다. 이理와 심心에 대해서는 모두 기氣라고 하는데 오히려 그럴듯한[近似] 점이 있다. 불씨는 실實을 허라고 하고, 있는 것[有]은 또 없다[無]고 하는데 모두 전도착란顚倒錯亂이 매우 심하다. 노씨는 장생불사長生不死를 말하지만 불씨는 생生도 필요 없고 사死도 필요 없다고 한다. 한 개의 진신과 진성을 찾아서 불생불멸하며 윤회를 초탈해야 한다고 말한다. 진공보가 사물[物]은 다 사라져도 나[我]는 다 사라지지 않는다고 한 것은 바로 이런 의미다." — 여기서도 진백사가 불교에서 말한 것과 마찬가지로 "사물은 다 사라져도 나는 다 사라지지 않는다"라고 한 것을 비평한 다. 진백사의 사상이 불교적이라는 것은 바로 경재와 반대라는 것을 나타낸다.

범신凡身과 진신眞身의 대립에서 한쪽을 가짜[假底]라 하고 다른 쪽 은 불생불멸이라 한 것은 역시 불교의 일반적인 사상이다. 생生도 필 요 없고 사死도 필요 없다고 할 정도의 수도修道와 기개氣槪는 진신과 진성眞性이라는 이상理想이 없다면 얻을 수 없다. 이를 두고 전도착란 이 심하다거나 고금을 통틀어 가장 잘못이라거나 그리고 또 성性에 진 짜나 가짜는 없으며 사람에게 두 개의 몸은 없다고 한 것은 매우 상식 적인 말일 뿐이다.

왕양명王陽明과 불교

제3장

1. 일상 속의 연마[事上練磨]

왕양명王陽明(1472~1528)의 사상은 송유의 결론이다. 그가 유학儒學
상에서 차지하는 지위는 37세에 심즉리설心卽理說을 세우고, 다음 해
에 지행합일설知行合一說을 만들며, 50세에는 치양지설致良知說을 제
창한 데 있다. 이것을 양명사상의 삼위三位라고 하며 그리고 그 배후
에서는 대립의 타파에서 유래한 만물일체萬物一體의 철학이 있으므로
이러한 삼위는 결국 일체가 된다. 이 삼위일체사상은 육상산을 계승

하며 그리고 물론 불교의 영향으로 성립한 것이라면 불교와의 교섭상에서 이것을 논하는 것이 상당히 의의가 있을 것이다. 양명의 생활도, 사상도 보기에 따라서는 거의 불교적이라서 불교와 유교의 구역을 구분하기가 매우 곤란하므로 『왕양명전집王陽明全集』 특히 『전습록傳習錄』에 의거해 조금 자세히 서술하고자 한다.

왕양명에게서 가장 주목할 점은 일상 속의 연마[事上練磨]를 통해 그 사상을 만들어 냈다는 데 있다. 동양사상은 원래 철학과 종교와 도덕이 일체라는 것이 특색이기는 하지만 왕양명만큼이나 사상과 생활의 사이가 일치하는 사람은 드물다. 왕양명의 경우는 사상에 의해 인도되는 생활이 아니라 항상 생활을 통해 성립된 사상이다. 인격을 먼저 형성하고 이것을 설명하면서 간명簡明한 문자를 사용한다고 하면 적당하다. 이것이 천 년의 세월[千載]을 움직이게 한 힘이 있는 이유다. 양명이 본받은[私淑] 앞사람[先人]은 명도와 상산이고 반대한 사람은 이천과 주자朱子다. 멀리 거슬러 가면 문중자에게는 공감하지만 퇴지(한유)나 소자(소강절)에게는 동의하지 않으며 때로는 상산이나 명도에게조차도 동의하지 않는 것이 있기도 하지만 양명사상의 전통은 여기서 발견된다. 양명의 마음가짐은 항상 수도修道에 있으며, 당시의 학풍이 주자를 조술하며 위아래를 통틀어 이것만이 유일한 유학儒學이라고 여겼는데도 불구하고 양명의 성격은 주자의 사상과 서로 용납되지 않는다. 그가 처음으로 수도 생활에서 한 줄기 광명을 얻은 것은 서법書法을 배울 때였다. 명도의 글을 읽고 있던 때였다. 읽던 도중에 "내[明道]가 글자를 쓸 때 매우 경건한 것은 글자를 잘 쓰기 위해서가 아니라 이는 배우는 것이다'라고 한다. 잘 쓰기 위한 것이 아니라면 또 무엇을

배우는 것인가?[吾作字甚敬, 非是要字好, 此是學. 旣非要字好, 又何學也]"라
고 말했다. 양명은 명도가 글을 배울 때 경건함[敬]을 마음가짐으로 삼
은 것에 감격하며 문자는 지엽적인 것[末]이고 심心이 근본이다, 근본
이 세워지면 지엽적인 것은 반드시 뒤따르지만 지엽적인 것만을 볼
때는 글자만 배우는 사람들과 마찬가지일 수밖에 없음을 알고서 "이
에 사람들이 언제나 어떤 일에도 다만 마음에서 배운다는 것을 알았
다. 이 마음이 정명精明하면 글씨를 잘 쓰는 것도 그 안에 있다[乃知人
隨時隨事, 只在心上學. 此心精明, 字好亦在其中矣]"라고 말한다. 이는 실로
양명이 도道에 들어간 초문初門이면서 최후의 귀결이다. 나중에 격물
格物을 논할 때에 많은 부분 이것을 증명으로서 제시하며 말하기도 한
다. 17세 때의 일이었다. 이렇게 양명이 명도를 본받기 시작하면서 서
법을 기연機緣으로 삼아 얻은 심증心證은 실로 일생을 통해 일관한 정
신이 된다. 이 일관된 정신은 이리저리 떠돌며 곤궁하게 지내던 생활
속에서 종종 생명 문제와 충돌하면서 점차로 학문으로 조직됨으로써
삼위일체三位一體사상으로 성립된다.

그가 여기에 도달하기까지는 노석老釋에 마음을 기울였다. 특히 양
명은 몸이 약해 병에 잘 걸리는 체질로서 처음에는 월越의 양명동陽明
洞에 집을 짓고 도인술導引術을 연마하며 선견지명先見之明을 얻기도
한다. 이는 곧 선인도仙人道에서 일종의 깨달음[悟道]을 얻은 것이다.
보통 사람이라면 이를 매우 기뻐하겠지만 양명은 이것이 정신을 희롱
하는 것이지 도道가 아니라고 여겨 차단하고 선인도를 버린다. 나중에
선견지명을 필수로 본다는 점에서 소자邵子를 비평하며 아직 지인至人
이 아니라고 한 것은 이 체험에서 비롯했음에 틀림없다. 일찌감치 한

가한 생활[靜居]을 좋아하며 세상에서 멀리 떠나려고 생각한다. 이는 출가하여 은둔하는 것이다. 이른바 공적空寂의 도이다. 양명처럼 병이 많은 체질에게는 당연한 희망이 아닐 수 없다. 때로 양명을 주저하게 만든 것은 조모祖母인 잠岑과 부친인 용산공龍山公의 존재였다. 정情을 버리지 못하고 머뭇거리며 결정을 내리지 못하는데, 일찍이 부친과 조모에 대한 생각이 떠오르자 "이 생각은 어린아이[孩提] 때 생겼다. 이 생각을 제거한다면 이는 핏줄[種姓]을 끊어 없애는 것이다"라고 한다. 양명이 산에서 나와 세상으로 들어온 것은 이 때문이다. 나중에 불교를 비평하며 공적이라 하고 단종斷種이라 하며 세상을 다스릴 수 없다고 한 것은 이러한 체험에서 나온다. 양명은 이에 선仙과 석釋을 버리고 단연코 유교儒教에서 도를 찾는다. 도에 들어가는 것도 심心에 따르고, 유교에서 생활 규범을 찾는 것도 일념一念에 따른다. 양명사상의 근본의根本義가 심에 있는 것은 이로 말미암는다.

이리하여 확실하게 벼슬길[任官]로 나아가지만 이 길은 결코 평탄하지 않을 뿐만 아니라 특히 강직한 양명에게는 촉도蜀道의 험난함보다 더 심한 점이 있었다. 심했던 만큼 그의 체험은 한층 깊은 맛이 있다. 35세 때 권력[柄]을 훔친 유근劉瑾에게 소疏로 항의하다가 귀주용장승貴州龍場丞으로 유배당한다. 도중에 살해당할 뻔했지만 겨우 벗어나며, 민계閩界에서는 호랑이를 피해 달아나면서 첩첩산중 가시덤불로 둘러싸인[萬山叢棘] 용장龍場에 도착하는데, 시종들이 모두 병이 든 사이 몸소 땔감을 줍고 물을 길어 가며 낮이나 밤이나 단좌端坐한다. 이때가 37세였다. 스스로 돌이켜 보니 이익이나 손해, 명예나 치욕 등의 잡념에서 모두 초탈했지만 여전히 아직 생사生死의 일념一念을 벗어

버리지 못했는데, 돌 성벽[石墩]과 같은 생사의 언덕 끝에서 초탈하는 공부를 응집하여 이미 심중心中에 정일靜一을 얻었고 흉중胸中은 말끔해서[灑灑] 질병도 이적夷狄도 환난患難도 잊을 수 있었다. 이는 곧 불교의 공空, 무상無相, 무원無願이라는 삼해탈문三解脫門을 투과한 것이다. 여기서 성인聖人의 도道를 찾다가 한밤중에 비로소 격물치지格物致知의 뜻[旨]을 깨닫는다. 때로는 마치 자나 깨나 사람에게 말하는 것 같았다. 알았다라고 외치며 뛰어오르자 시종들이 모두 놀랐다고 한다. 이른바 활연대오豁然大悟다. 이때 양명의 깨달음은 "성인의 도는 나의 본성[性]에 자족한데 사물에서 이리理를 찾는 것은 잘못이다"라는 말에 나타나 있다. 바깥에서 찾지 않고 안에서 찾을 수 있다는 것이다.

양명의 격물치지格物致知는 바깥 사물[外物]에 다가가[格] 앎[知]을 이루는[致] 것이 아니라 사물을 바로잡아[格] 앎[知]에 이르는[致] 것이다. 사물은 밖에 있지 않고 안에 있다. 물리物理가 아니고 심리心理다. '나의 본성에 자족하다[吾性自足]'란 만리萬理가 나[我]에게 다 갖춰져 있다[具足]는 뜻이다. 양명의 이러한 깨달음의 경지[悟境]를 심즉리설心卽理說이라고 한다. 원래 심즉리心卽理라는 사상은 상산에게서 성립했지만, 주자朱子는 이천을 계승해 성즉리性卽理라고 하면서 동시에 만물에는 각각 천리天理가 있고 이 이리理와 심心이 일치하는 곳에 격물치지가 있다고 했으며 이 사상이 당시를 풍미한다. 그 때문에 심과 이리理의 대립설 이외로 나간 것이 없었다고 한다면 상산의 사상은 당시 완전히 사라졌었다. 그렇다면 양명이 격물치지를 오성자족吾性自足이라하며 심에 이리理가 있다고 하게 된 것은 상산의 사상의 영향이라기보다도 양명 자신의 체험에서 나온 것이다. 자나 깨나 사람에게 말하는 것 같다가 알았다고 외치며 뛰어올랐다는 기사는 무엇보다 유력한 증거다. 양명은 이 깨달음을 얻은 후 암기한 오경五經의 말로 증명하다가 딱 들어맞지 않는 것이 있다며 이에 『오경억설五經臆說』을 짓는다.

심리대립설心理對立說에 대해서라면 심즉리설心卽理說은 일체설一體說이다. 이 일체설은 일상 속의 연마[事上練磨]에서 나오는 내계內界의 혁명이자 대립의 타파에서 발생한다. 심즉리心卽理라는 이해에 부수적으로 발생하는 것은 지행합일知行合一이라는 실천[行]이다. 지행합일설知行合一說은 38세 때 창설한 것으로서 그 감화는 실로 넓고도 깊다. 주자朱子는 실천의 근본을 앎[知]에서 찾았다. 만물萬物에 각각 이理가 있는 이상 이를 궁구하지 않으면 참된 행行은 없다면서 궁리窮理로부터 진성盡性으로 향한다. 먼저 알고 나중에 실천하는 것[先知後行]이다. 양명은 그렇지 않다. 나의 본성에 자족한다[吾性自足]는 것이다. 알기 전에 나에게 의욕意欲이 있다, 의욕을 정성스럽게 하면 바른 앎[正知]이 있고 바른 실천[正行]이 있다고 한다. 그렇다면 양명에게 지知와 행行은 나누어질 수 없는 일체다. 이렇게 심心과 이理를 일체로 보는 사상에서 나아가 지와 행도 일체라고 한다.

39세 때 유근劉瑾과의 마찰로 양명이 버려진 이후 47세에는 복건福建의 도적 떼를 소탕하며, 48세에는 강서江西의 영왕寧王 신호宸濠의 반란을 평정하는 등 일일이 다 말할 수 없을 만큼 국가에 큰 공을 세웠는데 도리어 환관의 참소로 인해 반란죄를 추궁당했지만 이미 생사의 관문을 투철한 양명은 평온한 채 놀라거나 근심하지 않고 초암草庵에 안주하며 성인聖人의 도道를 강론할 뿐이었다. 이리하여 50세에 원숙한 사상으로 도야된 것은 최후의 양지설良知說이다. 양지良知란 천리

天理로서 양명에게 치지致知는 치양지致良知와 다르지 않다. 양지란 말은 『맹자孟子』에서 나오며 양지양능良知良能으로도 아울러 사용된다. 양명이 양지라는 말로 자신의 깨달음의 제1의義를 표현하기까지는 과정이 있다. 남도南都에 도착한 이래 학자들에게 천리天理를 보존하고 인욕을 제거하는 일을 근본으로 삼아야 한다고 가르친다. 왜 그런지를 물어 오면 스스로 찾아보라고 하며 천리가 무엇인지를 가리키지 않는다. 때로는 "요즘에 이것을 발휘하려 해도 단지 한마디 말도 표현할 수가 없으며, 입안을 맴돌지만 뭐라고 해야 할지 헤아리기 어렵다"라고 말한다. 오래되면서는 "요즘에 깨달은 것인데 이 배움[學]이란 달리 더할 것은 없고 단지 조금일 뿐이며 이것을 이해하면 나머지는 없다"라고 말한다. 완연히 임제가 "황벽의 불법이 간단하구나[黃檗佛法無多子]"라고 말한 것, 동산이 "부처의 모든 경전도 단지 글자일 뿐이다[一代藏經唯是箇字]"라고 말한 것과 마찬가지다. 아울러 부러워하는 정도에 그치지 않는 점이 있다. 즉 "이 조금을 이어서 다시 놓을 곳[放處]은 없다"라고 말한다. 받은 것이 없으므로 전할 이유가 없다고 말하는 것이다. 아마 선禪에 의하지 않고서는 이러한 심증心證에 도달하지 못할 것이다.

이렇게 해서 양명은 깨달음이 있어도 이를 표현할 수가 없었는데 신호宸濠의 변란을 거친 뒤 비로소 양지良知라는 말로 그 경지를 분명하게 나타낸다. 양명의 양지는 주자朱子의 치양지致良知와 달리 정의情意를 포함한 앎[知]이다. 혼일한 상태[混一態]의 순수한 마음[純心]이다. 불교에서 본다면 불성佛性이다. 여래장如來藏이다. 양명은 이것 하나에 의지해 환난을 잊고 생사生死의 바깥으로 나갔다. 몇 번인가 생

사의 사이를 오가면서 오직 이것만이 진실한 힘으로서 나중에 성인聖
人이 나타나더라도 마찬가지일 것이라고 믿는다. 그래서 다음과 같이
말한다.

나의 양지良知라는 이 두 글자는 실로 천고千古에 성인聖人들이 서로 전하던
단 하나의 것이자 가장 핵심적인 것[一點一滴骨血]이다.

나는 이 양지良知라는 말을 수없이 죽을 뻔한 고비[百死千難] 속에서 얻었지
만 부득이하게 사람들에게는 말로만 설명할 수밖에 없다. 오로지 배우는 사
람이 쉽게 얻어 일종의 광경光景으로 보고서 장난치며[玩弄], 부실하게도 힘
써야 할 것[用功]은 빠뜨리고 이 앎[知]만을 짊어질까 봐 걱정될 뿐이다.

(『전습록傳習錄』 부록연보)

양명은 주자朱子학파가 천리天理를 객관이라고 한 폐해를 몹시 한탄
한다. 이제 이 양지良知도 일종의 광경光景이라고 할까 봐 걱정하는 것
은 당연하다. 양지라는 말로 이를 부르는 것이 적합한지는 모르겠지
만, 이에 앞서서 깊이 있는 체험에 참여할 것을 요구한다. 양명은 어
느 날 이 이理는 쉽고 명백한데 일단 묻혀 버린 채 수백 년이 되었다고
한탄한다. 진구천陳九川(1494~1562)은 "송유는 지적인 이해[知解]에 바
탕을 두고 신식神識을 성체性體라고 하기 때문에 견문見聞을 날마다
늘려 가며 장애[障道]가 날마다 깊어진다. 이제 양지라는 두 글자를 꼬
집어 냈다. 이는 고금古今의 사람들의 진면목이다"라고 말한다. 양명
에 의해 자신의 생각을 얻었다고 하는 것이다. 양명의 사상은 심心에
서 이理로 들어가 이理에서 지知로 나아가며 마침내 양지를 궁극으로
삼는다. 심과 이와 양지는 말은 다르지만 요컨대 인욕人欲을 제거한

진심眞心, 때[垢]를 벗긴 명경明鏡과 같은 진아眞我를 말하는 것이다. 이 진아 속에 일체를 포용함으로써 심心이라고도, 이理라고도, 지知라고도, 행行이라고도, 양지良知라고도 불렀던 것이다. 그렇다면 양명의 용공用功은 항상 일상 속의 연마[事上練磨]에 의해 심에 있는 욕欲을 제거하는 데 주안점을 두며 더욱이 공적空寂으로 흘러가지 않고 인간 세상에서 힘을 쓰게 되기를 기대한다.

양명은 몸소 일상에서 연마함으로써 배우는 사람들을 지도할 때도 항상 때를 놓치지 않는다. 그 적절한 예시로서 육징陸澄에 대해 격려한 것이 있다.

> 징澄은 홍려사鴻臚寺에 있으며 창고에서 생활한다. 갑자기 집에서 아이가 아프다는 소식을 전해 왔다. 징은 걱정스러운 마음을 감당할 수가 없었다. 선생은 이럴 때야말로 힘써야 한다[用功], 만약 이때를 놓쳐 버리면 한가할 때 강학講學한들 무슨 소용이겠는가, 사람은 바로 이런 때에 연마할 필요가 있다고 말해 주었다. 　　　　　　　　　　　　(『전습록傳習錄』 권상, 36)

이와 같이 일상 속의 연마에서의 용공用功은 인욕人欲을 제거하는 데 생각[意]을 활용[用]하는 것이다. 삼리三俐를 정벌할 때 설간薛侃(?~1545)의 축원 편지[祝書]에 대해서 다음과 같이 말한다.

> 일찍이 편지[書]를 사덕仕德에게 부쳤는데, 산중의 도적은 때려잡기 쉽지만 마음속의 도적은 잡기 어렵다고 할 수 있다. 구차한 좀도둑[鼠竊]을 처리하는 일이 무슨 별일이겠는가. 여러분들[諸賢]이 만약 심장의 도적을 소탕해서 깨끗이[廓淸] 평정平定하는 공功을 거둔다면 이야말로 참으로 대장부이자 매우 뛰어난[不世] 공적[偉績]이다. 　　　　　　　　(『전습록傳習錄』 부록附錄)

양명의 대장부관大丈夫觀과 대성공관大成功觀은 여기서 분명히 나타난다. 장부丈夫의 성공이란 심중의 도둑을 소탕하는 것과 다르지 않다.

심경心境을 전개해 나아갈 정도로 밝은 양명은 다른 사람을 지도할 때도 방도方途가 능숙했다. 남대길南大吉(1487~1541)은 반성하는 마음이 맹렬한 사람인데 스스로 잘못을 꼼꼼하게 헤아리면서 몸의 잘못[身過]은 힘써 보겠지만 마음의 잘못[心過]은 어떡해야 할지 한탄한다. 그때 양명은 다음과 같이 말한다.

예전에는 거울[鏡]이 아직 개발되지 않아서 때[垢]를 감출 수 있었다. 지금은 거울이 밝아서 티끌 하나 떨어져도 저절로 가만히 있기가 어렵다. 이것이 바로 성인聖人이 되는 계기[機]다. 이것을 힘써 보라.

(『전습록傳習錄』 부록附錄)

황벽이 탐진치貪瞋癡를 보고 불성佛性이라고 한 것도 같은 맥락이다.

양명이 수도修道 생활상에서 다른 유류儒流들이 도달할 수 없을 정도에 있다는 것을 보여 주는 것은 부자父子의 소송[訟獄]을 재판한 데서 가장 잘 나타난다. 권하卷下(47)에서 보이는 이 일화와 같은 것은 수도에서 체험하지 않고서는 도저히 맛볼 수 없는 것으로서 보통의 방법[常途]으로는 아마 이것을 간과한다.

2. 심즉리心卽理

양명은 여러 차례 몸[身]의 주인으로서의 심心이라 하고, 사람에게 부여된 것으로서의 성性이라고 하면서도 그 심이란 것은 이른바 만유

萬有를 모두 갖춘[總該] 일심一心이라고 하여 순수한 위치[純位]에서는 성性과 이理를 일치시키며 또 순수함 그대로가 발로發露한 것으로서의 선善과 예禮를 일치시킨다. 이 심이 발현할 때 근본적으로는 도심道心이기도 하고 또 인심人心이기도 하다. 도심과 인심이라는 두 가지가 있을 리 없다는 생각을 나타내는데 권상卷上(14)에서 "인심의 본성[性]을 얻을 때 도심이 되고, 도심이 그 바름[正]을 잃을 때는 인심이 된다. 처음부터 두 개의 심이 있을 리 없다. 도심이 주인이고 인심이 명령[命]을 듣는다는 말은 두 개의 심을 설정하는 것이다. 천리天理와 인욕人欲에 병립並立하는 이理는 없다"라고 말한다. 우리들은 여러 번 자기의 분열을 내관內觀하는데 왕양명에 따르면 분열할 때는 천리와 인욕이 대립하는 것이 아니다. 전체가 다 인욕이라는 것이다. 이는 아마 대립 이상의 경지에 도달한 사람이라야만 할 수 있는 말이다. 대립 이상의 그 경지를 왕양명은 아직 발현하지 않은 상태[未發之中]라고 한다. 미발未發의 중中이란 단순한 무심無心의 경지가 아니다. 권상卷上(37)에서 "미발지중未發之中은 보통 사람[常人]에게도 모두 있다고 할 수는 없다. 체體와 용用은 일원一源으로서 체에 용이 없을 수 없다. 미발의 중이 있다면 발현[發]해서 절도[節]에 들어맞아[中] 조화[和]되지 않을 리 없다. 보통 사람은 무심할 때 미발의 중이 되는 것 같지만 발현해서 절도에 들어맞는 조화가 있지는 못하다"라고 말한다. 그렇다면 양명의 미발의 중이란 인욕을 제거하고 천리에 합치한 마음 상태를 가리키며, 본체[體] 안에 작용[用]을 포함하는 것이다. 체용體用은 발현[發]해서 동정動靜이 되지만 체용을 곧바로 동정이라고 할 수는 없다. 권상卷上(66)에서 "체용은 일원으로서 체 안에 용이 있고, 용 안에 체가 있다. 정靜할 때 체를 보고, 동動할 때 용을 본다고 할 수는 있어도 동정을 곧바로 심의 체용이라고 할 수는 없다"라고 말한다.

양명은 이렇게 체용일원體用一源을 미발중未發中의 중中에서 찾으며, 체용體用과 동정動靜을 구별하면서도 나아가 다른 한편에서는 동정을 일여라고 한다. 동정일여動靜一如 즉 동과 정이 하나인 것이나 마찬가지라는 말은 동을 깨뜨려 정이 되게 한다는 것이 아니라 동 안에 정이 있다는 것이다. 이 뜻을 나타내고 있는 것은 권하卷下(71)의 "사람의 본체本體는 항상 적연하고 부동한 것[寂然不動的]이면서 항상 감응하여 두루 통하는 것[感而遂通的]이다"라는 말이다. 양명의 심心은 단순히 정지靜止적인 것이 아니다. 어떤 동작을 하더라도 인욕人欲이 없을 때는 이윽고 심체心體가 그대로 드러나는 것[流露]을 보게 된다. 거기서 이천의 말을 사용하여 "아직 마땅하지 않다면 앞이 아니고, 이미 마땅하다면 뒤가 아니다[未應不是先, 已應不是後]"라고 말한다. 완연히 천태天台의 "앞도 아니고 뒤도 아닌[非前非後]" 부사의不思議한 경계[境]다.

권하卷下(4)에 진구천과의 문답이 있다. "구천은 근년에는 너무 넓게만[浮濫] 배우는 것에 싫증이 나서 자주 정좌靜坐를 통해 염려念慮를 막으며 그치려[屛息] 하고 있다고 말한다." 왕양명은 "염념을 그치게[息] 할 수는 없다. 오직 바르게[正] 해야 할 뿐이다. 무욕無欲일 때는 정靜하다. 동動하더라도 정하다. 이것을 정이어도 역시 안정되고 동해도 역시 안정되었다고 한다. 본체本體를 주主로 할 때는 동과 정은 하나다. 본체로 돌아갈 때는 정하고 안정적이지만 염이 없는 것은 아니다. 바로 염은 곧 경계하고 두려워하는[戒懼] 염이다. 이것을 살아 움직이는 것이자 하늘의 기틀[天機]은 쉬지 않는다고 한다. 이것은 본체의 염이다. 본체의 염이 아닐 때는 모두 사념私念이다 등등"이라고 말한다. 이에 이르러 체용일원體用一源의 의미, 동정일여動靜一如의 의미, 지성불식至誠不息 즉 지극한 성실함[至誠]은 쉬지 않는다는 의미를 알 수 있다.

심心의 체용體用과 동정動靜에 관한 매우 명확하고 구체적인 것은 육원정陸原靜(육징)과의 문답이다. 권중卷中(45)에 보인다. 사람들이 모두 잘 묻고 잘 답하는데 감탄할 만하다.

원정은 아직 발현하지 않은[未發] 본체[體]로서의 심心은 이미 발현한 [已發] 것의 앞[前]에 있는가, 이미 발현한 것 안[中]에 있으면서 주主가 되는 것인가, 앞뒤나 안팎이 없이 혼연일체渾然一體인가? 만약 이발已發이 미발未發의 앞에 있으면서 정靜에서 동動이 발생한다고 하면 지성至誠은 쉼이 있게 된다, 그래서 성인聖人이 회복할 경지로 삼을 리가 없다, 만약 미발이 이발의 가운데 있다고 한다면 미발과 이발 그리고 동정動靜의 관계는 어떤 것인가라고 묻는다.

양명은 미발未發의 중中 즉 아직 발현하지 않은 상태는 양지良知다, 앞뒤나 안팎이 없이 혼연일체渾然一體다, 지성至誠에 쉼[息]이 있다는 의심은 있을 수 없다, 미발은 이발已發의 안[中]에 있고 이발은 미발의 안에 있다, 단 이발의 안에 별도로 미발이란 것이 있지는 않다, 미발의 안에 별도로 이발이란 것이 존재하지는 않는다, 동정動靜이 없는 것은 아니지만 동과 정으로 분리되는 것도 아니다라고 말한다.

원정은 동정動靜은 유사有事나 무사無事를 위주로 말한 것인가, 적연寂然이나 감통感通을 위주로 말한 것인가, 순리循理나 종욕從欲 즉 이理에 따르는가 욕欲에 따르는가를 위주로 말한 것인가? 만약 유사로써 감통을 동動이라 하고 무사로써 적연을 정靜이라고 한다면 동이면서 동이 없고[動而無動] 정이면서 정이 없다[靜而無靜]는 말의 의미를 이해할 수가 없다, 만약 순리를 정이라 하고 종욕을 동이라고 한다면 동안에 정이 있고[動中有靜] 정 안에 동이 있으며[靜中有動] 동이 극에 달하면 정이고[動極而靜] 정이 극에 달하면 동이다[靜極而動]라는 말의 의미를 이해할 수 없다라고 말한다.

양명은 유사有事나 무사無事는 동정動靜이다, 그러나 혼연일체인 양지良知에서는 유사와 무사를 구분할 수 없다, 적연寂然이나 감통感通은 동정이다, 그러나 앞뒤나 안팎이 없는 양지에서는 적연과 감통을 구분할 수 없다, 이理는 움직임[動]이 없다, 움직인다면 욕欲이다, 이理에 따를 때는 모든 변화에 응수하더라도 아직 움직인 적이 없다, 욕에 따르면 마음을 그쳐서 한결같이[橋心一念] 하더라도 아직 고요한[靜] 적이 없다, 그렇다면 동 안에 정이 있고[動中有靜] 정 안에 동이 있다[靜中有動]는 말의 의미를 의심할 것이 없게 된다, 유사로써 감통한다면 동動이라고 해야 한다, 그런데 적연한 것에 뭔가가 추가된 적은 없다, 무사로써 적연하다면 정靜이라고 해야 한다, 그런데 감통한 것에서 뭔가가 감소된 적은 없다, 그렇다면 동이면서 동이 없고[動而無動] 정이면서 정이 없다[靜而無靜]는 말의 의미를 의심할 것이 없게 된다라고 말한다.

이 심즉리설心卽理說은 육자의 뒤를 계승하고 정자를 보완하며 『역易』의 의미를 완전하게 함으로써 성性과 이理, 사事와 지知, 선善과 예禮를 전부 심心의 순수한 곳에서 일치시킨 것으로서 당연히 주자朱子의 사상과 반대된다. 이는 곧 불교의 유심설唯心說로서 바깥에서 찾기

[外求]를 거부하고 만유萬有를 모두 갖춘[總該] 일심一心 안에 모든 선善의 공덕功德의 기반을 둔 것이다. 『전습록傳習錄』 권상卷上(3)의 서애徐愛(1488~1518)의 질문에 답한 것, 권상卷上(32)의 어떤 사람[或人]의 질문에 답한 것, 권중卷中(12)의 것과 같은 것은 완전히 주자와 정반대의 사상을 나타낸다.

① 어떤 사람이 다음과 같이 물었다. 회암(주자)선생은 사람이 배우는 이유는 심心과 이理뿐이라고 말씀한다. 이 말씀은 어떤가? 선생은 다음과 같이 말씀했다. 심心은 곧 성性이고, 성은 곧 이理다. 이 한 묶음 중에서 한 글자라도 제거한다면[下] 아마 두 가지가 되어 버릴 것이다(권상卷上, 32).

② 주자의 격물格物이란 사물[物]에 나아가서[卽] 이理를 궁구하는 것 즉 모든 사물[事事物物]에 관해 이른바 정리定理라는 것을 찾는 것이다. 이렇게 한다면 심心과 이理는 분리되어 두 가지가 된다. 대개 이理를 사사물물事事物物에서 찾는다란 효孝의 이理를 부모[親]에게서 찾는다는 말이나 마찬가지다. 효의 이理를 부모에게서 찾을 때 효의 이理는 내 마음[心]에 있는 것인가 부모의 몸[身]에 있는 것인가? 가령 부모의 몸에 있다고 한다면 부모가 돌아가신 뒤 내 마음에서 효의 이理는 없어지게 된다. 심과 이理를 구분해서 두 가지라 하는 것은 고자의 의외義外라는 주장으로서 맹자가 몹시 멀리한 것이다. 이는 바깥[外]을 힘쓰며 안[內]은 버리고, 넓지만 중요한 것이 적다는 것으로 이것을 장난감에 넋이 나간다[玩物喪志]라고 한다. 나[鄙人]의 격물치지格物致知란 내 마음[吾心]의 양지良知를 사사물물에서 이루는[致] 것이다. 양지란 천리天理다. 양지라는 천리를 사사물물에서 이룬다면 사사물물은 모

두 그 이리理를 얻는다. 양지를 사물에서 이룬 것이 치지다. 사물이 그 이리理를 얻는 것이 격물이다. 이는 심心과 이리理를 하나로 합친 것이다 (권중卷中, 12).

③ 서애는 지선至善을 오직 심心에서만 찾는다면 천하의 사리事理를 다 밝힐 수 없을 것이라고 말한다. 선생은 말한다. 심은 즉即 이리理다, 천하에 다시 심 외의 일[事]이나 심 외의 이리理가 있겠는가라고 말한다. 서애는 부모를 섬기는 효孝, 임금을 섬기는 충忠, 친구를 사귀는 신信, 백성을 다스리는 인仁과 같이 그 사이에 수많은 이리理가 있다는 것을 살피지 않을 수 없다고 말한다. 선생은 탄식하면서 이 말에 가려진 지가 오래되었는데 심은 즉 이리理다, 이 심에 사욕私欲이 없다면 곧 천리天理가 되며 외부에서 보탤 것은 조금도 없다, 천리여서 순수한 심으로 부모를 섬길 때는 효가 되고 임금을 섬길 때는 충이 된다, 요점은 이 심에서 욕欲을 제거하고 천리를 보존하는 데 있을 뿐이다라고 말한다(권상卷上, 3).

권하卷下(68)에서는 정자의 말을 보완한다. "혹은 정자는 사물에 있는 것을 이리理라고 한다[在物爲理]고 말한다, 왜 심心이 곧 이리理라고 하는가라고 묻는다. 선생은 이 구절에 심이라는 글자 하나를 추가해야 한다, 이 심이라는 사물[物]에 있는 것을 이리理라고 한다, 즉 이 심이 부모를 섬기는 데 있다면 곧 효孝가 되는 것처럼 그렇다고 말한다." 정자의 말은 아마도 주자 유파에서 이해할 만한 것이다. 양명은 이것을 자신의 학설로 해석함으로써 이른바 완물상지玩物喪志하는 아류亞流를 구제한 것이다.

권중卷中(18)에서는 『역易』의 궁리窮理와 『대학大學』의 격물格物이

큰 취지에서는 동일한데 모두 성의誠意와 정심正心을 겸비해야 그 공功이 완전해진다고 말한다.

권상卷上(71)에서는 주재主宰한다는 점에서 심心이라 하고 품부稟賦받는다는 점에서 성性이라 하며, 그리고 심의 본체를 지知라 이름하고 지를 이理의 영처靈處라고 한다. 그렇지만 권상卷上(31)에서는 허령불매虛靈不昧하며 많은 이[衆理]를 갖추고 만사萬事가 출현한다는 점에서 심을 이사理事 일체의 총합체總合體라고 하며, "심 외에 이理는 없고 심 외에 사事는 없다"라고 한 것을 고려하고 또 "심은 성性이고 성은 이理"라고 한 것을 고려할 때 심과 성과 지를 구별한 것은 아마도 제2의 義가 아니면 안 된다.

왕양명이 심心을 절대적인 것으로 본다는 것은 명백하다. 성性도 그렇다. 이것만으로 체體는 지知이고 용用은 심心이라고 이해해서는 안된다. 또 성이 기질氣質을 포함한다고 이해해서도 안 된다. 오직 용어의 관례상 성은 부여받은 천리天理라고 할 뿐이다.

권상卷上(13)에서 "예禮라는 글자는 이理라는 글자다. 발현한 것을 보면 예라 하고 예가 아직 나타나지 않은 것을 볼 때는 이라고 하는 차이가 있을 뿐이다. 오로지 이것은 한 가지[一物]다. 이 심心이 순수해져 천리天理가 될 때 저절로 예가 되어 나타난다"라고 한다.

또 권상卷上(32)에서 "심心이 곧 이理라면 무엇 때문에 선善을 행하고 또 불선不善을 행하는가?"라는 물음에 대해서 "악인惡人의 심은 그 본체本體를 상실했다"라고 말한다. 본체를 상실했다는 말이 무심無心이나 무성無性이 되었다와 같을 수도 있지만 아마 인욕人欲에 가려서 천리天理에 합치하지 못한다는 말일 것이다. 이천이 풀과 나무 하나하나에 모두 이理가 있다고 한 것을 미루어 본다면 주일主一의 일一은 물物일 수밖에 없지만, 왕양명의 심즉리설心卽理說에 의해서 정자의 주일무적主一無適은 확실히 점정點睛하게 된다. 권상卷上(70)의 일부日孚와의 문답은 이 소식을 잘 도파道破한다. "어떻게 하는 것이 주일인가?"라는 물음에 대해서 일부는 "독서할 때는 온 마음을 독서에 두는 것을 말한다"라고 답한다. 양명은 "그렇다면 음주할 때는 온 마음을 음주에 두는 것인가? 이는 사물[物]을 뒤쫓는 것이다. 하나[一]라는 이理를 알지 못해서야 일[事]이 있을 때는 사물을 뒤쫓고 일이 없을 때는 공空에 집착한다. 일이 있든 없든 온 마음[一心]이 모두 천리天理에 있다면 거경궁리居敬窮理할 수 있다"라고 말한다.

3. 지행합일知行合一

양명의 지행합일설知行合一說에는 양명 자신의 말을 생각해 보면 아마 두 가지 의미가 있다. 하나는 심즉리설心卽理說에서 나온 본체설本體說로서 구체적인 본체를 지知와 행行이 아직 나뉘지 않은[知行未分] 당체當體 즉 그 자체라고 하는 것이다. 둘은 병에 맞는 약과 같은 것[對病與藥] 즉 상황에 따라 맞춘 방편설로서 수도修道할 때 처음 발생한 일념一念에 유의하도록 하는 것이다. 권중卷中(7)에서 "물리物理는 내 마음[吾心]을 떠나지 않으며 심心 바깥에 이理는 없고 물리物理의 밖에 심은 없다. 심의 체體는 성性이다. 성은 이理다. 심 외에서 이理를 찾게 되면 지와 행은 두 가지가 되고, 이理를 내 마음[吾心]에서 찾을 때 지와 행이 합일하는 가르침이 있다"라고 한 것은 심즉리설에서 나온 본체설로서 양명은 심의 본체인 이理에서는 일체를 포함하므로 본체상에서 본다면 지와 행이라는 두 가지는 구분되지 않는 일체라고 보았다. 곧 "지知의 참으로 절실하며 독실한[眞切篤實] 점은 행行이 되고, 행의 밝게 알고 정밀하게 살피는[明覺精察] 점은 지가 된다. 이 두 가지를 구분하는 것은 지행知行의 본체를 상실하는 것이다"라고 말한다. 구체적인 본체에 투철하다고 해야 한다. 권상卷上(8)에서 "서애는 사람들이 모두 효도[孝]해야 한다거나 우애[弟] 있어야 한다는 것을 알면서도 효도하지 못하거나 우애 있게 지내지 못하는데 지와 행은 분명히 두 가지가 아닌가라고 묻는다. 양명은 이는 이미 사욕私欲으로 단절되어 지행의 본체로 복귀하지 못하기 때문이다, 좋아하는 색[好色]을 보는 것은 지이고 좋아하는 색을 좋아하는 것은 행이지만 좋아하는 색을 볼 때 이미 좋아함이 있다, 보고 난 뒤에 좋아함이 있는 것이 아니다라고 말한다"라고 한다. 양명의 생각은 본체상에서 논할 때 양자는 하나다, 양자가 혼일한 것을 심체心體라고 한다에 있다. 양명은 이렇게 지행미분知行未分의 심체에 관해서 합일을 말하며 나아가 일상생활로 이것을 가져와서는 "효제孝弟를 행하려면 바로 효제를 알아야 한다"라고 말한다. 이는 불교의 이른바 수혜修慧와 관련된 말이다. 더욱이 양명은 권상卷上(20)에서 "지행합일설은 근거 없이 앞뒤가 안 맞는[杜撰] 주장이 아닌데, 본체는 원래 이와 같은 것이면서도 또 병病에 맞는 약藥과 같은 것이다. 가르침을 세운[立敎] 주요한 의미[宗旨]를 알 때는 두 가지라고 해도 된다[可]. 종지宗旨를 이해 못 하면 한 가지라고 하는 것도 불가不可하다"라고 말한다. 입교立敎의 종지란 일념一念이 발동한 곳에서 공功을 사용[用]하도록 하는 데 있다. 지와 행을 구분할 때는 일념이 불선不善하더라도 행으로 나타나지 않는 것에 대해서는 묻지 않게 되는 잘못이 있다. 이것을 합일할 때는 생각[念]의 움직임[動]은 이윽고 행이 되므로 일념의 불선이라도 있다면 곧바로 이것을 극복하지 않을 리가 없다고 말하는 것이다. 그렇다면 양명의 이 대병여약설對病與藥說은 사람으로 하여금 무념無念이나 정념正念이 되도록 하기 위한 것이다.

4. 양지良知 1

양명은 심心의 본체를 양지良知라 이름하고, 항상 비추는 것이라는 의미로 긍조자恆照者라 하며, 미발지중未發之中이라 하고, 도道라고 하며, 조화造化의 정령精靈이라 하고, 또 천리天理라고 한다. 이는 실로 양명철학의 근본의根本義로서 이를 중심으로 앞으로는 심즉리설心卽理說이 뒤로는 지행합일설知行合一說이 자리한다. 권중卷中(47)에서는 육원정에게 답하면서 "양지는 심의 본체이며 항상 비추는 것[恆照者]이다. 일어나지도[起] 않고 안 일어나지도[不起] 않는다. 망념妄念이 발생할 때도 일찍이 있지 않은 적이 없고, 지극히 혼탁하고 막혔더라도 일찍이 밝지 않은 적이 없다. 단지 이것의 존재를 알지 못하고 이것을 살필 줄 몰라서 때로는 놓치고 때로는 가려질 뿐이다. 양지는 미발未發의 중中으로서 탁 트여 매우 공평하며[廓然太公] 아주 조용하여 움직이지 않는[寂然不動] 본체다. 사람마다 똑같이 갖추고 있다. 때로는 어둡게 가려져[昏蔽] 있지만 양지의 본체는 털끝만큼의 가감도 없으며, 양지는 도이다"라고 말한다. 또 권하卷下(31)에서는 "양지는 조화의 정

령이다. 참으로 이것과 상대할 만한 것은 없다"라고 한다. 또 권중卷中
(67)에서는 "양지는 천리다. 천리라는 환하게 밝고 신령스럽게 깨어
있는 곳[昭明靈覺處]이다"라고 한다. 양명은 이와 같이 양지를 심의 본
체이자 동시에 물物의 본체라고 한다. 불교에서 본다면 불성佛性과 법
성法性을 겸하는 의미를 이것에 부여한 것이다. 권하卷下(37)에서는 송
본사宋本思의 물음에 대해서 "사람의 양지는 초목이나 와석瓦石의 양
지다. 만약 초목이나 와석에 사람의 양지가 없다면 초목이나 와석일
수 없다. 천지天地도 사람의 양지가 없다면 천지일 수 없다"라고 말한
다. 양명의 천지만물일체설天地萬物一體說은 이 양지설良知說을 바탕으
로 성립한 것이다.

　그러면 이 양지良知의 작용[用]은 어떤가? 권중卷中(47)에서는 "양지
는 하나다. 그것의 오묘한 작용[妙用] 때문에 신神이라고도 하고, 유행
流行하므로 기氣라고도 하며, 모여서 엉긴다[凝聚]는 점에서 정精이라
고 한다. 형상이나 방위로 양지를 찾을 수는 없다"라고 한다. 양명은
이렇게 정과 신과 기와 같이 고래古來의 학자가 큰 문제로 삼은 것을
모아서 모두 양지로 일치시킨다. 구체적인 어떤 것에 양지라는 이름
을 부여하고 일체의 근원을 이것에서 찾는 것이다. 권하卷下(45)에서
는 "칠정七情은 그 자연스러운 유행에 순응한다면 곧 양지의 작용이
다. 그것에 선악善惡은 없다. 그저 집착할 것이 있을 리 없다. 만약 집
착한다면 이것을 욕欲이라고 한다. 여기서 양지는 가려진다[蔽]"라고
한다. 권중卷中(52)에서는 "양지는 희로우구喜怒憂懼로 막히지[滯] 않는
것이지만 희로우구 역시 양지와 다르지 않다"라고 한다. 권중卷中(65)
에서는 "양지는 견문見聞에 의해서 존재하지 않는다. 그러나 견문은

양지의 작용이 아닌 것이 없다. 그 때문에 양지는 견문으로 막히지 않지만 또 견문을 떠나지도 않는다. 일상생활[日用]에서 보고 듣고 응수하는[見聞酬酌] 것이 수천수만 가지 실마리[千頭萬緒]라고 하더라도 양지가 발현하여 유행하는 것이 아님이 없다. 견문수작見聞酬酌을 제외한다면 또한 양지가 도달할 수는 없다"라고 한다. 권하卷下(35)에서는 "천지만물이 모두 나의 양지가 발현하여 유행하는 가운데 있다"라고 한다.

그렇다면 양지良知란 것은 현실의 일체를 관통하는 이理로서 현실을 제외하고는 찾을 것이 없다. 불교에서 본다면 법성法性이나 진여眞如 등을 이것에 비교할 수 있을까? 권하卷下(71)에서는 "보고 듣고 이익을 취하는 일[聲色貨利]에 힘쓰면서 양지를 잘 이루어 정묘하고 밝음이 털끝만큼도 가려지지 않는다면 곧 보고 듣고 이익을 취하는 일[聲色貨利]이라도 천칙天則의 유행이 아님이 없다"라고 한다. 천리天理는 체體에 의거하고, 천칙天則은 용用에 의거한다. 그리고 양지의 체는 명경明鏡과 같다. 권중卷中(63)에서 육원정에게 답하며 "치지致知에 힘쓰기를[功] 지극히 성실[至誠]히 하여 쉼이 없다면 양지의 체가 명경처럼 밝아진다. 아름다운지 추한지[妍媸] 사물[物]에 따라 형태를 드러내지만 명경에 오염을 남기지는 않는다. 여기에 이르면 감정[情]이 만물에 순응하면서도 감정이 없게 된다. 이것을 머물지 않으면서 그 마음을 생기게 한다[無所住而生其心]라고 한다"라고 말한다. 양명은 분별하는 사욕私欲을 제거하고 심성心性으로 복귀한 곳에 양지라는 이름을 부여하며 여기에 일체를 포함시키고 무분별의 심체心體와 심용心用의 관계를 『금강반야경金剛般若經』의 무소주無所住와 이생기심而生其心의 관계로 본다. 불교를 기초로 한다는 것은 명백하다고 해야 한다.

양명은 이 양지良知에 이르는[致] 공부를 일상[事]에서 찾으며 일상을 떠나서는 불가하다고 애타게 주장한다. 권중卷中(67)에서 구양숭일歐陽崇一(1495~1554)에 대해 "공空에 빠져 적막함[寂]을 지키는 것과 안배按排하며 사색思索하는 것은 바로 사사롭게 꾀를 쓰는 것[自私用智]이다. 양지를 상실한 점은 마찬가지다"라고 답한다. 이는 선禪의 병폐와 유교의 폐해에 대한 것으로서 양명은 이러한 두 가지 폐단을 배척하는 데 힘쓴다. 권하卷下(31)에서는 "내가 예전(29세)에 저滁에 있을 때 여러 생도들이 대부분 지적인 이해[知解]에 힘쓰는데 듣고 말하는 것이 서로 다르며[口耳異同] 얻는 것이 없음을 보고 잠시 동안 이들에게 정좌靜坐를 가르치자 일시에 광경光景을 엿보는 등 상당히 빠른 효과를 거뒀다. 오래되면서 점점 고요함[靜]을 좋아하고 움직임[動]은 싫어하면서 고목나무처럼 되어 버리는 병폐가 있었다. 혹은 애써 현묘한 이해와 묘한 깨달음[玄解妙覺]을 이루고는 사람들에게 뜬소문[聽聞]만 돌게 했다. 그 때문에 근래에는 단지 치양지致良知만을 말한다. 양지는 고요한 곳[靜處]에서 몸소 깨달아 가기 때문에 마땅하고[好], 일상 속[事上]에서 연마해 가기 때문에 마땅하다. 양지의 본체는 동적이지도 정적이지도 않다[無動無靜]. 이것은 학문의 두뇌頭腦다"라고 한다. 양명이 양지를 개현한 방법이 정좌이며 더욱이 단순히 고요함[靜]에만 빠지지 않도록 요구한다는 것을 알아야 한다. 이 양지는 본래부터 중화中和적이고 천지만물이 모두 양지의 작용이 아닌 것은 없다고 말한다. 그렇다면 어떻게 과불급過不及이 있는가라는 물음에 대해서 권하卷下(51)에서는 "과불급을 알 수 있는 곳은 바로 중화다"라고 말한다. 황벽이 번뇌가 마음속에 가득할 때 불성佛性은 어디에 있는가라는 물음에 대해서 번뇌를 보이게 하는 것이 곧 불성이다라고 말한 것과 마찬가지다. 그렇다면 과불급을 알 수 있을 때 과불급은 여전히 있다고 해야 하는가? 이에 대한 답은 권하卷下(45)의 "한번 드러날 때 양지도 저절로 깨어난다[覺]. 깨어난다면 가려진 것이 사라지며 그 본체[體]가 회복된다"라는 이 말이다. 『기신론起信論』에서 불각不覺이 있어서 각覺이 있고 각함으로써 불각이 없어진다고 한 것과 동일하다고 해야 할 것이다.

5. 양지良知 2

양지설良知說로부터 추론할 수 있는 것으로서 주일主一, 척외구斥外求, 만물일체萬物一體, 무선무악無善無惡 등 중요한 문제가 있다.

가. 주일主一: 하나에 집중함

정이천은 "이일만수理一萬殊" 즉 이理라는 하나가 만 가지로 갈라진다고 하며 그리고 이理에 관해서 "풀이나 나무 하나하나에도 모두 이가 있고, 효孝에는 효의 이가 있으며, 충忠에는 충의 이가 있기 때문에 궁리窮理에 의해 거경居敬이 있다"라고 말한다. 양명은 이것에 반대하고 육상산의 천지일심설天地一心說을 계승하며 "이일理一 외에 만수萬殊는 없다" 즉 이理라는 하나 외에 만 갈래로 갈라지는 것은 없다고 하고, 이천이 경敬을 해석한 "주일무적主一無適"에서의 주일主一을 가지고 천리天理라는 하나[一]를 주主로 한다고 함으로써 거경과 궁리를 일치시키며, "진성盡性은 주일로 이뤄지며 이것을 제외하고 궁리한다는 것은 사물을 뒤쫓는 것[逐物]이다"라고 한다. 이는 거경에 궁리가 있다고 하는 것이다. 천리를 양지良知라 하고 더욱이 지행합일知行合一이라고 하는 양명에게서는 당연한 결론이다. 권상卷上(69)에서 양일부梁日孚의 질문에 대한 거경과 궁리가 하나인가 둘인가의 문답은 간명하게 이일만수설理一萬殊說에 반대하고 거경과 궁리를 두 가지로 보는 사상에 반대한다. 양명은 "천지 사이에 오직 한 가지 일[一事]이 있을 뿐 두 가지 일[兩事]은 없다. 존양存養이란 심心의 천리를 보존하며 기르는[存養] 것이다. 궁리란 충효忠孝의 이理를 궁구하는 것과 같은 것을 말한다. 더욱이 충효의 이理는 임금과 부모의 몸[身]에 있지 않고 자기의 마음[心]에 있는 것이라면 결국 이 심의 이理를 궁구하는 것과 다를 바 없다"라고 한다. 이렇게 거경도 궁리도 결국 심의 천리로 집중하게 된다.

　주일主一은 이천이 경敬의 의의로 삼은 것이다. 그 뜻은 무언가와 일치한다는 말이다. 권상卷上(24)에 의하면 육징은 이것을 온 마음[一心]으로 독서한다거나 손님을 접대할 때 온 마음을 다한다는 의미로 이해하며, 권상卷上(70)에 따르면 양일부도 역시 독서를 온 마음으로 하고 접대하는 일에 온 마음으로 한다는 뜻으로 이해한다. 양명은 이에 대해서 "그렇다면 여색을 좋아하는 일도 온 마음으로, 재물을 좋아하는 일도 온 마음으로, 음주도 온 마음으로 한다면 이도 역시 주일이라고 해야 하는가? 그렇지 않다. 이러한 것들은 사물을 뒤쫓는 것[逐物]이지 주일이 아니다. 축물逐物로써 어떻게 거경居敬 공부를 성취할 수 있겠는가. 주일은 하나의 천리天理를 말하는 것이 아닐 수가 없다. 만약 단지 주일만 알고 하나의 이理라는 것을 알지 못한다면 일[事]이 있을 때는 사물[物]을 뒤쫓고 일이 없을 때는 공空에 집착한다. 일이 있을 때나 없을 때나 온 마음이 천리에 있는 것이 바로 거경이다. 또 궁리窮理다. 궁리가 전일專一한 것을 거경이라고 하며, 거경의 정밀精密함을 궁리라고 할 뿐이다. 이름이 같지는 않더라도 공부는 오로지 한 가지일 뿐이다. 『역易』에서 경직의방敬直義方이라고 한 것은 경敬은 일이 없을 때의 의義이고, 의는 일이 있을 때의 경이다. 두 구절은 한 건을 합해서 말할 뿐이다. 회득會得할 때는 이렇게 말하든 저렇게 말하든[橫說竪說] 전부 일치하지만 본령本領을 알지 못하고 문구文句에 구애될 때는 지리멸렬할 뿐이다"라고 한다. 양명은 이렇게 해서 다른 사람[人]의 성즉리性卽理를 궁구할 때는 사물[物]의 성즉리를 다함으로써이고, 자기의 성정性情을 이회理會하는 것은 수양修養의 전체가 된다고 한다.

나. 척외구斥外求: 바깥에서 구하기를 거부함

심체心體를 지선至善이라 하는데 그 심체는 양지良知이고 천리天理다. 궁리窮理는 천리를 궁구하는 것이고 거경居敬은 이 천리를 보존하는 것이라고 한 양명의 이론과 실제는 천리가 곧 양지이고 양지가 곧 심체다로 집중된다. 이것 외에 아무것도 없고 우주에는 단지 천리만 있을 뿐이다. 『전습록』부록을 보면 양명은 "성인聖人의 도道라는 것은 나의 본성에 자족함을 깨닫는 데 있다. 이전에 이理를 사물에서 찾았던 것은 잘못이다"라고 하며 이천과 주자朱子의 궁리치지설窮理致知說에 반대하고 밖으로 향한 눈을 안으로 향하도록 하는 일에 그 후의 일생을 바친다. 이 점에서 완전히 육상산의 뒤를 이었다고 해야 한다.

외구外求를 배척한 것은 완전히 선가禪家의 지심견성指心見性과 다르지 않다. 권하卷下(71)에서 "지금 성性에 대한 논의가 분분하여 차이가 있는 것은 모두 성을 말하면서도 성을 본 것이 아니어서인데, 견성見性했다면 차이 나게 말할 수가 없다"라고 한 것은 선가禪家와의 연관을 말해 주는 것이다. 『대학고본大學古本』의 서序에서도 외구를 배척하면서 "심心의 본체는 지선至善이면서 또한 지知다. 이 지를 이루지[致] 못하는 동안은 움직임에 따라 불선不善이 있지만 일[事]에 나아가[卽] 바로잡음[格]으로써 그 지에 도달할[致] 때는 뜻[意]이 정성스러워지며[誠] 뜻이 정성스러워지면 본체를 회복한다. 이것을 마음을 바르게 한다[正心]고 하며 지선에 머문다[止至善]고 한다. 성인의 도는 이것 외에 다른 데서 찾을 수 없으며 성인은 이것 외에서 찾는 것을 위태롭게 여긴다. 치지致知는 마음의 깨달음[心悟]에 있으며 치지에 도달했을 때는 움직임[動]에 불선이 없다"라고 한다. 이는 심오心悟에 의해서 심체의 양지에 도달한 때는 선과 불선을 초월해서 말하거나[語] 침묵하거나[默] 움직이거나[動] 고요하거나[靜] 모두 도에 합치한다는 것으로서 완연히 선가의 견성성불見性成佛을 방불케 한다. 권상卷上(60)에서 "사물[物]에는 선악善惡이 없고, 심에 있다. 세유世儒들은 이것을 몰라서 심을 버리고 물物을 뒤쫓으며 격물格物의 학學을 잘못 보고 온종일 바깥으로 내달리며 찾는다"라고 한 것은 주자 일파의 궁리학窮理學은 출발점이 잘못돼서 힘써 봤자 공功이 없다고 배척한 것이다. 권중卷中(75)에서 나흠순羅欽順(나정암羅整庵, 1465~1547)에게 답한 편지[書]에 "이理에는 내외內外가 없고 성性에도 내외가 없는데, 배우기는[學] 외구를 바탕으로 한다는 것은 자기의 성을 바깥에 있다고 하는 것이다. 또 관점을 돌이켜 안을 살피며[反觀內省] 안에서 찾는다[內求]고 한 것은 자기의 성을 안에 있다고 하는 것이다. 하나는 꾀를 부리는 것[用智]이고, 다른 것은 사사로움[自私]이다. 어느 것이든 성에 내외가 없음을 알지 못하고 있다"라고 한 것은 정명도의 『정성서定性書』를 계승하여 성에는 내외가 없다 하고, 용지用智와 자사自私를 외구와 내구에 배치한 것으로서 그중에는 주자 일파의 외구와 선가의 내구를 아울러 배척하는 의도를 포함한다. 아마 내구를 배척한 것은 그 폐단을 지적했을 뿐이다. 양명의 본의가 외구 배척에 있음은 분명하다. 외구를 배척한 것은 곳곳에서 보인다. 권상卷上(10)에서 자하가 독실하게 성인을 믿은 것과 증자가 반대로 자신에게서 찾은 것을 대비시켜 "독실한 믿음[篤信]은 본래 옳기는 하지만, 그러나 절실하게 돌이켜 찾는 것[反求]만 못하다"라고 하고, 권상卷上(13)에서 "심心의 본체를 알 때는 자연히 앎[知]이 생긴다. 부모를 보면 자연히 효孝를 알고, 형제를 보면 자연히 제弟를 안다. 이것이 양지다. 외구를 빌리지 않는다"라고 하며, 권상卷上(44)에서 "심은 도道이고 도는 천天이다. 심을 알면 도를 알고 천을 안다. 만일 도를 보려고 한다면 모름지기 자기의 심에서 체인體認해야 하며, 외구를 빌리지 않는다"라고 하고, 권중卷中(64)에서 "원정의 질문은 단지 지적인 이해[知解]상에서 아는[轉] 것이므로, 어쩔 수 없기 때문에 마디[節]에 따라 구분해서 설명할 뿐이다. 만약 양지를 믿게 되어 양지상에서 공工을 쓴다면 아무리 많은 경전[千經萬典]이더라도 딱 들어맞지 않는 것이 없고, 이단異端의 곡학曲學을 한꺼번에 완전히 논파한다는 말을 듣게 되며, 앉은 자리에서 여러 벗들은 모두 이 학문에서는 반구反求가 귀하다는 것과 지해知解로는 들어가지 못하는 곳을 깨닫게 된다"라고 말한다.

이러한 문헌을 합쳐 볼 때 주자 일파의 지해知解를 통한 사색思索이 얼마나 학계를 풍미했고, 육자의 내관內觀을 통한 반구反求가 얼마나 학도들에게 간과되었는지를 알게 되며, 양명이 힘써 외구外求를 배척한 것은 이러한 주자 일파에 대한 것임을 알아야 한다. 원래 외구를 배척한 것은 선가禪家에서 비롯하고, 중당 이후 도도하게 풍조를 형성하다가 육자가 송대에 이것을 계승하며, 나아가 양명이 명대에 육자를 계승했던 것이다. 따라서 양명이 선가를 내구內求에 빗대면서 외구의 용지用智에 대해 자사自私라고 한 것은 그 폐단을 지적한 것과 다르지 않음을 알게 된다.

다. 만물일체萬物一體

양지설良知說은 그 배후에 만물일체의 철학이 있다. 만물은 하나의 기氣로 형성되며 더욱이 그 기는 양지良知의 유행流行이라고 한다. 이렇게 천지天地는 한편에서 보면 양지, 다른 한편에서 보면 기일 뿐이다. 여기에 만물일체가 있다. 권하卷下(37)에서 "사람의 양지가 없다면 천지 역시 천지일 수 없다. 대개 천지만물은 사람과 본래 일체다. … 그 때문에 오곡五穀이나 금수禽獸 등을 사람이 먹고 살 수 있다. 약석藥石 등으로 병을 치료할 수 있다. 오로지 이 하나의 기를 같이하기 때문에 서로 잘 통하는 것이다"라고 한다. 권하卷下(75)에서 "감응의 낌새[幾]를 보자. 어찌 금수나 초목뿐이겠는가. 천지라 하더라도 나[我]와 동체同體이고 귀신도 나와 동체다. 천지의 중간에는 오로지 영명靈明함이 가득 차 있다. 사람은 단지 형체 때문에 자연히 나눠져[隔] 있을 뿐이다. 나의 영명을 떠나서 만물은 없고 만물을 떠나서 나의 영명은 없다. 이와 같이 하나의 기[一氣]가 유통한다. 어떻게 다른 것과 간격이 있겠는가"라고 한다. 권상卷上(52)에서 "어진 사람[仁者]은 천지만물을 일체로 삼는다. 하나의 사물[一物]이라도 빠진다면 이는 나의 인仁이 아직 다하지 못한 점이 있는 것이다"라고 한다. 권하卷下(42)에서 "인자仁者는 만물을 자기 몸[體]으로 여긴다. 일체일 수 없는 것은 단지 자기의 사사로움을 아직 잊지 못해서다. 완전히 인체仁體를 얻으면 천하가 모두 나의 인으로 돌아온다"라고 한다. 그 의미는 아마 만물은 본래 일체이지만 이것을 일체이게 하는 것은 심心의 인이다, 인이 없다면 만물은 개별적인 것이 된다는 말이다. 『대학문大學問』에서 "와석瓦石이 허물어진 것을 보고 지난날을 아쉬워하는 마음[心]이 드는 것은 심心의 인이 와석과 일체가 되게 하기 때문이다. 인에 의해서 만물은 일체가 되며 이 인은 천명성天命性에 근거하고 자연하며 신령하고 밝아 어둠이 없는 것[自然靈昭不昧]이다. 이것을 밝게 하는 것은 명덕明德이다. 대인大人의 학문[學]이란 것은 사욕私欲으로 가려진 것을 제거해서 명덕을 밝히고 천지만물의 일체라는 본연으로 복귀하는 것이다"라고 한다. 이렇듯 왕양명에게 『대학大學』은 대인大人의 학문[學]이다. 대인의 학문이란 천지만물의 일체라는 본연으로 복귀해야 함을 밝히는 것이다. 만물일체란 심의 인이 그렇게 하는 것이다. 그 인은 천명성에 근거한다고 말하는 것이다. 인仁이란 무엇인가? 권상卷上(55)에서 "이 인은 조화造化라는 생생하고 쉼 없는 이理로서 천지에 널리 가득 차 두루하지만 유행이 발생하면 또 개별적으로 차차 이루어지므로 묵씨墨氏의 겸애처럼 그렇지는 않다. 효제孝悌는 인을 행하는 바탕[本]

이고 인의 이리理는 이면裏面에서 발생하는 것이다"라고 한다. 권중卷中 (32)에서 "그 심에 대한 학문이 순수하고 밝아 만물일체의 인을 완전하게 할 때에 이르면 정신이 이어지고 담겨 있는 기[去氣]가 통달해서 다른 사람[人]과 자신[己]의 구분이나 사물[物]과 나[我]의 차별[間]이 없어진다"라고 한다. 그렇다면 발전하는 도중에는 점차漸次가 나타나지만 끝에 이르러서는 평등하게 일여一如가 된다. 왕양명의 양지 또는 인에 의거한 만물일체관萬物一體觀은 공허한 이론[空理]이 아니며, 생활 속에서 항상 이 마음 법칙[心術]을 잊지 않아야 한다. 권중卷中(84)에 섭문울聶文蔚(1487~1563)에게 답한 편지[書] 중에서 "요즘 사람들이 나를 보고 정신병에 걸려 제정신이 아닌[病狂喪心] 사람이라 하더라도 틀린 말은 아니다. 천하[天下] 사람들의 마음[心]이 모두 나[吾]의 마음이다. 천하의 사람들에게 여전히 정신병이 있는데 나만 어찌 그 병이 없겠는가. 여전히 제정신이 아닌 사람이 있는데 어찌 정신을 잃지 않을 수 있겠는가"라고 한다. 완연히 『유마경維摩經』의 보살菩薩의 병病을 방불케 한다고 해야 할 것이다.

양명은 만물일체를 기氣를 근거로 말하며, 그 기는 양지良知의 유행이라고 한다. 그렇다면 양지와 기는 일체인가 아닌가? 대개 "천지에 사람의 양지가 있다"라고 하며, 또 "피어나 두루 통하는[發竅] 가장 정밀한 곳은 바로 사람 마음[人心]의 영명靈明이라는 한 점이다"라고 하고, "인仁은 만물을 일체로 삼는다"라고 하며, "천지의 심心은 사람이고 사람의 심은 한 개의 영명靈明이며 이 영명은 천지에 가득하고 천지의 주재主宰다. 그리고 천지를 떠나서 이 영명은 없으며 이 영명을 떠나서 천지는 없다"라고 하고, 또 "만물과 사람은 양지가 같고 기가 같아서 일체다"라고 한다. 아마 기는 양지가 아니며, 양지는 기 안에 있으면서 기를 기이게끔 하는 것이라고 해야 할 것이다. 두 가지는 떨어질 수 없다. 둘의 관계는 장자張子의 허기虛氣나 이천과 주자朱子의 이기理氣 관계처럼 보이지만 양명의 양지는 육상산의 일심一心을 경유해 왔고, 정의情意를 포함하는 것이며, 동動과 부동不動의 두 가지 성질을 아우른다는 점에서 장자의 허虛나 이천과 주자朱子의 이理 이상으로 나아간 구체적인 것이다. 또는 장자의 허기나 이천과 주자의 이기理氣를 종합한 것으로서 역사적으로 말한다면 허기 또는 이기의 대립 이전으로 거슬러 가 장자의 태화太和 또는 성性을 근본 원리로 삼은 것이라고 보아야 한다. 돌이켜 보건대 송유철학은 주자周子의 태극무극설太極無極說과 장자張子의 태화설太和說에서 출발하여 이천과 주자朱子에 와서 이기 대립이 되고, 이기의 관계에 관해 안배按排하고 사색思索하는 폐해에 빠진다. 불교계는 고요함을 주로 해서 본성으로 복귀하는 일 즉 주정복성主靜復性을 당면한 문제로 삼으며 침공수적沈空守寂 즉 공허함에 빠져 고요함만 지키는 폐단에 빠진다. 두 가지 모두 양명을 만족시키지 못한다. 이에 이기를 종합하고 동정動靜을 일여一如가 되도록 하기 위해 한마디로 도道를 다 표현할 수 있는 구체적인 양지를 만물의 동일한 근원[一源]으로 삼게 된다. 불교에서 이것을 볼 때는 진망眞妄이 아직 구분되지 않은 일심一心으로서의 진여眞如와 다름없는 것이나 마찬가지다.

라. 무선무악無善無惡: 선善도 악惡도 없음

왕양명은 정명도와 육상산의 뒤를 잇고, 맹자의 성선설性善說을 계승한다. "지선至善은 심心의 본체다"라고 권하卷下(16), 권하卷下(64), 『대학문大學問』에서 말하고 있다. 그 지선이란 권상卷上(60)에 따르면 "무선무악無善無惡"이라는 말이다. 명도의 심성설心性說은 유선무악설唯善無惡說이다. 그는 "선善은 확고하게 성性이다. 그런데 악惡도 성이 아니라고 할 수 없다. 선악善惡은 본래 천리天理다. 악은 본래 악이 아니라 단지 지나치거나 모자라는 것이 곧 이렇게 된다. 대개 천하에서 성보다 앞선[外] 사물[物]은 없으며 본래 모두 선하지만 악으로 흐를 뿐이다"라고 말한다. 양명은 이 사상을 계승해서 "선과 악은 한 가지[一物]일 뿐이다"라고 한다. 권하卷下(16)에서 "황이방黃以方은 다음과 같이 묻는다. 선생께서 일찍이 선과 악이 한 가지[一物]라 했는데, 선과 악은 두 끝[兩端]이다. 얼음[氷]과 숯[炭]처럼 서로 반대되지 않는가?"라고 한다. 이에 대해서 양명은 "심체心體는 선이지만 아주 조금 지나칠 때 악이 되어 버린다. 여기서 한 개의 선이 있고 그리고 한 개의 악이 있는 것이지 상대하는 것은 아니다. 그 때문에 선과 악은 한 가지다"라고 말한다. 이것은 선악의 성질이 서로 다른 것이 아니라 분량의 차이라고 하는 것이다. 그리고 분량의 차이가 있는 것은 심의 발동에 의해서이며 이것을 연기緣起적으로 볼 때는 동념動念에 악이 있게 된다. 권하卷下(64)에서 이 의미를 서술하며 "심의 본체에는 불선不善이 없고 본체상에서는 공부할 만한 악은 없으며 공부해야 하는 것은 심이 발동하는 곳[發動處]이다. 심의 발동에 불선이 없을 수 없다"라고 한다. 여기서 동정動靜과 선악의 관계 문제가 발생한다. 동정 문제에 필수적인 것은 이기상관설理氣相關說이다.

양명은 이기理氣의 상관설相關說은 이천과 주자朱子의 뒤를 계승하고, 유선무악설唯善無惡說은 명도의 뒤를 계승했지만 유선무악唯善無惡의 사상을 철저히 해서 무선무악無善無惡에 이르러 이것을 지선至善이라 하고, 그리고 동념動念에 악惡이 있다고 한 것은 불교의 영향이다. 권상卷上(60)에서 설간이 제기한 화초花草의 선악 문제는 이들 사이의 관계를 잘 도파道破한다.

설간은 천지 사이에서 선善을 기르기 어렵고 악惡을 제거하기 힘들다는 것을 꽃[花] 사이의 풀[草]에 비유하여 묻는다. 이것은 성선性善이나 성악性惡과 같은 심성心性 문제가 아니라 우주 전체에 관한 선악 문제다. 이에 대해 양명은 "천지의 차원에서 볼 때는 꽃과 풀[花草] 사이에 선악의 구분은 없고 꽃이나 풀이나 선도 악도 없으며[無善無惡], 선악은 사람의 마음[人心]에서 발생한다. 꽃을 선, 풀을 악이라고 하는 것은 형체[軀殼]에 따라 발생한 관념[念] 때문에 착각한 것이다. 선악은 전혀 사물[物]에 있지 않고 오로지 우리들[吾人]의 마음[心]에 있다"라고 답한다. 양명은 여기서 이기理氣의 동정動靜 관계를 활용하여 이理의 정靜은 무선무악無善無惡이고 기氣의 동動은 유선유악有善有惡이다, 무선무악은 바로 지선至善이다라고 말한다. 그렇다면 천지 사이의 만유萬有는 무선무악이고, 이것을 선이나 악으로 보는 것은 사람의 마음이 된다. 더욱이 인심人心의 본체는 천지의 본체와 같으며 무선무악인 것이고 이것을 지선이라고 말한다. 그렇다면 양명의 선악의 의미는 말할 것도 없이 두 가지 의미[二義]가 있다. 하나는 선과 악으로 대립되는 선善이다. 다른 하나는 선악 이상의 선善이다.

이와 같이 심心의 본체와 천지의 만유萬有를 무선무악無善無惡이라고 할 때는 본체론과 수양론의 관계에 어떤 문제가 발생한다. 일체가 모두 무선무악이라면 수양修養은 필요 없는가? "그렇지 않다. 무선무악이란 선악이 없다는 말이 아니라 선악 자체는 있으며 다만 이것에 대한 호오好惡의 관념[念]이 없다는 말일 뿐이다. 호오의 관념을 일으키지 않는다란 세상에서 호오할 것이 없다는 말이 아니다. 만약 호오할 것이 없다면 이는 지각知覺이 없는 사람이다. 사람은 오로지 선악 그대로 호오해야 한다. 그 호오라는 것은 똑같이 천리天理에 따르는 것이며 조금의 의사意思도 추가하지 않는 데 있을 뿐이다. 의사를 추가한다면 호오하는 것이 아니다"라고 말한다. 이것을 무선무악이라고 한다. 양명은 여기서 "이理에 순응하는 것[循理]은 선善이고 움직인 기[動氣]는 악惡이다"라고 단언한다. 순리循理와 동기動氣는 불교에서 본다면 법성에 수순하는 것 즉 수순법성隨順法性과 동념유작動念有作 즉 움직인 생각에 따라 나타나는 작용 곧 번뇌가 생기는 것으로 이해할 수 있다. 이理와 기氣는 본래 두 가지가 아니고 부동不動할 때는 이라하며 동動할 때는 기라고 할 뿐이다. 체體는 이고 용用은 기다. 갑자기 이것을 볼 때는 동動은 악으로 정靜은 선으로 보이지만 동정動靜을 양지良知 안에서 종합한 양명에게 동은 곧바로 악이지 않고 관념[念]이 악이 된다. 『기신론起信論』이 동념動念에서 악의 근본을 보았던 것과 맥락을 같이한다고 할 수 있다.

양명은 여기서 불교와 유교의 차이가 있다고 보고 다음과 같이 논한다. "불자佛者는 무선무악無善無惡에 집착하여 일체를 전부 주관하지 않으므로 천하를 다스리지 못한다. 성인聖人의 무선무악은 호오好惡를 만들지 않고 기氣에 따라 움직이지 않으며, 똑같이 천리天理에 따르고 왕도王道에 순종하면서 나라 다스리는 일을 돕는다. 풀[草]에는 이미 악惡이 없어서 제거할 것이 없다란 불로의 의견이다. 우리 유교에서 본다면 풀이 만약 방해[礙]가 된다면 마땅히 제거해야 한다. 오직 호오를 만들지 말아야 할 뿐이다. 어쩌다가 이것을 제거하지 못해도 마음을 얽매이지 않는다. 조금의 의지라도 붙을 때는 심체心體에 얽매임이 싹트고 수많은 동기動氣가 있게 된다. 좋아하는 색[好色]을 좋아하고 악취를 싫어하는 것은 바로 똑같이 이理에 따르는 것이다. 본래부터 호오를 만들어 내는 사의私意는 없다. 의意가 있더라도 성의誠意이며 사의가 아니다. 이 성의는 천리에 따르는 것이다. 확 트여 크게 공평한[廓然太公] 심心의 본체다. 미발未發의 중中이다." 양명은 이렇게 해서 무차별의 평등관을 불교의 공적空寂이라고 보고, 선악善惡이나 정사正邪의 갈등관을 유교의 사색思索이라고 여기며, 양자의 폐단에 빠지지 않기를 기대하면서 잡다하게 변화하는 만유萬有 중에서 가지런하게 세울 것은 세우고 누를 것은 눌러서 천리의 운용과 양지의 명령이 되게 한다. 요점은 심 중의 동념動念을 제거하는 데 있을 뿐이다. 생각[念]이 움직이지 않으면 선악이나 정사正邪 가운데 있으면서도 선악이나 정사는 없다고 말하는 것이다. 양명은 귀주貴州의 용장龍場에서 득실得失이나 영욕榮辱 따위의 생각[念]을 초탈하고, 생사生死라는 일념一念을 초탈하며, 그 뒤로 더욱더 여러 번 생사의 경지에 있으면서 일체의 동념을 제거함으로써 공부[用功]의 주안점과 함양의 중심을 여기로 집중해서 문하의 제자들을 단련시킨다.

무선무악無善無惡은 선가禪家에서 제1의義로 삼는 것으로 왕양명은 이것을 지선至善이라고 표현하지만 정주程朱 계통의 학자는 동의하지 않고 지선과 무선무악을 구별하려고 한다. 웅환천熊澴川의 『학통學統』

발跋은 그 소식을 남김없이 잘 전하고 있다.

통틀어 논하자면 석씨釋氏는 교教에 돈점頓漸이 있고, 승乘에 대소大小가 있으며, 법法에 현밀顯密이 있고, 의義에 광략廣略이 있으며, 증證에 선후先後가 있고, 기機에 천심淺深이 있지만 무상無上의 구경究竟인 곳은 무無라고 말하는 것에 지나지 않을 뿐이다. 무는 무일 뿐이고 무의 무도 역시 무일 뿐이다. 무라는 것은 이른바 선도 악도 없고[無善無惡], 깨끗함도 더러움도 없고[無淨無垢], 범부나 성인도 없고[無凡無聖], 옳고 그름도 없고[無是無非], 생멸도 없다[無生無滅]는 말이다. 무라면 곧 환상[幻]이고 환상이라면 곧 공空이다. 공하면서 공이 아닌 것을 진공眞空이라고 한다. 공이면 곧 묘妙이고 묘이면 곧 유有다. 유이면서 유가 아닌 것을 명묘明妙라고 한다. 보리정각菩提正覺은 이것을 깨닫는[覺] 것이다. 대방원각大方圓覺은 이것을 깨닫는[覺] 것이다. 돈오頓悟는 이것을 깨닫는[悟] 것이고, 점수漸修는 이것을 닦는[修] 것이다. 삼세제불三世諸佛이 증득한 것[所證]이란 이것을 증득한[證] 것이다. 여래如來가 일대사一大事를 위해 출현한 것은 이것 때문이다. 삼장三藏이나 12부경部經 등 일체의 경전의 말씀은 이것을 설명한 것이다. 서역의 부처와 동쪽의 조사들[西佛東祖], 10지地의 보살菩薩, 일체의 선지식善知識 등이 학문을 닦으며 전해준 것은 이것을 인가한 것이다. 이것이란 무엇인가? 바로 무선무악無善無惡이다. 그렇다면 무선무악이라는 한마디는 선문禪門의 통일적인 일대 종지宗旨가 아니고 무엇이겠는가. 우리 유교에서는 단지 계선繼善이라고 하거나 성선性善이라거나 명선明善이라고 하거나 지선至善에 머문다라고만 말할 뿐이다. 참으로, 석씨와 우리 유교가 같은가 다른가? 그것 또한 변별되지 않을 리 없다는 것은 뚜렷하다.

이와 같이 웅환천은 불교의 무선무악無善無惡에 관해 무無는 무일 뿐이고 무의 무도 역시 무일 뿐이라고 하며, 더욱이 이것을 진공眞空이나 명묘明妙라고 하면서 최후에 이르러서는 무선무악과 유교의 계선계善, 성선性善, 명선明善, 지지선止至善과는 다르다고 한다. 이것은 아마도 왕양명이 지선至善을 무선무악이라고 한 것에 반대한 것이다. 그런데 왕양명은 똑같은 무선무악이더라도 유교와 불교 사이에 차이가 있다, 불교의 무선무악은 단지 무에 집착하는 공적空寂한 것이고 유교의 무선무악은 선악善惡의 이理에 따르면서 더욱이 심心에 호오好惡가 없는 것이다라고 말한다. 이것은 불교의 것을 단순히 무선무악의 평등이라는 바다 속에 매몰된 악평등惡平等으로 여기고, 유교의 것은 무선무악의 평등 위에 세워진 선악의 차별이라고 말하는 것이다. 웅환천이 불교의 무선무악에 대해서 유교의 지선을 주장한 것은 왕양명과 같은 사상에서 나온 것인가 아닌가? 왕양명은 불교의 단공單空과 진공眞空을 구별할 줄 알고, 불교를 단공으로 유교를 진공으로 여기며, 그리고 진공에 근거해 단공을 깨뜨린 것이라고 한다면 불교를 자기 것으로 받아들여서 교묘하게 불교를 논파한 것이다. 웅환천의 말을 보면 단공을 설명하면서 진공이라고 한다. 어쩌면 단공과 진공의 구별을 요해了解하지 못한 것일까? 그렇다면 왕양명의 지선은 진공을 내용으로 한 것이고, 웅환천의 지선은 단공에 대한 선악 대립의 것이라고 해야 할 것이다.

6. 제자관諸子觀

왕양명의 제자관諸子觀(여러 사상가들에 대한 관점)은 곧 양명의 사상이 어느 쪽에 있는지를 알게 해 주는 것이다. 『전습록傳習錄』중에 문중자文中子, 한퇴지韓退之, 소자邵子, 염계濂溪, 정자程子, 주자朱子, 육상산陸象山에 관한 비평이 있다. 이것을 한번 훑어볼 때 양명사상의 연원을 비롯해 제자諸子와 양명의 차이를 알게 되며, 따라서 양명이 새롭게 발휘한 점을 명료하게 해 주는데, 곳곳에서 이러한 설명들을 하고 있지만 여기서는 편의상 합쳐서 말하기로 한다. 권상卷上(14)에서 서애의 물음에 대해 "한퇴지는 문인文人들의 영웅일 뿐이고, 문중자는 현유賢儒다. 후대의 사람들이 그의 문사文詞 때문에 퇴지를 추존하지만 사실 퇴지는 문중자와 너무 멀리 동떨어져 있다"라고 한다. 권하卷下(41)에서 "만약 미래를 알고자 하는[前知] 마음[心]이 있다면 이것은 사심私心으로서 이익을 쫓아가거나 피해를 모면하려는 생각인 것이다. 소자는 반드시 미래를 알려고 했는데 끝내 이해利害를 따지는 마음을 아직 다 떨쳐 버리지[盡] 못한 상태였던 것이다"라고 한다. 권상卷上(56)에서 "내 말이 때로는 회암과 같지 않은 점이 있다. 입문해서 하수下手일 때의 조금의 차이[毫釐]가 천 리千里의 차이로 나뉜 것으로서 변별될 수밖에 없다. 그렇지만 나의 심心과 회암의 심은 아직 다른 적이 없다. 나머지 글의 의미[文義]를 분명하고 마땅하게 이해할 수 있는 경우라면 어떻게 한 글자라도 바꿀 수 있겠는가"라고 한다. 입문해서 하수일 때의 조금의 차이가 천 리 차이만큼 나뉘었다고 한 것은 권상卷上(82)에서 문공文公이 『대학大學』 신본新本에 의거해 격치格致를 앞세우고 성의誠意를 뒤로 미룬 것에 반해서 양명이 구본舊本에 따라 성의를 격치의 앞에 둔 것이 석연치 않다며 제희연祭希淵이 의문을 제기한 데 대한 답변 속에 나타난다. 양명의 생각으로는 성의를 주主로 해서 격지格知 공부를 할 때는 공부로 내려갈[下落] 수 있지만, 격치를 앞세울 때는 너무도 망망해서 결말[落著]이라 할 곳이 없다, 이 때문에 격치를 앞세운 사람은 경敬 자를 첨가해서 겨우 이것을 심신心身상에 유지할 수 있게 된다고는 하더라도 만약 그렇다면 무엇 때문에 당초 이 가장 긴요한 글자를 빠뜨리고 천 년 뒤에서야 비로소 보충하게 된 것인가? 이에 반해서 만약 성의를 주로 한다면 경 자를 첨가할 필요가 없다, 성의 공부야말로 격물치지格物致知라고 해야 하며 학문의 머리 부분[大頭腦處]이 아니라고 할 수 없다, 이것을 살피지 않는 점에 조금[毫釐]에서 천 리千里만큼이 된 차이가 있다 등등이라고 한다. 이는 실로 양명과 주자 사이에 상반된 사상이 있다는 것을 말한다. 권중卷中(8)에도 주자와의 사이에 상반된 의견이 있다고 하면서 "주자는 진심盡心해서 지성知性하여 지천知天하는 것을 격물치지라 하고, 존심存心하고 양성養性하며 사천事天하는 것을 성의誠意하며 정심正心하고 수신修身하는 것이라 하며, 요절할지 장수할지 의심치 않고[夭壽不貳] 수신하며 기다리는 것[修身以俟]을 앎이 지극해지고[知至] 인仁을 다한[盡] 성인聖人의 일이라고 하지만, 나의 견해와는 정반대다. 진심지성지천盡心知性知天은 태어나면서 알고 편하게 실행하는[生知安行] 성인의 일이다. 존심양성사천存心養性事天은 배워서 알고 편리하게 실행하는[學知利行] 현인賢人의 일이다. 요수불이수신이사夭壽不貳修身以俟는 힘들게 알고 부지런히 실행하는[困知勉行] 학자의 일이다. 그러니까 무슨 말이냐면 하늘을 아는 것[知天]은 하늘과 하나가 되는 것이다, 하늘을 섬기는 것[事天]은 하늘과 둘이 되는 것이다, 이것을 기다리는 것[俟]은 아직 진실로 천명天命의 소재를 알지 못하는 것이다"라고 말한다.

이와 같이 주자와의 사이에 다른 의견이 있지만 그 차이점을 대표하는 것은 대개 격물格物의 견해에 있다고 한다. 권하卷下(63)에서 "이

전의 유학자(정이천, 주자)는 격물을 천하의 사물[物]에 다가간다[格]라고 해석하지만 천하의 사물에 어떻게 해야 다가갈 수 있는가? 또 풀이나 나무 하나하나에도 모두 이理가 있다고 한다. 이제 어떻게 다가갈까? 예를 들어 풀이나 나무에 다가갈 수 있다고 해도 어떻게 돌이켜서 자신[自家]의 생각[意]을 정성스럽게[誠] 할 수 있는가? 나는 격格을 정正 자의 의미로 해석하고 물物을 사事 자의 의미로 여긴다"라고 한다. 양명은 이와 같이 제자諸子를 비평해 가며, 그리고 권하卷下에서 진구천의 물음에 대해 육상산에 관해서 "염계와 명도의 뒤로는 역시 상산이다. 단지 조금 거칠 뿐이다. 그가 마음상에서 공부를 한 것은 추측하고 모방하여 문장의 의미를 구한 것과는 자연히 같지 않다. 다만 자세히 보면 거친 곳이 있는데 공부를 오래 하게 되면 그것이 당연히 보일 것이다"라고 한다. 한마디로 말하면 양명의 학문은 육자를 조술祖述하며 그의 심즉리설心卽理說을 자세하게 만든 것이라고 해야 한다.

7. 불교와의 교섭

왕양명의 사상과 불교의 관계는 절대일심絶對一心, 본유本有, 반구反求, 천리와 인욕을 구별하지 않고 전체로 본 것[擧體天理人欲], 제법실상諸法實相, 동정일여動靜一如 등에서 육상산과 일치하고, 불교에 대한 비난도 역시 자사자리自私自利라고 한 점에서 육상산과 일치한다. 왕양명이 육상산의 뒤를 계승했다는 것은 언뜻 봐도 분명하다. 정이천의 이일만수설理一萬殊說에 반대하고 주자의 선지후행설先知後行說에 반대하며 또 두 사람의 외구설外求說에 반대했음에도 불구하고 육상산에 대해서는 특별히 반대한 점이 보이지 않으며 단지 거칠다고 말했을 뿐이다. 그렇다면 육상산이 천리天理와 인욕人欲의 구별을 버리고 동動과 정靜의 차이를 없애며 일체를 차별하지 않고 모두 이理라고 본 데서 한 걸음 나아가 양명은 선악의 차별 그대로를 이理라고 한 점에서 상세한 점이 있다. 또 육상산이 경세經世를 주장한 데서 한층 더 나아가 실천궁행實踐躬行했다는 차이가 있다. 요컨대 왕양명은 육상산의 사상을 실행한 것이다. 그 실행에 대한 지도 원리가 된 것으로 정명도의 성무내외설性無內外說과 유선무악설唯善無惡說이 있다.

불교에 대한 자사자리自私自利라는 비평은 정자나 주자나 육자 모두에게 있지만 적멸寂滅을 비난의 중심으로 삼은 것은 왕양명이다. 장자張子는 환망幻妄적 세계관을 공격하고, 정주程朱는 윤상倫常을 파괴하는 점을 공격하지만, 왕양명의 적멸은 이들보다 한 걸음 더 나아가 인간 세상의 경륜經綸에 관한 적극적인 정신에서 나온 것이다.

가. 불교와의 관계

양명의 사상과 불교의 관계에 관해서는 앞서 서술한 대로 절대일심絶對一心, 본유本有, 반구反求, 제법실상諸法實相, 만물일체萬物一體, 체용일원體用一源, 동정일여動靜一如, 선이나 악이라고 생각하지 않음[不思善不思惡], 도심과 인심의 구별 없는 전체[擧體道心人心], 정좌靜坐, 마음속 도적을 깨뜨림[破心中賊], 생사초탈生死超脫 등 여러 가지 점에서 불교와 구별이 없을 정도로 유사하지만 해당하는 곳에서 이미 관련하여 말했으므로 이제는 이러한 것들을 제외하고 그 밖의 것에 관해 살펴보면 다음과 같이 여러 가지가 있다.

불수부증설不修不證說: 수행할 것도 증득할 것도 없다는 주장. ― 권상卷上(78)에서 마자신馬子莘이 구설舊說에서 성인聖人은 내 본성에 고유한 것을 품별로 나누어[品節] 천하의 법도로 삼는데 예악禮樂이나 형정刑政과 같은 것에 속한다고 한 말을 제시하며 수도修道의 가르침에 대해 문자 양명은 "도道는 곧 성性이고 명命으로서 본래 완전하여 증감할 수도 수식할 필요도 없는데 어찌 성인의 품절品節이 필요하겠는가"라고 말한다. 본래 갖고 있는[本有] 절대심絶對心은 여래장如來藏이라는 일심一心이다. 이것을 근본 원리로 삼을 때는 수행할 것도 증득할 것도 없다는 주장이 생기는 것도 당연하다고 할 것이다.

인심일무아人心一無我: 인심은 한결같아서 사적인 자아가 없다. ― 권하卷下(77)에서 "인심은 본래 천연의 이理로서 정결하고 밝아 조금도 물든 것이 없는데 오로지 한결같아서 사적인 자아가 없을 뿐이다. 가슴속에 절대로 갖고 있어서는 안 된다. 옛 성인聖人은 수많은 좋은 점[好處]은 오로지 사적인 자아가 없을 뿐이라는 것이다"라고 하여, 가슴속에 어떠한 동념動念도 없는 것을 종국終局으로 삼은 것은『기신론起信論』의 환멸설還滅說과 주자周子 이래의 주정복성설主靜復性說이다.

무소주無所住: 어느 하나에 집착하여 머물지 않는다. ― 권중卷中(63)에서 "어느 하나에 집착하여 머물지 않은 채 그 마음을 생기게 한다란 불씨佛氏에게 이미 있는 말인데 잘못된 것이 아니다"라고 한다. 무소주는『금강경金剛經』의 말로서 양명은 이것을 자신의 양지良知라고 본 것이다.

불립문자不立文字: 문자를 내세우지 않는다. ― 권중卷中(52)에서 육원정에게 답한 편지 중에 "도道를 아는 사람은 말없이 이해하며, 언어로 궁구할 수 없다. 만약 문구文句에 얽매일 때는 이른바 마음[心]이 법화法華를 따라 맴돌게[轉] 되며, 법화를 굴리는[轉] 것이 아니다"라고 한다. 본래 당연한 일이지만 이 식견識見은 육경六經을 나의 각주라고 한 육자에게서 얻은 것으로서 주자朱子 일파의 도문학파道問學派가 능숙한 점은 아니다. 그리고 육경을 나의 각주라고 한 식견은 선가禪家의 일자불설一字不說, 불립문자 즉 한 글자도 말하지 않으며, 문자를 내세우지 않는다는 식견이다.

본래의 면목面目: 권중卷中(57)에서 육원정에게 답한 편지 중에 "선善도 악惡도 생각하지 않을 때 본래의 면목을 인식한다라는 말은 불씨佛氏가 본래의 면목을 인식하지 못하는 사람을 위해 시설한 방편이다. 선가禪家의 본래 면목이란 나의 양지良知다. 이제 이미 양지를 명백히 인식했다면 선가의 말을 사용할 필요는 없다"라고 한다.

상성성常惺惺: 항상 또렷이 깨어 있다. ― 위와 같은 곳에서 앞의 말에 이어서 "사물에 따라 바르게 하는 것[隨物而格]은 앎에 이르는[致知] 공부로서 곧 불씨佛氏의 상성성常惺惺이다. 또 이는 항상 그 본래 면목을 보존하는 것일 뿐이다. 마디마디의 공부는 대략 서로 비슷하다"라고 하여 불교의 수양법과 나의 수양법이 서로 비슷하다고 자백한다.

전설전원轉說轉遠: 말을 하면 할수록 점점 더 멀어진다. ― 권하卷下(40)에서 "학문이라는 공부를 나는 이미 한마디로 다 말했다[一句道盡]. 어찌 된 일인지 말을 하면 할수록 점점 더 멀어져 도무지 근본[根]에 다다르지[着] 못한다. 양지良知는 본래 명백한데 기꺼이 공부하지 않고 단지 언어로만 있을 때는 말을 하면 할수록 점점 더 호도糊塗된다. 모름지기 자신[自家]에게서 찾아야 하며 나 또한 다른 방법[別法]을 말한

적 없다. 예전에 선사禪師가 있었는데 다른 사람이 가르침[法]을 물어 오면 오로지 진미塵尾라는 일종의 막대기를 손에 들어 보였다. 어느 날 그 무리들이 진미를 감추고 선사가 어떻게 법法을 시설하는지 시험해 보는데, 선사는 진미를 찾지 못하자 그냥 빈손을 들어 보였다. 나의 이 양지는 바로 법을 베풀어 준 진미이며, 이것을 버리고서 무엇을 가지고 제시할 수 있겠는가"라고 한다. 일구도진一句道盡을 내세우며 말을 할수록 멀어진다고 갈파한 것은 완전히 선사의 풍격이라고 해야 할 것이다.

일구도진一句道盡: 한마디로 다 말하다. ― 권상卷上(77)에서 소혜蕭惠가 선교[仙]나 불교[釋]를 좋아하는 것을 경계시키며 양명은 "나도 어려서부터 두 가지를 열심히 힘썼지만 변방[夷]에 머문 지 3년 만에 성인聖人의 학문이 이와 같이 간이하며 광대한 것을 보고 비로소 30년 동안 기력을 잘못 사용했음을 한탄하고 후회했다"라고 하면서 타이르자 소혜는 부끄럽게 여기며 성인의 학문에 대해 묻는다. 그때 양명은 "너는 이제 겨우 사람의 일[人事]에 대한 문제를 깨달았을 뿐이다. 진실로 성인이 되고자 하는 마음을 갖출 때를 기다려 너를 위해 말해 주겠다"라고 말한다. 혜惠가 두 번 세 번 청하자 양명은 "이미 너를 위해 한마디로 다 말했다는 것을 너는 오히려 스스로 이해하지 못하고 있다"라고 말한다. 그 수단은 완연히 선가禪家의 풍격이다.

자끽자지自喫自知: 자신이 직접 먹어 봐야 안다. ― 권상卷上(78)에서 유관시劉觀時가 미발未發의 중中을 질문할 때 양명은 "네가 오로지 보이지 않는 것을 경계하고 삼가며[戒愼] 들리지 않는 것을 조심하고 걱정하여[恐懼] 이 마음[心]의 순수한 천리天理라는 것을 길러 낼 수 있다면 문득 자연히 보게 된다"라고 가르친다. 관시는 기상氣象을 대략적으로 보여 달라고 청했으며 양명은 "벙어리는 쓴맛의 오이를 먹어도 너에게 말해 줄 수 없다. 네가 이 쓴맛을 알고 싶다면 네가 직접 먹어 봐야 한다"라고 말한다. 그때 서애가 옆에 있다가 "이와 같다면 바로 참되게 아는 것[知]이 곧 실행[行]이다"라고 말한다. 자리에 있던 여러 학우들이 일시에 양명의 지행합일知行合一의 취지를 깨달았다고 한다. 자끽자지는 선가禪家의 이른바 냉난자지冷暖自知 즉 차고 따스함을 스스로 안다는 것과 다르지 않다.

장여기사래將汝己私來: 너 자신의 사사로움을 가져오라. ─ 권상卷上 (76)에서 소혜가 "자신의 사사로움을 극복하기 힘든데 어떻게 해야 합니까?"라고 물었을 때 양명은 "너 자신의 사사로움을 가져오라, 너를 대신해 극복해 주겠다"라고 말한다. 완연히 9년간 면벽한 달마가 마음을 편안하게 하고 싶어 하는 혜가에게 활용한 수단이다.

인적위자認賊爲子: 도적을 자식으로 인정하고 있는 셈이다. ─ 앞 단락에 이어서 양명은 "사람은 자신을 위하는 마음이 있어야 바야흐로 자신을 극복할 수 있다. 자신을 극복할 수 있어야 자신을 성취할 수 있다"라고 말한다. 소혜는 "저도 한마음으로 좋은 사람이 되기를 바라기 때문에 상당히 자신을 위한 마음이 있다고 스스로 말했지만 이제 이것을 생각해 보면 오로지 신체[軀殼]적인 자신만을 위할 뿐 진실한 자신[眞己]을 위하는 것이 아닙니다"라고 말한다. 양명은 "진실한 자신은 신체를 떠나지 않는다. 너는 아마 신체적인 자신도 위하지 못하는 것 같다. 너의 마음의 무엇이 보고 듣고 말하고 행동하는가? 바로 성性이나 천리天理를 제외하고서는 이것을 찾을 수가 없다. 이 성의 생리生理를 인仁이라 하는데 이 생리가 발동해서 눈에 나타나면 보게 되고, 발동해서 귀에 나타나면 듣게 되며, 발동해서 입에 나타나면 말하게 되고, 발동해서 사지四肢에 나타나면 움직이게 되며 이 모두가 천리의 발생이 아님이 없다. 하늘[天]은 너의 진실한 자신[眞己]이며 이 진기眞己는 신체의 주재主宰다. 너는 도적을 자식이라고 인정하고 있는 셈이다" 등등이라고 말한다. 이 문답은 선가禪家에서 불성佛性을 설명하는 것과 다르지 않다. 주자朱子는 선가의 이 불성설佛性說을 매우 공격하지만 양명은 주자와 반대에 서서 선가의 불성설을 채용하여 자신의 천리양지설天理良知說로 만든 것이다.

견성돈오見性頓悟: 견성見性이나 돈오頓悟. — 권중卷中(3)에서 어떤 사람이 양명의 말에 대해서 "세워 놓은 학설[說]은 매우 높고, 활용하는 공부는 매우 민첩하여 후세에 스승에게서 전해 받은 영향이 오류가 있어서 불씨佛氏의 명심견성明心見性이나 정혜돈오定慧頓悟의 기틀[機]에 빠지지 않을 수 없다"라고 한 것에 대해 양명은 "공허한 돈오설과는 정반대다"라고 답한다. 그렇지만 양명의 철학은 선가禪家의 철학을 방불케 하고 그 태도나 방법 모두 선풍禪風이 있으며 선기禪機가 있다는 것은 어쩔 수 없다. 그러니까 『대학문大學問』 뒤에 부가한 덕홍德洪의 기록[記] 중에는 양명이 죽은 뒤 계승자들 사이에서 신속한 돈오설頓悟說이 유행하여 자신을 살피며 극복하는[省身克己] 공부를 신경 쓰지 않는다고 말하고 있다. 즉 "양명이 이미 사망하고 음성과 용모가 날마다 멀어짐에 따라 학자들은 각자 자기의 견해를 내세우는데 문득 본체本體가 보이기 시작하면 기뻐하면서 돈오설에 따르고, 일단 본체를 보게 되면 뛰어난 경지[超聖]로 나아가기 충분하다고 말하며, 스승

문하의 성의誠意나 격물格物이나 위선거악爲善去惡의 뜻을 보고는 모두 비루한 제2의義로 여기고, 할 일은 간략히 하고 언행을 신경 쓰지 않으며 심하게는 예교禮敎를 싹 쓸어버리면서 오히려 스스로 성문聖門의 가장 높은 수단[最上乘]을 얻었다고 여긴다"라고 기록하고 있다. 덕홍은 이것을 개탄하며 "아! 이미 잘못되었고, 이미 불씨의 적멸寂滅의 가르침에 빠져들었으면서 이를 깨닫지 못하고 있다"라며 통탄한다. 이것은 양명의 근본의根本義, 태도, 풍격이 얼마나 선학禪學이나 선풍과 일치하는지를 반증하는 것이다.

8. 불교 비평[23]

양명의 불교에 대한 비평은 자사自私와 적멸寂滅 두 가지로 귀착한다는 것은 앞서 서술한 대로다. 그 사례를 찾자면 권상卷上(55)에서 어떤 사람이 "석씨釋氏는 세간의 일체의 사私적인 정욕情欲에 물들거나 집착하지 않는데 사심私心이 없는 것 같다. 다만 인륜人倫을 버리는 것만은 이치[理]에 합당하지 않은 것 같다"라고 질문하자 양명은 "그 또한 똑같은 맥락[一統]의 일이다. 모두 오로지 다른 한 가지의 사사로운 이기심을 성취하는 것일 뿐이다"라고 말한다. 질문은 사심이 없다인데 답은 모두 사심이라고 한다. 그 이유는 다음의 문답에서 명백해진

---

23 역주 저본 466쪽 해당 부분에서는 나. 불교 비평[佛敎評]으로 되어 있다. 앞 절의 가. 불교와의 관계 항목에 곧바로 이어진다. 그러나 차례에서는 8. 불교 비평[佛敎評]으로 되어 있다. 차례에 따라 번역했다.

다. 권중卷中(57)에서 육원정에게 답한 편지 중에 양명은 "불씨佛氏가 선善도 악惡도 생각하지 않을 때 본래의 면목을 인식한다고 한 것은 곧 나의 양지良知를 찾으려는 방편이다. 본래의 면목을 보려면 격물치지格物致知의 공부에 의거해야 한다. 이것은 불씨의 상성성常惺惺과 다르지 않다. 마디마디의 공부는 나와 불씨가 대략 서로 비슷하다"라고 하고, 다음으로 "다만 불씨에게 자신의 사사로운 이익을 추구하는[自私自利] 마음이 있기 때문에 같지 않을 뿐이다"라고 말한다. 그의 의도는 불씨는 선도 악도 생각하지 않는다고 하면서 도리어 정靜을 구하려 하고 무생無生할 욕심을 부린다, 이는 곧 선을 생각하는 것으로 여기에 자신의 사사로운 이익을 추구하며 장차 반드시 얻겠다고 생각하는 마음이 있다, 그래서 점점 더 편안히[寧] 고요하지[靜] 못하게 된다는 말에 있다. 양명은 그 뒤에서 불씨와 다른 자신의 공부에 대해 "양지良知는 오로지 하나의 양지로서 선악으로 자체가 변별되지 않는다. 나아가 어떠한 선악도 생각하지 않는다. 양지의 본체[體]는 본래 자체가 편안히[寧] 고요한데[靜] 특별히 어떤 편안한 고요함[寧靜]을 구할 필요가 있겠는가? 본래 자체가 무생인데 특별히 어떤 무생을 구할 필요가 있겠는가? 불씨의 학문도 이와 같이 장차 반드시 얻겠다는 생각이 없어야 한다"라고 말한다. 양명의 의도는 본래의 면목인 양지에 수순해서 일체의 작위적인 분별을 떠나보내자고 말하려는 것이다.

자사자리自私自利란 양명에 의하면 요컨대 자기 한 몸[一己]의 영정寧靜과 무생無生을 욕구하는 데 급급하여 천하의 국가를 염두에 두지 않는 것을 말한다. 그렇다면 자사자리의 결말은 당연히 적멸寂滅의 폐단에 빠지게 되는 것이다. 권중卷中(57)에서 육원정에게 답한 앞서 제시한 자사자리설自私自利說의 뒤에서 "오로지 일념의 양지良知는 철두 철미하고 시작도 끝도 없어서 앞생각[前念]이 없어지지도 뒷생각[後念] 이 생겨나지도 않는다. 이제 도리어 앞생각은 쉽게 없애고 뒷생각은 생기지 않기를 바라고 있다. 이는 불씨佛氏가 종성種性을 단멸하여 말 라죽은 나무[槁木]나 불 꺼진 재[死灰]가 되어 버리는 이유다"라고 말한 다. 양명의 눈에 비친 불교는 이렇게 무기력한 것으로서 존재할 이유 가 없는 것이다. 아마 산림山林불교, 출가불교에는 이러한 폐단이 있 을 수밖에 없다.

석씨釋氏의 적멸寂滅을 배척한 양명은 자신의 천리天理를 어떻게 보 는가? 이에 관한 견해는 권하卷下(17)의 황이방과의 문답에서 나타난 다. 황이방의 물음은 "유자儒者가 삼경三更(밤 11시~새벽 1시)에 이르러 가슴속 사려를 털어 내며 텅텅 비워 고요할[空空靜靜] 때는 석씨의 고 요함[靜]과 매한가지다. 이 경지에서 유교와 불교[儒釋]의 구별은 없다" 라는 것이다. 여기서는 양명 일파가 정좌靜坐에 전념하며 정적靜寂을 욕구하는 상황이 눈앞에 선명해지는 것 같다. 양명은 이에 답하면서 "삼경의 시간대에 텅텅 비어 고요한 마음도 천리를 보존하고 있고, 마 찬가지로 지금 사물에 맞춰 호응하는[應事接物] 마음도 역시 천리에 따 른다. 천리에서 본다면 응사접물應事接物하는 심心과 공공정정空空靜 靜한 심을 구별하지 않으며, 동動과 정靜의 차이가 있을 뿐이다. 이 동 과 정은 오로지 한 가지일 뿐이다. 동과 정의 합일을 아는 것은 우리 유교儒敎다. 석씨와의 차이는 털끝만큼이지만 역시 감출 수가 없다"라 고 한다. 따라서 양명이 선악善惡의 동정動靜을 천리 속에 포용시켰다 는 것을 알아야 한다. 권하卷下(29)에서 유군량劉君亮이 산속에서 정좌

靜坐하려고 할 때 양명은 "만약 외물外物을 싫어하는 마음으로 고요하기[靜]를 구한다면 거꾸로 교만하고 게으른[驕惰] 기기氣를 양성하게 된다. 만약 외물을 싫어하지 않고 고요한 곳[靜處]에서 함양한다면 좋은 일이다"라고 말한다. 이것은 앞에서 양명이 정적을 욕구하는 것이 자사자리自私自利임을 육원정에게 답변해 준 것과 동일한 취지에서 나온 것으로서 정靜에 뜻을 두지 않고 정처靜處에서 정좌한다면 좋다고 말한 것이다. 동정을 천리의 묘용妙用이라고 하는 양명의 입장에서는 어쩌면 당연하다.

양명이 자사자리自私自利와 적멸寂滅의 두 가지 점에서 불교에 대해 불만을 가진 이유는 인간 세상을 경륜하는 데 뜻이 있어서다. 양명이 당초에 선견지명이라는 것 때문에 도인술導引術을 버리고 공적空寂이라는 것 때문에 은둔隱遁을 버리며 인정人情의 기미機微에 감응하는 유교를 받아들인 이유는 바로 인정에 기반해서 가르침을 세워 철학적 기초 위에 인정을 활약하도록 하기 위해서였다. 일상 속의 연마에 의해서 일상생활을 천리天理의 묘용妙用이라고 한 양명은 밤낮으로 뜻[志]을 여기에 두며 유교에 의하지 않는다면 천하를 다스릴 수 없다는 이 신념에 입각해서 불교를 비평하고 또 노장[老]을 아울러서 불로를 비평한다. 권상卷上(60)에서 "불씨佛氏는 무선무악無善無惡에 집착하여 일체를 전부 주관하지 않으므로 천하를 다스리지 못한다"라고 말한다. 권하卷下(35)에서 "석씨釋氏는 사물을 완전히 끊어 버리도록 하고 마음은 허깨비[幻相]로 간주하여 점점 텅 비어 적막한 상태[虛寂]로 들어가 버린 채 세간과 조금도 교섭하지 않기 때문에 천하를 다스릴 수 없게 된다"라고 한다. 권상卷上(53)에서 "명덕明德을 밝히라고만 하고 친민親民을 말하지 않으면 곧 노불老佛이나 마찬가지다"라고 한다. 『대학문大學問』에서는 "이것을 공적空寂이라는 허망한 굴레에 가려 잃어버린 채 국가와 천하에 시행하지 않게 하는 것은 곧 노불 이씨二氏의 말들이다"라고 한다.

이와 같이 양명은 불교의 폐해와 허점을 통렬히 공격하며 때로는 노장[老]을 아울러서 동일한 범주로 몰아넣고, 이에 대해 유교를 크게 내세운다. 불교에 대한 비평 중에서 가장 심한 것은 아마 불교를 대상에 집착한다[着相]고 하고 유교는 대상에 집착하지 않는다[不着相]고 한 것이다. 보통은 완전히 반대인 것 같은데 양명의 논리는 매우 교묘하다. 권하卷下(19)에서 불씨佛氏의 착상着相과 유가儒家의 불착상不着相에 관해서 "불씨는 대상[相]에 집착하지 않는다고 하면서 사실은 집착한다. 우리 유교는 대상에 집착하는 것 같지만 사실은 집착하지 않는다"라고 말한다. 황이방이 그 이유를 묻자 양명은 "부처는 부자父子 관계에 얽매이는 것을 두려워하여 아예 부자 관계에서 도망쳐 버리고, 군신君臣 관계로 얽매이는 것을 두려워하여 아예 군신 관계에서 도망쳐 버리며, 부부夫婦 관계에 얽매이는 것을 두려워하여 아예 부부 관계에서 도망쳐 버린다. 이는 모두 부자, 군신, 부부라는 어떤 대상에 집착하여 도피하는 것이다. 우리 유교는 부자 관계의 경우 인仁이라는 다른 것으로 바꾸고, 군신 관계는 의義라는 다른 것으로 바꾸며, 부부 관계는 별別이라는 다른 것으로 바꾼다. 어찌 일찍이 부자, 군신, 부부라는 어떤 대상에 집착한 적이 있겠는가"라고 말한다. 이것은 천리天理가 선악善惡이나 동정動靜을 다 합쳐 포함한다와 동일한 논리로서 천리 중에는 상相과 불상不相이라는 두 가지를 포함하며 상과 불상이 모두 천리라고 말하는 것이다. 이를 뒤집어 말할 때는 부자는 부자에게 맡기고, 군신은 군신에게 맡기며, 부부는 부부에게 맡기고 이에 대해서 어떠한 취사나 분별을 하지 않을 때 필경 부자, 군신, 부부라는 상은 없다는 말이 된다. 선악이 있다고 해도 이에 대한 호오好惡의 분별이 없을 때는 선도 악도 없게 된다. 선은 선의 이理에 따르고 악은 악의 이理에 따르는 것을 양명은 천리의 묘용妙用이라고 본 것이다.

이 논법의 결론은 불씨佛氏는 이러한 상相에 집착하므로 이러한 상을 떠나려 하다가 적멸寂滅에 빠진다, 이것은 부자나 군신 등의 상을 떠나려고 하는 자사자리自私自利의 생각이 있어서다, 유가儒家는 상안에 있으면서 상에 집착하지 않음으로써 보통의 인간 생활 속에 있으면서도 조금도 이런 것들에 미혹되지 않는다는 말로 귀결된다. 천리天理의 묘용妙用을 실생활에까지 이르게 한 점에서 양명의 사상은 아마 유불 이교二教를 조화시켜 교묘하게 허무적정虛無寂靜의 허점을 벗어 버린 것이다. 적멸을 제거하고 유교儒教로 부활한 이유가 여기에 있다. 이것이 이후의 사상계를 지배한 까닭이다.

나흠순羅欽順의 불교 비평 　　　제4장

　　나정암羅整庵은 명나라 가정嘉靖 26년(1547) 83세로 사망한다. 왕양명과 동시대의 후배다. 정암은 여러 사상가들을 종합해서 일가一家를 이루었지만 대체적으로 이천과 주자朱子를 조술한 점에서 마치 명도와 육자를 조술한 왕양명과 상대되는 것 같다. 그의 사상은 『곤지기困知記』에서 나타난다. 이 책은 가정 7년(왕양명이 죽기 전년前年)에 추가한 자서自序가 있다. 『곤지기』 중에서 자신에 관해 스스로 서술한 것을 보면 "정암이 일찍이 경사京師에서 관리로 있을 때 어느 노승老僧을 우연히 만나 어떤 이유로 성불해야 하느냐며 아무렇게나 물었는데,

승려도 선어禪語를 내세워 부처는 뜰 앞의 측백나무[柏樹子]에 있다고 아무렇게나 답했다. 정암은 분명히 무슨 의미가 있을 것이라 생각했기 때문에 밤이 새도록 자세히 생각하다가 날이 밝자 옷을 집어 일어나려고 하다가 홀연히 깨달으며 자기도 모르게 온몸에 땀이 흘렀다. 증도가證道歌를 얻어서 읽고는 부절符節을 합친 것 같아서 스스로 지극히 기이하고 오묘한 천하의 이理로서 더 추가할 것이 없다고 여겼다. 나중에 남옹南雍으로 임관할 때 성현聖賢의 글을 하루도 손에서 놓지 않고 갖고 놀기를 오래도록 하자 점차로 깨달음이 진전되어 비로소 불교와 유교의 구별을 알게 되고, 그 후 연마하고 체인體認하기를 수십 년, 60세가 되면서 비로소 환하게 심성心性의 진실[眞]을 보았다" 라고 말한다. 『곤지기』에 인용된 것을 근거로 볼 때 불교에 관한 정암의 지식은 경전으로서는 『금강반야金剛般若』, 『반야심般若心』, 『원각圓覺』, 『유마維摩』, 『능엄楞嚴』, 『능가楞伽』 등이고 특히 『능가』 연구를 깊이 했고, 경전 외에는 『대혜어록大慧語錄』, 『경덕전등록景德傳燈錄』, 『대주어록大珠語錄』 등을 독파讀破했다. 불교 지식이 다른 유자들에 비해 자세하고 치밀하여 확실한 점이 있어서 스스로 말한 것처럼 측백나무 일화에서 일찍이 체험한 한 번의 깨달음 뒤에 불가佛家의 글은 단지 훑어보기만 하면 쉽게 이해가 될 정도에까지 이르게 된다. 『학통學統』은 이학異學에 대해 발문跋에서 "석씨釋氏는 『금강金剛』, 『심경心經』, 『유마維摩』, 『능가楞伽』, 『원각圓覺』, 『능엄楞嚴』을 육적六籍이라고 부른다. 마치 우리 유교의 육경六經과 같다"라고 한다. 그러므로 명대에 유불 양 교도가 연구한 불전佛典이 거의 이 여섯 가지 경전으로 한정된다는 것을 알아야 한다. 정암이 유학상에서 차지하는 위치는 이기상즉理氣相卽과 이일분수理一分殊의 사상을 이천과 주자에게서 계승하고, 심성설心性說은 주자와 같지만 이기설理氣說은 주자와 다르며, 그리고 일본만수一本萬殊의 관계를 추구함으로써 성리性理의 의의를 발휘한 점에 있다.

이렇게 심성心性을 연구해서 성리性理를 다한 정암은 심心과 이理를 준별함으로써 불교의 명심견성明心見性과 유교의 진심지성盡心知性의 구별을 명확히 하고, 불교의 능허가공凌虛駕空 즉 지나치게 공허해지는 그런 폐단[弊]을 버리고 격물치지格物致知의 공부를 온전하게 하려고 힘썼다. 『곤지기困知記』 중에 불교에 대한 비평이 상당히 많으며 게다가 그 붓끝이 매우 예리하기도 하다. 고경일高景逸(1562~1626)은 "선생은 선가禪家에 대해 더욱 탐구함으로써 같지 않은 이유를 드러냈기 때문에 당 이래 불씨佛氏를 배척한 것으로서 아직 이만큼 분명하고 또 끝까지 궁구한 것은 없다. 참으로 선생의 공적이다"라고 말한다. 대체로 정암은 장張, 정程, 주朱 등의 뒤를 계승하며 대부분 그들의 불교 비평을 계승하고 그중에서 심心과 이理의 관계를 자세히 연구하여 논의의 중심을 여기에서 찾음으로써 이러한 효과를 거둘 수 있었던 것이다.

불교에 대한 비평

불교에 대한 정암의 비평은 다음과 같은 여러 항목으로 분류할 수 있다.

1. 심心은 알아도 성性을 몰라서 견성見性이 없음.

2. 일본분수一本分殊를 몰라서 격물치지格物致知가 없음.

3. 진망혼효眞妄混淆해서 대중지정大中至正이 없음.

4. 천본天本이 아니라 인본人本, 천리天理가 아니라 유심唯心.

5. 이간易簡에 관해서는 돈오頓悟를 말하며, 궁리진성窮理盡性은 없음.

6. 인심人心은 알아도 도심道心은 모름.

7. 천리天理의 자연에 위배됨.

이들 중에서 정암이 가장 자신 있어 하는 것은 제1의 불자佛者는 심心을 알 뿐 성性은 모른다는 것으로서 그의 비평의 근본은 여기에 있다. 다른 것은 거의 이것으로부터 파생한다고 보아도 될 정도다. 성은 이理다. 정암은 이 이理에 관해서 안으로는 주자가 아직 얻지 못했다 하고, 밖으로는 불자佛者는 이것을 알지 못한다고 할 정도로 자신만만 해하고 있는데, 우선 정암의 성리性理의 의의를 알 필요가 있다.

정암은 "공자[夫子]가 『역易』을 찬탄하면서부터 처음으로 궁리窮理 를 말하게 된다. 이理란 무엇인가? 대개 천지를 통틀어 고금에 걸쳐 하나의 기氣로 나타나지 않는 것은 없다. 기는 본래 하나이지만 한 번 움직이거나 멈추고[一動一靜] 한 번 가고 오면서[一往一來] 그러한 까닭 을 알지 못하지만 그렇게 있는 것은 곧 이理다. 처음에 별도의 일물一 物이고 기에 의지해 있으며 기에 따라붙어서 다니지 않는 곳이 없다. 『역』의 태극太極은 만수萬殊가 일본一本에 근거한다는 것을 밝히고 있 을 뿐이다. 이 의미에서 오로지 정명도의 말이 가장 자세하다. 이천과 주자는 비슷하지만 조금 미흡하다. 이理와 기를 결단코 두 가지라고 하거나 기는 강하고 이理는 약하다고 하거나 기가 없다면 이理는 어떻게 갑자기 널리 퍼지겠는가라는 등의 주자의 말은 조금 맞지 않는 것이다. 다만 이국재伊國材에게 답한 글에서 하나의 음陰과 양陽이 쉼 없이 오고 가는 것이 곧 도都의 전체다라고 한 것은 가장 잘 정명도의 말과 합치하지만 주자에게는 정론定論이 없는 것 같다 등등"이라고 말한다. ― 주자의 이기理氣 관계에 편치 않은 점이 있음을 간파한 것은 정암의 공적이다. 주자가 이理를 주主로 해서 기가 이것에 의해 이끌리는 것처럼 글을 쓴 데 반해서 정암은 명백하게 기를 본체로 삼고 이것에 이理를 갖춰 둔다. 이기의 관계를 완전히 불교의 유심설唯心說이 되게끔 했다고 해야 할 것이다. 정암은 이理의 의의를 발휘한 것 외에 또 심心과 성性의 구별을 판명하려고 힘쓴다. "대개 심은 사람의 신명神明이고 성은 사람의 생리生理이며, 이理가 있는 곳을 심이라 하고 심이 있는 곳을 성이라 한다. 하나로 뒤섞일 수가 없다"라고 말한다. 또 "이理가 있는 곳을 심이라고 한다. 그 때문에 심을 보존하지 않으면 이理를 궁구할 수 없다. 심이 있는 곳을 성이라 한다. 그 때문에 성을 알지 못한다면 심을 다하지 못한다"라고 말한다. 또 "정씨程氏는 성즉리性卽理라 하고 상산은 심즉리心卽理라고 한다. 지당하게도 하나로 귀결하며 자세한 의미에 두 가지는 없다. 이것이 옳으면 다른 것은 잘못이며, 다른 것이 옳으면 이것은 틀린 것이다. 어찌 이것을 분명하게 변별하지 않겠는가. 우리 공자[夫子]가 『역』을 찬탄하며 성性을 여러 번 말했다. 이를테면 건도乾道가 변화해서 각각 성명性命을 바르게 한다, 이것을 이루는 것은 성이다, 성인聖人은 『역』을 만들어 성명의 이理에 따른다, 궁리진성窮理盡性해서 명命에 이른다 등이라고 했다. 단지 자세하게 이 여러 말들을 음미해 보면 성즉리性卽理라는 것이 명백하다"

라고 말한다.

정암은 심신心神과 성리性理를 구분하여 존심存心에 궁리窮理가 있고 지성知性에 진심盡心이 있다고 하며, 그리고 명도의 성즉리설性卽理說과 상산의 심즉리설心卽理說을 대조하며 성리설性理說에서 자세한 의미를 보려고 한다. 심성心性의 구별은 주자에게서도 나타나지만 그 이로理路가 때때로 뒤엉켜 있다. 정암은 그 뒤를 계승하며 특히 이것을 연구하는데 불교 비평을 이 한 점에 집중할 정도로 자세하고 치밀하게 했다. 심心과 성性의 구별에 관해서 가장 이론적인 것은 "이것을 하나[一物]라고도 둘[二物]이라고도 할 수 없다. 심과 성의 사이에는 떠나지도 같지도 않은[不離不卽] 관계가 있다. 일물一物에서 이물二物을 분할해 내야 비로소 성을 안다고 할 수 있다"라는 한 구절에 있다. 그 논법은 기氣 안에 이理를 갖추게 한 것과 같다.

대개 심心과 성性은 판명하기가 어려워서 대부분 두 가지라거나 또 두 가지가 아니라거나, 한 가지라거나 또 한 가지가 아니라고 잘못 말한다. 심을 제거하면 곧 성이 없고, 성을 제거하면 곧 심은 없다. 오로지 일물一物 안에서 이물二物을 분할해 내야 바야흐로 성을 안다고 할 수 있다. 배움이 아직 성을 아는 데 이르지 못하여 천하의 말들이 아직 쉽게 알지 못하는 것이다.

정암이 심성心性의 구별에 관해 무엇 때문에 이렇게 노력을 기울였냐면 불교의 명각明覺은 심心이지 성性이 아니라고 단정 짓기 위해서다. 불교에서 구경究竟으로 삼는 명각이 성이 아니라고 한다면 그 학문적 가치는 유교의 성리학性理學에 뒤떨어지게 되는 것이다. 심과 성의 관계로 정암의 사상을 개괄해 보면 다음과 같다.

천성天性은 삶을 받은 처음에 갖춰지며, 명각明覺은 이미 태어난 뒤에 발생한다. 천성은 선천적인 것이고 형이상의 것이다. 명각은 후천적인 것이며 형이하의 것이다. 명각은 심心이지 성性이 아니다. 성은 본체[體]고 심은 작용[用]이다. 성은 인생 이상의 것으로서 정靜이다. 심은 사물[物]에 감응하여 움직이므로 동動이다. 성은 천지만물의 이理로서 공적인 것[公]이다. 심은 자기 한 몸의 소유물[私有]로서 사적인 것[私]이다.

이와 같은 심성관心性觀은 그의 이기관理氣觀과 완전히 상반된다. 이기理氣에서는 기氣를 주로 하고 이理를 이것에 갖추도록 했지만, 심성관에서는 완전히 이와 반대로 먼저 하나의 성性을 설정해 심心의 주主가 되도록 해서 그 형식은 마치 이理에서 기가 생긴다는 것과 다르지 않게 된다. 만약 그러한 이기의 관계가 심과 성의 사이에서도 나타나면서 양자 사이에 모순이 없다면 정암은 이천과 주자의 계통 중에서 가장 투철한 사상 조직을 가진 사람이 될 것이다. 안타깝게도 다른 여러 사상가들이 우주론과 심성론 사이에 항상 괴리를 나타내는 것처럼 정암도 역시 양자 사이에 일관성을 결여한다. 이는 불교에 대한 것에서부터 발생하고 있다.

1. 심心은 알아도 성性을 몰라서 견성見性이 없음

"석씨釋氏의 명심견성明心見性과 우리 유교의 진심지성盡心知性은 서로 비슷해 보이지만 실은 같지가 않다. 대개 허령虛靈한 지각知覺은 심心의 오묘함[妙]이다. 정미精微하고 순일純一함은 성性의 참됨[眞]이다. 석씨의 학문은 대체로 심을 보는 것이고 성을 보는 것은 없다. 그 때문에 그 가르침의 시작은 곧 사람이 모든 대상[諸象]을 다 떠나 이른바 공空을 추구하고자 한다는 것이다. 공은 곧 허虛다. 이미 그렇게 대상[相]에 나아가고[卽] 공에 나아가 이른바 각覺에 계합하고자 한다. 곧 지각知覺이다. 성을 이미 지각[覺]했다면 곧 공과 상相을 깊고 환하게 깨달아[洞徹] 신묘한 작용[神用]에 제약이 없어진다[無方]. 신神은 곧 영령靈이다. 대체로 석씨가 성을 말하며 본말을 궁구하는 것은 요컨대 이 세 가지를 벗어나지 않는다. 그러나 이 세 가지는 모두 심의 오묘함으로서 어찌 성을 말하는 것이겠는가"라고 한 것은 정암이 심과 성의 구별을 토대로 불교를 논파한 것이다. 여기서 석씨가 심의 오묘함을 나타낸 것으로서 공空, 각覺, 신神의 세 가지를 제시하지만, 이 중에서 정암이 가장 힘써 주장한 것은 각이다. 다만 공을 바탕으로 나타난 각을 곧바로 지각이라고 한 것은 편견에 따른 잘못된 것이다.

정암은 또 "나는 우연히 자호慈湖(육상산의 후계자 양간楊簡을 말한다. 상산의 유심론적 사상을 계승하여 실제 생활에까지 적용했으며 그의 행실은 만세의 사표師表가 될 만하다)가 남긴 글을 얻어 며칠 동안 읽었는데 개탄을 금할 수가 없었다. 통탄스럽게도 선학禪學을 하는 사람들의 잘못이 하나같이 이에 이르렀는가. 자호의 돈오頓悟라는 방식[機]은 사실 육상산에서 나왔다. 자호의 도道에 대한 의지가 독실하지 않은 것은 아니다. 그렇지만 결국 생각이 가려져서 단지 허령虛靈한 지각知覺을 도심道心이라고 한다. 나의 성은 맑고 청명하며 헤아릴 수 없고, 나의 성은 확 트이고 끝이 없어 가늠할 수 없다[吾性澄然淸明而非物, 吾性洞然無際而非量]고 한 것은 『능엄경楞嚴經』의 이른바 산하대지山河大地가 모두 오묘하게 밝은 진심[妙明眞心] 안의 사물[物]이라는 의미다. 눈은 볼 수 있지만, 보는 것[能視者]은 어떤 것[何物]인가 등등의 말은 바라제波羅提가 지은 작용이 성이다[作用是性]라는 일게一偈와 같은 의미다"라고 말한다. 또 "그렇다면 곧 불씨佛氏의 성性에 대한 말도 몹시 밝지 못한 것이지 않을까? 그는 분명히 지각知覺을 성이라 하며 시종일관 성의 이理라는 것을 알지 못하고 이에 억지로 우리 유교와 합쳐서 하나의 도라고 하고 싶어 하지만 어떻게 합쳐지겠는가. 예전에 달마의 제자 바라제는 작용이 성이다[作用是性]라고 말했다"라고 한다. 또 "달마는 양나라 무제에게 청정한 지智로서 오묘하고 원만하며 그 자체는 공적하다[淨智妙圓體自空寂]고 말했다. 신회神會는 현종기顯宗記에서 담연하고 항상 고요하면서 응용에 제약이 없다[湛然常寂應用無方]고 말했다. 이것은 계사전繫辭傳에서 적연하여 움직이지 않지만 감응하여 두루 통한다[寂然不動感而遂通]고 한 것과 거의 다를 게 없다. 그렇지만 여기에 매우 다른 점이 있다는 것을 누가 알겠는가. 대개 『역易』의 신神은 곧 사람의 심心이다. 적연부동寂然不動은 심의 본체[體]다. 감이수통感而遂通은 심의 작용[用]이다. 대개 우리 유교는 적寂과 감感을 심이라 하고 불씨는 적감寂感을 성이라 한다. 이것이 매우 다른 점이다. 참으로 그가 성의 지극히 정묘한 이理라는 것을 알지 못해서 신을 이것에 해당한다고 보는 것이다"라고 한다. 또 "불씨佛氏가 푸르고 푸른 대나무가 모두 법신이고 울창하게 핀 노란 꽃들이 반야가 아님이 없다[青青翠竹盡是法身, 鬱鬱黃華無非般若]고 한 것과 우리 유교에서 솔개는 날아올라 하늘에 다다르고 물고기는 연못에서 튀어 오른다[鳶飛戾天, 魚躍于淵]고 한 것은 같지 않다. 솔개와 물고기는 미미하지만 그 성은 동일하게 천명天命이고, 날아오르거나 튀어 오르는 것은 달라도 그 도道는 동일하게 성에 따르는 것[率性]이다. 그의 반야와 법신은 꽃과 대나무의 몸체[身] 바깥에 있으며, 나의 천명과 솔성率性은 솔개와 물고기의 몸 안에 있다. 안에 있으면 일물一物이고 바깥에 있으면 이물二物이 된다. 두 가지라면 이본二本이고, 한 가지라면 일본一本이 된다. 어찌 같이 말할 수 있겠는가. 동일한 천명이라는 성은 솔개와 물고기에게만 있는 것이 아니라 꽃과 대나무에도 있다. 정자의 이른바 풀이나 나무 하나에도 모두 이理가 있다는 것이다. 바로 이러한 것을 살펴보아야 한다. 불씨는 단지 지각知覺을 성이라고 하기 때문에 꽃과 나무에서는 곧 통하지 않게 된다. 단지 법계法界 중에 발현한 사물[物]이 될 뿐이다. 『능가楞伽』에서 사대종四大種의 물질[色]을 허공虛空이 유지한다고 하고, 『능엄楞嚴』에서 산하대지를 모두 묘명진심妙明眞心 중의 사물이라고 한 것은 그 의미가 또한 이와 같다"라고 말한다. ─ 정암이 불씨는 성性과 물物을 이본二本 즉 근본이 두 개로서 다르다고 여기고 우리 유교는 성과 물을 일본一本 즉 근본이 동일하다고 여긴다고 말한 것은 정자가 성에는 안팎이 없다[性無內外]고 한 말을 계승해서 성으로써 만물을 일관하는 이理로 삼았을 뿐만 아니라 만물 그 자체도 역시 성 안의 것이라고 한 것이다. 바꿔 말하면 불씨의 성은 주관적인 것이다, 유가儒家의 성은 주관과 객관을 병합한 것이다라고 해야 한다.

또 "정자는 일찍이 인仁은 혼연하여 사물[物]과 한 몸[同體]이라고 했다. 불가佛家에서도 심心과 불佛과 중생衆生 이 세 가지는 차별이 없다는 말이 있다. 서로 비슷해 보이지만 연구해 보면 그 차이가 연燕나라와 월越나라 정도만이 아니게 크다. 대개 불가의 이른바 가지런하게 같음[齊同]은 지각知覺을 넘어서지 못할 뿐이다. 또 천지 사이에 있는 만물의 무리들에는 지知가 있는 것이 있고 없는 것이 있다. 지가 있는 것을 동체同體라고 한다면 곧 지가 없는 것은 이체異體가 아닌가? 같은 것[同]이 있고 다른 것[異]이 있다면 바로 이본二本인 것이다. 아마 지각知覺을 성性이라고 한다면 반드시 이런 문제에 빠지게 된다. 만약 우리 유교의 생각대로 형체[形]를 둘 사이에 부여한 것은 동일한 음양陰陽의 기氣가 형체를 이루고 동일한 음양의 이理가 본성[性]이 된 것이라고 한다면 지가 있든 없든 일본一本에서 나오지 않는 것이 없다. 그 때문에 몸이 작거나 만물이 아무리 많더라도 혈기의 유통과 맥락의 연결은 원래 터럭만큼의 빈 공간도 없고 아주 잠깐 동안의 단절도 없다. 이것이 혼연한 까닭이다"라고 말한다. ― 앞 단락과 이 단락을 아울러서 정암의 생각을 헤아려 보면 그는 유가儒家의 성을 불교의 진여眞如나 여래장如來藏 같은 것으로 여기며, 일체의 시공을 통틀어 만유萬有는 모두 그 안에 통섭된다고 본 것이다. 그 사상은 불교의 유심연기론唯心緣起論을 방불케 하며, 완전히 이기理氣의 관계와 상반된다. 이기의 관계는 기일본설氣一本說에서는 마치 유심연기론을 방불케 하는 점이 있는 것이다.

또 "정자는 불교에 있는 깨달음[覺]의 이치[理]는 경으로써 안을 바르게 하는 것[敬以直內]이라고 할 수 있다[可以], 그러나 의로써 바깥을 바르게 하는 것[義以方外]은 없다, 직내直內라는 것도 긴요한 그 근본이 역시 옳지 않다고 말했다. 이 말은 간략하면서도 의미가 지극히 원만하게 갖춰져 있다. 그 근본이 옳지 않다란 지각知覺을 성性으로 인정하는 것을 배척한 것일 따름이다. 그 때문에 바깥을 바르게[方外] 하는 것만 없는 것이 아니다. 안[內]도 아직 바르게 한 적이 없는 것이다. 할 수 있다[可以]라는 글자를 자세히 음미해 보아야 한다. 안을 바르게 한다고 인정하는 말이 아닌 것이다"라고 말한다. ― 생각해 보면 정자의 각覺과 정암의 지각은 말뜻이 다르다. 정자의 것은 각오覺悟나 각성覺醒이며, 지혜智慧다. 정암의 것은 보고 듣고 깨닫고 아는 것[見聞覺知]이며, 감각感覺이다.

또 "불씨佛氏의 이른바 성性은 각覺일 뿐이다. 그 각은 견문각지見聞覺知를 벗어나지 않는다. 그러나 또 법法은 견문각지를 떠나 있다고 말하기도 하는데 어찌 견문각지 외에 별도로 이른바 각이 있겠는가. 참으로 미혹[迷]과 깨달음[悟]이 같지 않을 따름이다. 후대로 오면서 그 무리들 중에 난폭한[桀黠] 사람이 있어서 요상한 것을 만들고 괴이하게 날조하며 온갖 장난을 일삼아 신출귀몰하며 기량을 뽐내려고 사람들의 귀를 놀라게 한다"라고 말한다. 또 "사事와 이理의 두 가지 장애는 『원각경圓覺經』에서 나오며 그 잘못은 정자의 논의를 벗어나는 것이 없다. 경전에는 초당사草堂寺 종밀이 지은 소疏가 있지만 아직 읽어 보지는 못했어도 그의 자서自序 및 배휴裴休가 쓴 서序를 보고서 불가佛家의 도리道理를 설명할 수 있는데 역시 자체로 분명하다. 악惡은 오로지 이 심心만을 말하는 것이다. 마침내 성으로 인정한다. 결국 성을 알지 못한다"라고 말한다. 또 "내가 측백나무 얘기에서 우연히 경험한 한 가지 깨달음 뒤에 불가佛家의 글은 그저 훑어보기만 해도 쉽게 이해되었지만 우리 성현聖賢의 미묘한 말씀이나 깊은 뜻과 같은 것은 결국 통할 수 없었다. 이후에 오래도록 힘써 공부하여 비로소 그 까닭을 알게 되었다. 대개 불씨는 지각知覺을 성이라고 한다. 그 때문에 한번 깨달으면 곧 허공虛空이라는 경계[境]를 보게 된다"라고 말한다. 또 "남양혜충南陽慧忠이 남방의 종지宗旨를 논파하며 말하기를 만약 견문각지가 불성佛性이라면 『정명[淨名經]』(『유마경維摩經』)에서 법法이 견문각지와 떨어져 있다고 말할 리가 없다, 만약 견문각지를 사용한다면 [行] 이는 곧 견문각지가 되는 것이지 법을 구하는 것이 아니다라고 한다. 분주무업汾州無業은 견문각지의 성은 태허太虛와 수명이 같아서 불생불멸이다, 일체의 경계境界는 본래 그 자체가 공적空寂하여 미혹할 만한 단 하나의 법도 없다, 깨닫지[了] 못하면 경계[境] 때문에 미혹해진다, 일단 경계 때문에 미혹해지면 끝없이 유전流轉한다고 말한다. 두 사람은 모두 선문禪門의 걸출한 인물들인데 왜 이렇게 같지 않은가? 대개 무업無業은 본분本分에 충실한 사람으로서 본분에 맞는 말을 한다. 혜충은 이른바 신출귀몰하여 기량을 뽐내려고 한 사람이다. 그는 남방에서 견문각지를 성이라고 하는 것을 보고 곧 그 사람들에 대해 일반적인 설화를 제출하며 그들보다 한 수 높아지도록 힘써서 헤아릴 수 없도록 하려고 한 것이다. 『금강경金剛經』에서는 부처와 중생이 미혹이냐 깨달음이냐에서 같지는 않더라도 지견知見의 본체[體]는 평등하다고도 하고, 『능엄楞嚴』에서는 그 몸[形]은 잠들어도 듣는 본성[聞性]은 어둡지 않다고도 하는데 모두 견문見聞을 성이라 하는 것은 분명하다. 바라제의 설명과 합치한다. 정명淨名은 긴요한 곳에 떨어져 있다[離]는 한 글자가 있다. 이것은 불씨의 둔사遁辭일 뿐이다"라고 말한다. 또 "『능엄경楞嚴經』 4권의 앞부분들은 모두 일체불어심품一切佛語心品이라고 되어 있다. 참으로 만법萬法은 오직 식識이므로 여러 식과 만법의 여러 가지 차별은 심식心識을 벗어나지 않는다고 한다. 그 때문에 경전 중에서 식에 대한 말이 특히 상세하다. 대개 식은 인심人

心의 신명神明일 뿐이다. 그런데 성이라고 해야겠는가?"라고 말한다.

정암이 불자佛者의 공空도 각覺도 신神도 어느 것이든 심心의 묘용妙用이지 성性이 아니라고 하며 이에 견성見性이라는 말은 잘못이라고 극력 주장한 것은 심과 성을 준별함으로써이다. 정암의 의도는 천天에서는 단지 하나의 기氣가 있고 이理가 이것에 머물러 있으며 인人에서는 자연의 이理에 따르는 심의 변용이 있다, 정미精微하고 순일純一한 것은 성의 참됨[眞]이고 허령虛靈한 지각知覺은 심의 오묘함[妙]이다라고 말한 데 있다. 우주론에서도 심성론에서도 이원二元적 형식을 유지한 채 다만 기를 주로 한 것과 이理를 주로 한 것의 차이가 있을 뿐이다. 때로는 심과 성을 이물二物이 아니고 일물一物도 아니며 일물에서 둘을 구분해 내야 하는 것이라고 말하여 이원의 영역을 벗어나기도 하지만, 결국 불교의 유식설唯識說이 어디까지나 주관과 객관의 대립을 유지하는 것처럼 정암도 철저히 심과 성을 대립시킨다. 이 대립의 견지見地에 서서 불교는 심은 보아도 성을 보지 못한다고 비난하며, 심의 묘용인 허령한 지각과 견문각지의 지각을 동렬에 배치하고 반복적으로 정중하게 힐난한다. 견문각지의 작용을 성이라고 한 것은 잘못이다라는 비평은 주자를 계승한 것이며, 그리고 정암이 수선修禪의 체험으로부터 추론하여 심의 묘용을 공과 각과 신의 세 가지로 분해한 것은 대체로 가능하다. 그런데 공을 배후로 둔 각을 곧바로 지각이라 하면서 이것을 견문각지라고 한 것은 너무나도 용어에 집착한 것이다. 또 불교의 심에는 심식心識 이외에 제1의로서의 심[第一義心]이 존재한다는 것을 보지 못한 것은 일부러 한쪽 눈을 감아 버린 경향이 있다.

2. 일본분수一本分殊를 몰라서 격물치지格物致知가 없음

나정암은 "『역易』에는 태극太極이 있고 이것이 양의兩儀를 낳는다. 즉 통합된 본체로서의 태극이 건도乾道로 변화해서 각각 성명性命을 바르게 하면 사물들은 각각 하나의 태극을 갖춘다. 태극은 하나이지만 나뉘면[分] 달라진다[殊]. 다만 나뉘어 달라지기[分殊] 때문에 그 작용[用]도 다르다[別]. 만약 천지와 사람과 사물[天地人物]의 변화를 모두 내 마음[心]의 변화라 하면서 만물의 발육을 내 마음으로 귀속시킨다면 이는 나뉘어 달라진다는 것을 알지 못하는 것이다. 이미 분수分殊를 알지 못하는데 어찌 이理가 하나라는 말을 할 수 있겠는가. 대개 만물의 발육은 자연스러운 조화造化의 공용功用이다. 사람이 어찌 함께 하겠는가. 사람이 함께 할 수 있는 것은 아니더라도 그 이理는 곧 내 마음[心]의 이다. 그 때문에 『중용中庸』에서 크도다 성인聖人의 도道여라고 한 것은 천天과 인人이 둘이 아님[無二]을 밝힌 것이다. 하물며 천지天地의 변화는 아주 먼 옛날부터 그대로 같으며[萬古自如] 인심人心의 변화는 사람과 함께 발생하고 삶과 더불어 다한다. 항상 있으며 사라지지 않는다[常住不滅]는 이치[理]는 없는 것이다. 자호는 틀렸다"라고 말한다. ― 정암은 이천의 이일분수설理一分殊說을 계승하며, 게다가 하나의 이[理一]를 태극이라 하고 분수分殊를 자연自然이라 하며 사물마다 하나의 태극을 갖춘다는 것에 근거하여 천과 인이 둘이 아니라고 주장하며, 조화자연설造化自然說에 의거해 자호의 유심연기설唯心緣起說을 비평한다. 비평의 중심은 그가 심心을 인심이라고 한 데 있다. 이것은 자호의 사상을 억지로 왜곡한 것으로서 자호의 심은 이와 같은 것이 아니다.

또 "수많은 성인[聖]들이 서로 전달한 것은 오로지 이 하나의 이理뿐이다. 높은 성인[上聖]이나 위대한 현인[大賢]은 바로 이것을 보며 진실로 이것을 굳게 지키고 남김없이 실천하는 것이다. 그다음은 널리 학문을 닦아 사리에 밝고 예절을 잘 지키는 것[博文約禮]이다. 우리 공자[夫子]에게 사리가 분명한 교훈[明訓]이 있다. 대개 천지인물天地人物을 통틀어 그 이理는 본래 하나이며 그것이 나뉘어져서 달라진다. 반드시 나뉘어져 달라진 것을 살핀 후에야 이理가 하나임을 보게 된다. 이미 보게 되었다면 그에 따라 반드시 굳건히 이것을 지킨 다음에라야 응수할 때 혹 잘못이 없다. 이는 박문약례[博約]가 우리 유교에서 실제로 사용하는 학문[實學]인 이유다. 선가禪家에서 보는 것은 오로지 텅텅 비어 아무것도 없는[虛空曠蕩] 한 조각의 경계로서 이 이理가 내 마음에 있다는 것과 사물에 있다는 것, 결국 그 지극히 자세하고 미묘한 상태가 어떤지를 인식하지 못하고 도리어 이理를 장애라고 한다"라고 말한다. ― 정암이 분수分殊를 살핌으로써 비로소 이일理一을 본다고 주장한 것은 선가에서 관심觀心에 전력을 기울인 데 대해 만물 속에서 이理를 찾아야 한다고 하는 것이다. 정암은 앞서 제시한 것처럼 격물格物하는 사람은 이것을 몸[身]에서 절실히 찾아야 하고 나아가 정성情性에서 더욱 절실히 찾아야 한다고 함에도 불구하고 또한 풀이나 나무 하나하나의 이理를 살펴야 한다고 말한 것은 그의 학문 계통이 그렇게 하도록 한 것이다. 또 선가의 이장理障은 정암의 말처럼 이理를 모르거나 두려워해서가 아니라 도리어 이理에 집착해서 이理에 얽매여 벗어나지 못할 수 있음을 경계한 것이다.

또 "풀이나 나무 하나하나에 모두 이理가 있다. 살피지 않을 수 없다. … 그윽하고 밝기 때문에 생사生死에 관한 말이나 귀신의 상태는 사물에 이르러[格物] 앎이 지극해진 것이 아니어서 통할 수 없는 것이다. 불씨佛氏는 산하대지를 헛것[幻]이라고 하며 생사를 윤회한다고 하고 천당과 지옥의 보응이 있다고 한다. 그 앎[知]이 아직 철저하지 못한 것도 많다. 어찌 견성見性이라고 한 것만 있겠는가"라고 말한다. 또,

이 이理는 천하에서 하나이지만 만 가지가 되는데 처음에 나누어 안배하는 힘이나 만 가지를 모아서 하나로 돌아가는 일에 어찌 끌어다가 합치는 사사로움[牽合之私]을 허용하겠는가. 이 때문에 이것을 몸[身]에서 살피는 것은 마땅히 성정性情에서보다 먼저여서는 안 된다. 곧 어떤 견해로 이것을 사물[物]에서 헤아려 보아도 통하지 않는 것은 이理에 이르지 못한 것이다. 이것을 사물에서 살피면 본래 조수鳥獸나 초목草木의 구분은 없다. 곧 어떤 견해로 이것을 마음으로 돌이켜도 합치하지 않는 것은 이理에 이르지 못한 것이다. 반드시 분명하게 일치하는 묘妙함이 있는 어떤 견해여야 마침내 피차의 다름은 없다. 그럼에도 나누어져 다른 것은 스스로 엄숙하여 어지럽힐 수 없다. 이것은 격물格物의 지극한 효과[功]로서 진실로 힘을 오래도록 쌓지 않는다면 어떻게 이에 이르겠는가.

라고 말한다. 정암의 이 글은 간단하면서 힘이 있어서 한 번 읽으며 세 번 감탄할 정도로 매우 오묘하다. 글 중에서 마음[心]에서 얻은 이理는 사물[物]에 통하지 않는 것이 없다고 한 것은 가능하다고 하더라도 이 심心에 대해서 사물을 끌어내어 조수鳥獸나 초목草木의 구분이 없다고 한 것은 풀이나 나무 하나에도 모두 이理가 있다는 분수설分殊說에 위배되는 실수가 있다. 만약 조수나 초목을 구분하지 않고 추상적

사물을 성찰의 대상으로 삼을 때는 물物과 심의 구별이 점차 사라져 결국 관심觀心으로 귀결해 버린다. 정암은 이일분수理一分殊를 곳곳에서 주장하며 만물이 각각 이理를 구비한다고 극언極言한다. 이理가 하나라면 이것을 어느 것에서 관찰하더라도 결국 동일하게 귀결할 것이다. 천태가天台家에서 지극히 높은 불계佛界와 지극히 넓은 중생계衆生界를 버리고 지극히 가까운 심계心界에서 삼제三諦의 이理를 관찰한 취지가 여기에 있다. 정암이 조수 등을 구분하지 않고 물로서 살펴야 한다고 말한 데는 자연히 심으로 끌어올려야 하는 경로를 포함한다고 해야 한다. 그리고 또 이일理一과 분수分殊의 관계에서 교묘한 논법을 사용하는데 완연히 불교의 평등과 차별의 관계에서의 논법이다.

이일분수理一分殊사상은 정암의 심성설心性說의 기초가 되는 것으로서 그는 천지天地와 기질氣質이라는 두 가지 성性에 의거하지 않고 이것에 의해서 심성설心性說을 완성한다. 그래서 이일분수에 관한 것이 그의 저술 중에 곳곳에서 나타난다.

하늘과 사람은 하나의 이理이지만 그 구분[分]은 같지 않다. 사람이 태어나서 고요할 때[靜] 원래 사람 부분[人分]에 있는 이 이理는 곧 하늘에 속하는 것이다. 사물에 감응하여 움직이면[動] 본래 하늘 부분[天分]에서 나온 이 이理는 곧 사람에게 속한다.

이理는 하나이지만 반드시 감응한 뒤에 형태가 나타난다. 감응하여 곧 두 개가 되며 두 개가 없다면 하나도 없다. 그런데 천지 사이에서 감응하지 않고 돌아다니는 것은 없기 때문에 이理가 아닌 채 돌아다니는 것은 없다.

하나의 이理가 분수分殊해서 천天과 인人으로 서로 구분되고, 서로 구분된 곳에 감응이 있다. 감응이 있는 것에는 두 가지 안에 하나의 이理가 있다. 적연寂然한 하나의 이理가 나뉘어 달라져서[分殊] 감응하여 통하는[感通] 두 가지가 된다. 게다가 일리一理가 분수한 곳에 감통感通하지 않는 것은 없다. 이에 만물에는 일리가 관통한다는 것을 알게 된다. 정암은 이일만수理一萬殊를 형식적으로 이기理氣에 적용해서 이일기수理一氣殊 즉 이理는 하나이지만 기氣가 다르다고 하는 것에 만족하지 않고 이일기수와 더불어 기일이수氣一理殊사상에 도달한다. 이가 하나라면 기도 하나다, 기가 만 가지면 이도 만 가지다라는 이론은 완연히 천태가天台家의 서로 구족하고 있다는 호구설互具說 그 자체다.

양방진楊方震이 여자적에게 답한 글[復余子積]에서 하나라고 한 것은 단지 이理만 하나라는 말이 아니라 기氣도 하나라는 것이다. 만 가지라는 말이 단지 기만 만 가지라는 말이 아니라 이도 만 가지라는 것이다. 이 말은 매우 당연한 것인데, 단지 "~도[亦]"라는 글자를 이제야 깨달아서 미안하다.

기일이만氣一理萬사상은 양방진楊方震(1452~1525)의 글 속에 나타난 것이지만 정암은 이에 대해서 그대로 긍정할 뿐만 아니라 더욱이 "단지 '~도[亦]'라는 글자만 이제야 미안하지 않다"라고 말한다. 그 의도는 무조건을 요구한 것으로서 하나로 보자면 기氣도 하나다, 만 가지로 보자면 이理도 만 가지다라고 할 때 정암의 생각과 합치한다. 정암은 주자의 이기理氣 관계에는 이가 근본이고 기는 말단[理本氣末]이 되어 버리는 폐단이 있어서 만족하지 않고 명도의 일기설一氣說에 찬성하며 일기一氣의 운행 안에 이理를 인정했다. 이와 같이 기를 초월한 이

理를 배척하고 이기를 떨어지지 않는다[不離]고 한 정암은 이일만수理一萬殊의 형식을 묵수墨守할 필요가 없게 된다.

3. 진망혼효眞妄混淆해서 대중지정大中至正이 없음

나정암은 "달마라는 사람이 와서는 곧바로 사람의 마음을 가리켜 본성을 깨달으면 부처가 된다, 한 번 듣고 천 번 깨달아 신통이 자재하다[直指人心, 見性成佛, 一聞千悟, 神通自在]고 말했다. 그 말은 현묘하여 이전과 비교할 수가 없다. 이에 고명高明한 사람은 종종 혹해서 그 피해를 구해 줄 수 없는 경우가 있다. 이미 그 도道를 지극하게 여긴다. 즉 고제古帝의 자세히 한결같이 중中을 지키라[精一執中]는 전승[傳], 공문孔門의 일관된 충서忠恕의 뜻[旨], 자신을 극복하고 인仁을 행하라[克己行仁]는 훈계[訓], 『대학大學』의 앎을 이루어 사물을 바로잡는다[致知格物]는 가르침[敎], 『중용中庸』의 성도性道나 중화中和의 뜻[義], 『맹자孟子』의 지언양기知言養氣 즉 말을 아는 것과 기氣를 기르는 것이나 마음을 다하면 본성을 안다[盡心知性]는 말씀[說] 등 일체는 모두 그 말로 어지럽혀져서 진실과 거짓[眞妄]이 뒤섞여[混淆] 학자들은 망연茫然하게 갈 곳을 알지 못한다. 일단 그 함정에 빠지면 다시 스스로 빠져나올 수 있는 사람은 드물다. 그 때문에 이것을 받아들이면 대중지정大中至正 즉 치우침 없고 지극히 바른 근본[本]을 세우지 못하고, 이것을 제외하고서는 경세재물經世宰物 즉 세상을 다스리며 만물을 주재하는 작용[用]이 능통하지 못하여 가르침은 쇠퇴해지고 풍속은 무너진다. 그저 긴 한숨만 내쉴 뿐이다"라고 말한다. 또 "식識은 인심人心의 신명神明

일 뿐인데 성性이라고 할 수 있겠는가. 또한 본체本體를 진眞, 말류末流를 망妄이라 하여 이미 본말을 구분하여 둘로 나누고, 미혹하면 진이 곧 망이 되고 깨달으면 망이 곧 진이 된다고 하며 다시 진과 망을 뒤섞어서 하나로 만든다. 대개 그 소견이 이미 다르기 때문에 그 말도 칠전팔도七顚八倒한다. 도를 해치는 정도가 심한 것치고 이보다 더한 것은 없다"라고 말한다. 또 "심식心識을 본本, 육식六識을 말末이라고 한 것은 본래 편의상의 명칭일 것이다. 그런데 사실을 따져 보면 비로소 심식 외에 별도로 이른바 육식六識이 있다는 것은 옳지 않다. 또 근본[本]의 하나를 구분해서 말의 여섯 가지로 만든 것은 옳지 않다. 대개 보는 것이 있다면 곧 전체가 눈에 있다. … 이른바 감응해서 두루 통하는 것은 곧 이 이理다. 이것을 본다면 본과 말은 분명히 한 가지[一物]다. 어찌 두 개로 나누어서 절반은 진이고 절반은 망이라고 하겠는가. 혹 진과 망이 섞이지 않을 수 없다라고는 말할 수 있다. 대개 눈은 보고 귀는 듣는데 사물이 아직 교류하지 않더라도 이理는 이미 갖춘다. 이것은 천명天命의 자연한 것으로서 안배나 조작을 빌리지 않고도 진이 아닌 것은 없다. 사물에 감응해서 움직이기에 이르면 보아야 하는 것도 있고 보지 말아야 할 것도 있다. 당연히 그래야 하는 것은 곧 자연히 위배되지 않는 것이기 때문에 진이라고 한다. 그렇지 않아야 하는 것은 종종 정욕情欲이 그렇게 만든 것이기 때문에 망이라고 한다. 진이라면 보존하고 망이라면 제거함으로써 심신을 다스리고 이렇게 해서 집안과 국가와 천하에까지 이른다. 이것이 우리 유교에서 인격人格의 도를 세운 이유로서 내외나 본말을 일관하지 않는 것이 없다. 불씨佛氏의 말 같은 것은 아직 깨닫기 전에도 보고 듣고 말하고 행동하는 것[視聽言動]이 당연한지 당연하지 않은지를 묻지도 않고 일체를 다 망이라고 하며, 이미 깨달음에 이르러서도 또 당연한지 당연하지 않은지를 묻지 않고 일체를 다 망이라고 한다. 무엇을 보존해야 할지 무엇을 제거해야 할지를 알지 못한다면 제거해야 할 것을 제거하지 못하고 보존해야 할 것은 보존할 수가 없다. 인욕人欲은 방자해지고 천리天理는 사라진다"라고 말한다. ─ 여기서의 정암의 논리는 자연히 두 부분으로 구분된다. 임의로 이것을 본체론本體論과 현상론現象論으로 구분하겠다. 앞부분에서 심식과 육식 사이에 본말本末과 진망眞妄을 구분하지 않고 이理 전체가 시청언동이 되므로 일체가 모두 이理의 유행이라고 한 것은 본체론의 입장이다. 뒷부분에서 정靜은 진이고 동動에 진과 망이 있으며, 자연自然에 따르는 것은 진이고 정욕情欲에 따르는 것은 망이라고 한 것은 현상론의 입장이다. 정암 자신의 논리에 이미 이 두 부분이 있다. 앞부분에서 본말과 진망을 타파하고 일체를 이理의 묘용妙用으로 포섭한 것은 깨달음의 세계[悟界]에서의 소식으로서 이른바 성은 작용에 있다[性在作用]는 사상이다. 뒷부분에서 자연과 정욕이라는 두 가지에 의해 본말이나 진망을 구분한 것은 위를 향한 도정道程에 있는 것으로서 불자佛者가 미혹[迷](인욕)과 깨달음[悟](천리)에 의해 진망을 구분한 것과 마찬가지다. 정암은 이러한 두 가지 사상을 갖고 있으면서 그럼에도 한편으로는 성재작용설性在作用說을 비난하며 성性을 모른다고 하고, 다른 한편으로는 미오迷悟로 진망을 구분하는 것이 진망을 뒤섞은 것이라고 한다. 정암의 생각이 어디에 있는지를 알기 어렵다. 한 걸음 나아가 이것을 고찰해 보면 정암은 실제론實際論에서 자연과 정욕의 구별을 어디에서 찾는 것일까? 이

理 전체가 시청언동에 나타난다라고만 해서는 도리어 진망을 뒤섞어 다른 사람의 물건을 훔치는 것도 이理의 묘용이라고 할 수밖에 없게 된다. 이는 정암이 불전佛典을 상당히 익혔지만 아마 불교에서 심식과 육식의 사이에 제7식識을 설정하고 이것을 개조하지 않는 한은 인욕에서 벗어날 수 없으며 이것을 정화淨化함으로써 비로소 천리의 묘용이 나타난다고 하고, 제7식의 염정染淨을 경계로 삼아 미오를 구별하며 진망의 차이를 본다는 것을 이해할 수 없었기 때문일 것이다.

또 "격물格物은 몸을 살피는 것만 한 것은 없다, 그렇게 얻는 것이 더욱 절실하다고 정자는 말했다. 문인들에게 답하면서 또 정성情性에서 찾는 것이 몸보다 더 절실하다, 그런데 풀이나 나무 하나에도 모두 이理가 있어서 살피지 않을 수 없다고 한다. 아마 이때는 선학禪學이 성행해서 학자들은 종종 명심견성明心見性이라는 말에 빠져들어 천지만물의 이理에 관해서는 생각도 하지 않았다. 그 때문에 항상 한쪽에만 치우쳐 하나밖에 모르는 폐단에 빠져 결국 더불어 요순堯舜의 도道에 들어갈 수 없었다. 이정은 이것을 매우 근심하여 『대학大學』이라는 글을 내세우며 격물의 뜻을 밝혀서 학자들이 물아를 아울러 살피고[物我兼照] 내외를 함께 융통하며[內外俱融] 피차를 골고루 다하도록[彼此交盡] 하여 때마침 깊이 그 잘못을 구제해서 대중大中으로 거두어지게 했다. 재주 있는 그분들[良工]이 얼마나 고심했는지 아는 사람은 참으로 드물다"라고 말한다. ― 생각건대 몸에서 고찰하는 것과 만물의 이理에서 고찰하는 것은 분명히 수도修道 방법의 차이다. 물아겸조物我兼照와 내외구융內外俱融과 피차교진彼此交盡하는 대중의 도라는 말은 참으로 타당하더라도 어떻게 해서 여기에 도달할 수 있는가라는 큰 문제가 존재한다. 이에 관해 육자의 존덕성尊德性과 주자의 도문학道問學은 명백히 대표적인 두 계열이다. 정암은 이천과 주자의 뒤를 계승함으로써 분수分殊해서 나온 만물의 이理에 주목했지만, 심성설心性說 전체에서 볼 때는 분명히 육자와 왕자王子(왕양명)의 심즉리설心即理說의 영향을 받았다. 피차교진과 같은 것은 불교의 화엄원교華嚴圓敎에서의 중중무진重重無盡의 연기緣起사상을 생각나게 하는 점이 있다.

또 "불씨佛氏의 학문은 인人이나 물物이 나온 곳을 모르며 결코 세상을 경영하기에 충분하지 않다. 유교에게 불교라는 것은 어쩔 수 없는 것이라 하더라도 세상일을 경영하는 이치로서는 우리 성인聖人의 도리道理에 의지하지 않는다면 한 걸음도 나아갈 수 없다. 얻은 것은 소용이 없고 소용 있는 것은 얻지 못한다. 이른바 근원[始]을 가리기 때문에 끝[終]을 망가뜨려서 내외內外나 본말本末을 이미 구분해서 두 동강 낼 수밖에 없다. 소란스럽게 움직인다 해도 일관되게 입으로만 떠든다. 우리 성인의 하나로 꿰뚫는다[一以貫之]가 과연 이런 것일까?"라고 말한다. ─ 정암의 이 주장은 자호라는 한 사람이 만법유심萬法唯心이라는 주장 아래 평생의 실천에 조금의 하자도 없이 일상에서 상제上帝를 대하듯이 고령이 되어서도 여전히 잠깐 동안도 방일放逸한 적이 없었다는 사례에 의해서도 돌연 그 효과가 약화되어 버린다.

또 "달마는 불립문자不立文字라고 했는데도 종래의 말들[說話]이 너무 많아 감당할 수 없다. 대략 그 시작과 끝을 따져 보면, 사람을 가르치면서 발심發心의 시초는 진眞은 망妄이 아닌 것이 없기 때문에 모든 상相을 상이 아니라고 보면 곧 여래如來를 본다고 말한다. 깨달은 뒤에는 망은 진이 아닌 것이 없기 때문에 무명無明과 진여眞如가 다를 것이 없는 경계라고 말한다. 돈頓이나 점漸으로 각각 한 가지 주장[說]을 갖고 있지만 대체로 앞뒤가 충돌하며 진과 망을 구분하지 않는다. 참으로 편파적이고 간사하며 무책임하기가[詖淫邪遁] 매우 심한 것이다"라고 말한다. ― 정암이 불립문자의 선가禪家에 감당 못 할 만큼 많은 설화들이 있다고 한 것은 참으로 그렇다. 그리고 발심의 처음은 모든 일들[事事]이 모두 망이고 깨달은 뒤에는 모든 일들이 모두 진이라고 한 말 또한 미오迷悟의 마음 상태[心境]의 차이를 잘 도파道破한 것으로서 선禪을 경험한 정암이기에 비로소 잘 도파할 수 있는 것이다. 그런데 진망眞妄을 구분하지 않아서 피음사둔詖淫邪遁이 심하다고 한 것은 아마 선禪 그 자체에 대한 것이 아니라 당시의 야호野狐(749~814, 백장회해百丈懷海)에 대한 것임에 틀림없다. 이와 같은 피음사둔詖淫邪遁이 어찌 정암 당시만이겠는가. 이후로 언제나 그렇게 되지 않은 적이 없다고도 할 수 있다.

4. 천본天本이 아니라 인본人本, 천리天理가 아니라 유심唯心

나정암은 "정자는 일찍이 성인聖人은 천天을 근본으로 삼고 불씨佛氏는 심心을 근본으로 삼는다고 했다. 이는 뛰어난 견해로서 결단코 분명하다. 근본이 이미 같지 않다. 그래서 그 말에 서로 비슷한 곳이 있더라도 결국 합쳐질 수 없다. 여원명呂原明은 이정을 따르면서 만년에 불도佛道와 성인이 합치하는 것을 보고 도리어 이정의 소견과 매우 가깝다고 말했다. 잘못해서 묘원廟院이나 공적空寂을 형이상形而上이라고 여긴 것이 아니겠는가"라고 말한다. 정암의 생각은 유가儒家는 형이상의 천리天理에 근거하고, 불씨는 형이하形而下의 인심人心에 입각한다고 말하려는 것이다.

또 "장자張子가 말하기를 석씨釋氏는 천명天命을 알지 못하고, 심리心理로 천지를 기멸起滅하며, 작은 것[小]으로 큰 것[大]을 논하고, 말末로써 본本을 논하며, 궁구할 수 없어서 환망幻妄이라고 말한다는 것이다. 이 말은 정씨가 심心을 근본으로 한다는 견해와 맞아떨어지며 또 석씨의 궁극적인 곳[窮處]에 도달한 것이다. 깊이 있게 그 학문의 본말을 알지 못한다면 어찌 이에 이르렀겠는가"라고 말한다. ─ 이 단락과 다음 단락은 불교의 유심연기설唯心緣起說에 대한 비난이다. 유심唯心이나 유식唯識이라고 할 때는 심은 큰 것 천지天地는 작은 것이 되고, 하나의 근본[一本]인 것을 도리어 두 가지 근본[二本]이라고 말하게 된다.

또 "우리 성현聖賢의 말은 불씨佛氏의 말과 특히 서로 용납되지 않는다. 유불에 두 가지 도道는 없다는 말은 도를 아는 것이 아니다. 자호가 인용한 경전에도 천지를 범위로 해서 만물을 발육한다는 등의 말이 있다. 모두 성현의 본지本旨가 아니다. 단지 이것을 잠시 빌려서 그 주장을 성취할 뿐이다. 그는 마음이 통한 자는 천지인물天地人物이 모두 나의 본성의 양[性量] 속에 있다는 것을 꿰뚫어 본다, 그리고 천지만물의 변화는 모두 나의 본성[性]의 변화다라고 하며 또 생각[意]이 사라지면 본래의 청정과 본래의 밝음이나 신명神明의 변화라는 오묘함이 자약自若하다, 몸체[體]도 없고 경계[際]도 없으며 천지를 범위 삼아 만물을 발육하는 오묘함은 본래 자약하다와 같은 말은 심법心法으로 천지를 기멸起滅하는 것이다. 인심人心의 본체[體]는 곧 하늘[天]의 본체

다. 본래 한 가지[一物]다. 단지 나의 주主가 되는 것을 심心이라고 할
뿐이다. 자호와 같이 마음이 통한다면 천지인물이 모두 나의 본성의
양 속에 있다는 것을 꿰뚫어 보고 천지를 범위로 삼는다고 한다면 심
은 큰 것이고 천지는 작은 것이 된다. 그래서 천지에 한량限量이 있게
된다. 본래 하나라고 하려다가 반대로 두 가지[二物]가 된 것이다. 이것
이 도를 알고서 하는 말일 수 있겠는가?"라고 말한다. 또 "천지에 앞선
물건이 있는데 형체가 없고 본래 고요하면서 모든 형상의 주인이 되
며 사시를 따라 시들지 않는다[有物先天地, 無形本寂廖, 能爲萬象主, 不逐
四時凋]란 고상한 선[高禪]에서 만든 시詩이지만 우리 유교에서 보자면
이것은 진실을 어지럽히는 것이다. 불가佛家의 말에 따르면 시작이 없
는 깨달음[無始菩提]은 천지에 앞서 있는 물건이다, 담연하며 항상 고
요함[湛然常寂]은 형체가 없이 본래 고요함이다, 마음이 낳는 모든 존
재[心生萬法]는 모든 형상의 주인이다, 항상 존재하며 사라지지 않음[常
住不滅]은 사시四時에 따라 시들지 않는다. 이것을 우리 유교의 글에서
찾아보면 태극이 양의兩儀를 낳는 것은 천지에 앞선다, 소리도 냄새도
없다[無聲無臭]면 형체라고 할 만한 것은 없다, 당연한 대업大業에 의거
하면 만상萬象은 모두 일체다, 날마다 새로워지는 왕성한 덕德에 의거
하면 만고萬古의 시간은 여전히 한결같은 시간[一時]이다. 20개 글자의
시 중에서 17개 글자는 피차 의미가 크게 다를 것이 없다. 구별되는
것은 3개 글자뿐이다. 물物과 만상이다. 불가는 만법萬法이 모두 마음
에서 생긴다고 말한다. 마음은 주인이고 주인의 대상[所主]은 음계입陰
界入(5음, 18계, 12입)에 지나지 않는다. 이것으로부터 밖으로는 위로 일
월성신日月星辰이, 아래로 산하대지山河大地가, 가깝게는 군신부자君臣

父子, 멀게는 동식물이나 물과 불 등 일체를 허깨비라고 하며 부질없게 여긴다. 어찌 다시 만상이 있을 수 있는가? 이 시를 만든 사람은 아마 일찍이 유교의 글을 읽고 표절해서 사용했을 뿐일 것이다"라고 말한다.

정암은 불교의 유심설唯心說을 개인적 유심설로 간주하며 더욱이 그 심心을 제6식識으로 보았던 것처럼 이러한 해석에 입각해 천본설天本說에 의거하여 불교의 유심唯心 즉 심본설心本說을 비난한 것이다. 유자들[諸儒] 중에서 정암은 불교 교의教義에 가장 익숙한 사람이지만 이 구절에서는 여러 가지 오해를 드러낸다. ① 능위만상주能爲萬象主를 해석하면서 심생만법心生萬法의 의미라고 하면서 유물선천지有物先天地의 물物을 무시보리無始菩提라고 한 것은 타당하다고 할 수 없다. 마땅히 진여심眞如心 또는 여래장심如來藏心이라고 해야 할 것이다. 이 잘못은 『능가楞伽』와 『화엄華嚴』을 독파했더라도 아마 아직 경전의 의미에 도달하지 못해서 발생했을 것이다. ② 만법萬法을 음계입陰界入에 지나지 않는다고 하면서 이것으로부터 밖으로는 등등이라고 한 것은 일월성신日月星辰 등을 음계입 이외의 것이라고 한 셈이다. 이것은 또 불교의 법상法相에 어두운 데서 비롯한다. 불교학佛教學에서 음계입 즉 오온五蘊, 십팔계十八界, 십이처十二處라는 말은 천지 사이의 만유萬有를 망라한 것으로서 이것의 밖으로 새어 나오는 것은 없다. 정암의 의도가 혹은 음계입은 사실이더라도 그 밖의 것은 허깨비로서 부질없다고 여긴다는 말에 있다고 해도 아마 이해하기 어려운 논법이다. 정암의 인본설人本說은 명도를 계승하고, 유심설은 장횡거를 계승한 것으로서 추가한 것은 없다. 유심연기唯心緣起나 천지환몽天地幻夢

에 대한 장씨張氏의 비난은 오묘한 문장과 커다란 상상력을 겸비하고 있으며, 장씨의 독특한 입장에 선 것이다. 그 후 유자들[諸儒]이 그 논법을 계승했지만 장씨에 추가한 것이 없을 뿐 아니라 도리어 열등한 점이 있다.

5. 이간易簡에 관해서는 돈오頓悟를 말하며, 궁리진성窮理盡性은 없음

나정암은 "만약 학자의 일은 즉 박학博學, 심문審問, 신사愼思, 명변明辨, 독행篤行에서 하나라도 없앤다면 체계가 잡히지 않는다. 이 5가지로 진행해야 한다는 것은 쉽고 간편하게[易簡] 도달할 수 있기를 바라게 되는 원인이다. 참으로 묻고 배우는 번거로움을 싫어하여 빠르게 쉽고 간편한[易簡] 영역에 도달하고 싶어 한다. 이것이 어찌 이른바 이간易簡한 것이겠는가"라고 말한다.

또 "우리 유교에서 말하는 성性은 하늘[帝]이 내려 준 예복[喪]이며 지극히 정묘한 이理다. 세밀하기가 지극하며 잠깐 사이에 들어가면 진실이 아닌 것은 하나도 없다. 그들의 허공虛空의 경계와는 아주 분명하게 같지가 않다. 따라서 결코 돈오頓悟의 이理는 없다"라고 말한다. 또 "이理가 있는 곳을 심心이라 한다. 그 때문에 심을 보존하지 않으면 이理를 궁구할 수 없다. 심이 있는 곳을 성性이라 한다. 그 때문에 성을 알지 못하면 심을 다할 수가 없다. 방심放心을 추구하는 것은 오로지 초보적인 하수下手의 공부다. 진심盡心이 바로 극치다. 중간으로서 긴요한 것이 곧 궁리窮理다. 궁리에는 당연히 점차漸次가 있으며 진심지성진심지성盡心知性에 이르러서는 곧 일시에 다 갖춰지고 나아가 선후先後를 말할 필요도 없다"라고 말한다. 또 "선학자禪學者는 돈오를 주로 하며, 반드시 의견은 쓸어 없애고, 사려는 막아서 끊으려고 하며, 사방팔방으로 뚫린 생각의 길을 일제히 꽉 막고서 그 심에 한 가닥도 통하지 않게 하여 감옥의 빗장[牢關]을 단단히 걸어 잠근 채 일단 홀연히 깨달음[省]이 나타나기를 기대한다. 그렇게 해서 보이는 것[所見]은 결국 영각靈覺의 광경에 지나지 않을 뿐이다. 성명性命의 이理는 사실은 아직 본적이 없는 것이다. 어찌 이런 것으로 우리 유교의 궁리진성窮理盡性의 학문을 어지럽힐 수 있겠는가"라고 말한다. 또 "이른바 중中이란 것은 영각靈覺을 말하는 것이 아니다. 단지 사람들마다 이것을 갖고 있을 뿐 아니라 모든 사물들에도 이것은 있다. 자호 혼자만 아직 이것을 모를 뿐이다"라고 말한다. ― 선가禪家의 영각은 중을 모른다, 중은 오로지 궁리진성에 의해서 비로소 깨닫게 되는 것이다라는 말이다.

또 "각覺을 인仁이라고 말한 것은 본래부터 잘못이다. 각을 지智라고 한 것도 잘못이다. 대개 인이나 지는 내 마음의 정리定理다. 그리고 각은 이에 그 묘용妙用이다"라고 말한다. ― 각을 인이라고 한 것은 사상채의 말이다. 정암은 여기서 영각靈覺에 인도 허용하지 않는다. 아무래도 불교 배척에 급급해서 여기서 각을 지라고 하는 것이 잘못이라고 한 것은 몇 번인가 지각知覺이라고 이어서 사용한 것과 모순이며, 또 지를 정리라고 한 것도 몇 번이나 지각과 성性을 대립시킨 것과 모순이 있는 것 같다.

6. 인심人心은 알아도 도심道心은 모름

정암은 "인심人心과 도심道心의 구별은 아주 적은[毫釐] 차이에 있다. 도심은 심心이다. 인심도 심이다. 하나의 심으로서 두 가지 이름이 있으며, 성인聖人이 억지로 분별한 것은 잘못이 아니다. 본체[體]의 고요하고 바름[靜正]은 항상하며 그리고 작용[用]의 변화는 헤아릴 수가 없다. 모름지기 두 가지에 대한 이해를 분명히 해서 바야흐로 진심盡心하는 학문이 되어야 한다. 불씨佛氏가 우리 유교와 비슷하지만 사실상 잘못인 이유는 인심은 이해해도 도심에 대한 이해가 없어서일 뿐이다. 도道에 대한 자호의 의지는 독실하지 않은 것이 아니다. 그러나 끝내 소견所見에 가리어져 곧바로 허령虛靈한 지각知覺을 도심이라고 한다. 어찌 잘못하지 않겠는가"라고 말한다. ― 정암이 불교를 인심만 이해한다고 하며 그 이유를 허령한 지각은 도심이 아니라는 데 둔 것은 왜 그랬는지 이해하기가 어렵다. 선가禪家에서 본 것은 인심에 즉卽하는 불성佛性이다. 정암이 이것을 인심이라고 한 것은 아마 직지인심直指人心이라는 용어를 이용한 것일까? 더욱이 허령지각虛靈知覺을 인심이라고 한 것은 이 영각靈覺을 견문見聞의 지각과 동일시한 것으로 이 또한 용어가 동일한 점을 이용한 것이다.

또 "우리 유교에서 심心이라고 하면 그들도 역시 심이라고 하며, 우리 유교에서 성性이라고 하면 그들도 역시 성이라고 하고, 우리 유교에서 적감寂感이라고 하면 그들도 역시 적감이라고 한다. 어찌 이렇게 구구절절 합치하지 않겠는가. 그런데 우리 유교는 인심人心과 도심道心을 이해하여 분명히 구별하며, 그들은 혼연해서 구별이 없다"라고 말한다. 불교의 심이나 성이나 적감은 유교의 심이나 성이나 적감을 답습했다는 말인 것 같다. 이에 이르러 주객이 완전히 위치를 바꿨다고 해야 할 것이다. 인심과 도심의 분별은 앞 단락과 대조해 보면 심의 체용體用으로 분별했었는데 여기서는 판연한 이유를 찾아내기 어렵다.

7. 천리天理의 자연에 위배됨

정암은 "우리 유교는 오로지 천리의 자연에 순응하고, 불로 이씨二氏는 모두 하늘[天]을 거스르고 이理에 위배된다. 그런데 그들도 아직 자연을 입에 담지 않은 적은 없다. 소자邵子는 불씨는 군신과 부자와 부부의 도道를 버렸는데 어찌 자연의 이理이겠는가라고 말했다. 한마디 말로 이 문제[獄]를 정리한 것이다. 돌이켜 보면 그들은 회피적인 발언[遁辭]을 잘하는데 부처가 하는 일에서는 무엇 하나도 버리지 않는다[佛事門中不捨一法]고 말한다. 이미 오륜五倫을 다 버렸으면서 오히려 아무것도 버리지 않는다는 것인가?"라고 말한다. 또 "정자는 일찍이 불씨佛氏는 음양陰陽, 주야晝夜, 사생死生, 고금古今을 알지 못하는데 어찌 형이상形而上의 존재로서 성인聖人과 같다고 하겠는가라고 말했다. 대개 음양, 주야, 사생, 고금은 『역易』의 체體다. 심미深微는 『역』의 이理다. 신화神化는 『역』의 용用이다. 성인의 전체가 모두 『역』이다. 그 때문에 천지의 조화[化]를 범위로 할 뿐이다. 만물을 구석구석 빠짐없이 자라게 한다. 불씨는 얼마나 사리에 어두운지[暗] 학문의 방도를 모른 채[冥行] 마구 덤벙대며[妄作] 이륜彝倫을 절멸하고도 후회할 줄 모르는 지경이 되었다. 그래서 천하에 죄罪를 지었으며 면죄받을 길은 없다. 우리 유교가 이것을 벌주는 것은 오로지 천天에 따른 것일 뿐이다. 어찌 조금의 사사로운 생각[私意]이라도 그 사이에 허용되겠는가" 라고 말한다.

석씨釋氏가 자연을 등지고 천리에 어긋난다는 비난은 장정張程 이래로 여러 사상가들의 입에 익숙해진 것으로 특별히 거론할 필요가 없지만, 정암의 자연에는 깊은 이치[深理]가 담겨 있기도 하다. 음양陰陽의 동정動靜이나 조화造化로운 자연에 입각해서 천天과 인仁을 동일한 이[一理]로 여기고 동動과 정靜을 한 가지처럼[一如] 간주하며 그리고 이 자연의 천리에 배치된다는 점에서 불자佛者를 비난하고 있는 것이다. 정암은 천도天道에는 자연自然, 인도人道에는 당연當然이라는 구별을 설정했지만 그럼에도 당연한 것에 따르면 길吉하고 위배되면 흉凶하다고 함으로써 위배해서는 안 될 이유가 있는 도道라고 말한다.

하늘의 도道는 자연自然이 아님이 없고, 사람의 도는 모두 당연當然한 것이다. 당연한 것은 모두 자연히 어겨서는 안 되는 것이다. 왜냐하면 어겨서는 안 되는 것을 보고 순응하면 길吉하고 어기면 흉凶하기 때문이다. 이것을 하늘과 사람의 동일한 이理라고 한다.

양陽을 동動이라 하고 음陰을 정靜이라고 한 것은 본래 당연하더라도 또한 함부로 이것을 고집할 일은 아니다. 유행流行의 관점에서 보면 정도 동이 된다. 주재主宰의 관점에서 보면 동도 정이 된다. 왜냐하면 유행에서는 전체적으로 동이라서 정이 나타나지 않고, 주재일 때는 전체적으로 정이라서 동이 나타나지 않기 때문이다. 그리고 주재라거나 유행이라는 것이 자연의 도道라면 정암은 이 자연의 도를 근거로 해서 동과 정의 사이를 일여一如로 본 것이다.

양陽은 동動이고 음陰은 정靜인데 크게 구분하면 본래 그렇다. 그런데 유행流行의 측면에서 보면 정은 동이고, 주재主宰의 측면에서 보면 동은 정이다. 이는 도道가 그렇게 주관하는 것[知者]이다.

정암은 이렇게 자연의 의의를 깊게 해서 자신의 이론 조직의 근본 원리로 삼고 이것과 배치된다는 점에서 힘써 불교를 배척한다. 그 논란으로서 큰 효과를 거둔 것은 이 논봉論鋒이 가장 유력했다고 생각한다.

저자_ **도키와 다이조**常盤大定(1870~1945)

도쿄대학교 철학과를 졸업하고 동 대학에서 박사 학위를 취득했다. 1917년 부터 1929년 사이 중국을 여러 차례 왕래하며 불교, 유교, 도교에 관한 문화 사적을 답사하여 세키노 다다시[關野貞]와 공저로 『중국불교사적[支那仏教史蹟]』 (1923), 『중국문화사적[支那文化史蹟]』(1939)을 짓는다. 이 외에도 『불전집성佛典集成』(1924) 등 불교와 관련한 다수의 저서를 남겼다.

역주자_ **강규여**姜奎如

1975년생. 전남대학교 철학과를 졸업하고 동 대학에서 동아시아불교를 전공 하며 불교와 유儒·도道 양 교 간의 교섭에 관한 논문으로 석사 및 박사 학위 를 취득했다. 위진남북조시대에서 당을 거쳐 송명에 이르기까지의 동아시아 사상사에서 불교가 했던 역할에 주목해 연구했으며 이와 관련한 몇 편의 논 문이 있다. 공역으로 『돈황학대사전』(2016)이 있고, 단독 번역서로 『묘법연 화경소』(2017)가 있다.